海外中国思想史研究前沿译丛

主　编

彭国翔

编委会（按姓氏首字母排序）

毕游赛（Sébastien Billioud, East Asian Studies Department，University Paris Diderot, Sorbonne Paris Cité）

钱德樑（Erica Brindley, Department of History, Pennsylvania State University）

陈玮芬（Institute of Chinese Literature and Philosophy, Academia Sinica）

陈熙远（Institute of History and Philology, Academia Sinica）

齐思敏（Mark A. Csikszentmihalyi, Department of East Asian Languages and Cultures, University of California, Berkeley）

傅　熊（Bernhard Fuehrer，Department of the Languages and Cultures of China and Inner Asia, University of London）

葛浩南（Romain Graziani, Department of Chinese Studies, Ecole Normale Supérieure de Lyon）

许齐雄（Khee Heong Koh, Department of Chinese Studies, National University of Singapore）

吕妙芬（Institute of Modern History, Academia Sinica）

王昌伟（Chang Woei Ong, Department of Chinese Studies, National University of Singapore）

普　鸣（Michael Peutt, Department of East Asian Languages and Civilizations, Harvard University）

施耐德（Axel Schneider, East Asian Studies Department, Georg-August-Universität Göttingen）

苏费翔（Christian Soffel, Institute of Sinology, Universität Trier）

冯　凯（Kai Volgsang, Asien-Afrika-Institut, Universität Hamburg）

杨贞德（Institute of Chinese Literature and Philosophy, Academia Sinica）

胡司德（Roel Sterckx，Department of East Asian Studies, University of Cambridge）

魏希德（Hilde De Weerdt, Leiden Institute for Area Studies, SAS China, Universiteit Leiden）

任博克（Brook A. Ziporyn, Divinity School, University of Chicago）

启真馆 出品

海外中国思想史研究前沿译丛

晚明地方社会中的礼法与骚动

管志道
《从先维俗议》研究

[美] 魏家伦 著　施珊珊 编　王硕、王坤利 译

A Late Ming Vision for LocalCommunity

Ritual, Law and Social Ferment in the Proposals of Guan Zhidao

ZHEJIANG UNIVERSITY PRESS
浙江大学出版社

献给我的父母

Dr. Jerry Weisfogel

Dr. Matonah Weisfogel

总　序

"思想"与"历史"之间的"中国思想史"

彭国翔

2012 年夏天，我应邀在位于德国哥廷根的 Max Planck Institute for the Study of Religious and Ethnic Diversity 从事研究工作时，有一天突然收到浙江大学出版社北京启真馆公司负责人王志毅先生的邮件，表示希望由我出面组织一套"海外中国思想史研究前沿译丛"。如今，这套书就要正式出版了，出版社要我写个总序。在此，就让我谈谈对于"思想史"和"中国思想史"的一些看法，希望可以为思考如何在一个国际学术界的整体中研究"中国思想史"这一问题，提供一些可供进一步思考的助缘。

"思想史"（intellectual history）、"哲学史"（history of philosophy）、"观念史"（history of ideas）等等都是现代西方学术分类下的不同专业领域，既然我们现代的学术分类已经基本接受了西方的学术分类体系，那么，讨论"思想史"的相关问题，首先就要明确在西方专业学术分类中"思想史"的所指。虽然我们在中文世界中对"思想史"这一观念的理解可以赋予中国语境中的特殊内涵，但毕竟不能与西方学术分类中"思想史"的意义毫无关涉。比如说，"中国哲学"中的"哲学"虽然并不对应西方近代以来居于主流的理性主义传统尤其分析哲学所理解的"philosophy"，但却也并非与西方哲学的任何传统毫无可比性与类似之处，像皮埃尔·阿多（Pierre Hadot）和玛莎·努斯鲍姆（Martha C. Nussbaum）所理解的作为一种"生活方式"（way of life）、"精神践履"（spiritual exercise）以及"欲望治疗"（therapy of desire）的"philosophy"，尤其是"古希腊罗马哲学"，就和"中国哲学"包括儒、释、道三家的基本精神方向颇为一致。再比如，儒学作为一种"宗教"固然不是那种基于亚伯拉罕传统（Abrahamic tradition）或者说西亚一神教（monotheism）模式的"宗教"，但各种不同宗教传统，包括西亚的基督教、犹太教和伊斯兰教，南亚的印度教、佛教以及东亚的儒教和道教，尽管组织形式不同，又都对同样一些人类的基本问题，比如生死、鬼神、修炼等，提供了自己的回答。事实上，不独历史这一学门及其进一步的各种分支，对于"哲学"、"宗教"、"伦理"等学科，这一点同样适用。

那么，在西方的学术分类体系中，"思想史"是怎样一个研究领域呢？"思想史"诚然一度是"一个人文研究中特别模糊不清的领域"，但是，就目前来说，"思想史"所要研究的对象相对还是比较清楚的。换言之，对于"思想史"所要处理的特定课题，目前虽不能说众口一词，却也并非毫无共识。正如史华慈（Benjamin I. Schwartz）所言，"思想史"所要处理的课题，是人们对于其处境（situation）的自觉回应（conscious responses）。这里，处境是指一个人身处其中的社会文化脉络（social and cultural context）。这当然是历史决定的，或者说根本就是一种历史境遇（historical situation）。而人们的"自觉回应"，就是指人们的"思想"。再进一步来说，"思想史"既不是单纯研究人们所在的外部历史境遇，也不是仅仅着眼于人们的思想本身，而是在兼顾历史境遇和主体自觉的同时，更多地着眼于两者之间的互动关系，即"思想"与"历史"的互动。并且，这里的"人们"，也不是泛指群体的大众意识，而往往是那些具备高度自觉和深度思考的思想家们。

其他一些专业领域，比如"社会史"、"文化史"，与"思想史"既有紧密的联系，也有相对比较明确的区分。比如，按照目前基本一致的理解，较之"思想史"通常指重要的思想家们对于社会历史的各自反思，"文化史"往往关注较为一般和普遍的社会历史现象，以及作为群体的社会大众而非社会精英在一个长程的社会变动中扮演的角色。从作为"文化史"这一学科奠基人的雅各布·布克哈特关于意大利文艺复兴的研究，以及彼得·伯克（Peter Burke）和菲利普·普瓦里耶（Philippe Poirrier）等人对于"文化史"的直接界定，即可了解"文化史"这一领域的特点。因此，"文化史"不但常常整合"人类学"的方法和成果，就连晚近于尔根·哈贝马斯关于"公共领域"（public sphere）论述和克利福德·格尔茨（Clifford Geertz）关于"深度描述"（thick description）的观念，由于同样注重人类社会的整体与共同经验，也成为支持"文化史"的理论援军。至于"社会史"，则可以说是史学与社会科学更进一步的结合，甚至不再被视为人文学科（humanities）的一种，而是一种从社会发展的角度去看待历史现象的社会科学（social science）。像经济史、法律史以及对于公民社会其他方面的研究，都可以包括在"社会史"这一范畴之下。最能代表"社会史"研究取径的似乎是法国年鉴学派（French annales school）了，不过，在史学史的发展中，社会史可以被视为发生在史学家之中的一个范围更广的运动。无论如何，和"文化史"类似，"社会史"最大的特点也许在于其关注的对象不是精英的思想家，而是社会大众。正是在这个意义上，"社会史"通常也被称为"来自下层的历史"（history from below）或者"草根的历史"（grass-roots history）。

其实，在我看来，至少在中文世界的学术研究领域，"思想史"是介于"哲学史"、"观念史"与"文化史"、"社会史"之间的一种学术形态。以往我们的"中国哲学史"研究，基本上是相当于"观念史"的形态。"观念史"的取径重在探究文本中观念之间的逻辑关联，比如一个观念自身在思想内涵上的演变以及这一观念与其他观念之间的逻辑关系等等。站在"哲学史"或"观念史"之外，从"思想史"的立场出发，当然可以说这种取径不免忽视了观念与其所在的社会环境之间的互动；从"文化史"、"社会史"的立场出发，当然可以说这种取径甚至无视其所探讨的观念之外的文化活动的丰富多彩，无视观念所在的社会的复杂与多变。但是，话又说回来，"哲学史"或"观念史"的基本着眼点或者说重点如果转向观念与其环境之间的互动，转向关注文化的多样与社会的复杂多变，那么，"哲学史"和"观念史"也就失去了自身的"身份"（identity）而不再成为"哲学史"和"观念史"了。

事实上，学术的分门别类、多途并进发展到今天，之所以仍然为"哲学史"或"观念史"、"思想史"、"文化史"以及"社会史"保留了各自的地盘，并未在"物竞天择，适者生存"的法则下造成相互淘汰的局面，就说明这些不同的取径其实各有其存在的价值，彼此之间虽然不是泾渭分明，没有交集，但却确实各有其相对独立的疆域。站在任何一个角度试图取消另一种研究范式（paradigm）的存在，比如说，站在"中国思想史"的角度批评"中国哲学史"存在的合理性，实在恰恰是"思想"不够清楚的结果。"思想史"、"哲学史"、"文化史"、"社会史"等等，其实是研究不同对象所不得不采取的不同方法，彼此之间本来谈不上孰高孰低、孰优孰劣。恰如解决不同问题的不同工具，各有所用，不能相互替代，更不能抽象、一般地说哪一个更好。打个比方，需要用扳手的时候当然螺丝刀没有用武之地，但若由此便质疑后者存在的合理与必要，岂不可笑？因为很简单，扳手并不能"放之四海而皆准"，需要用螺丝刀派上场的时候，扳手一样变得似乎不相干了。这个道理其实很简单，我经常讲，各个学科，包括"思想史"、"哲学史"、"文化史"和"社会史"等等，分别来看都是一个个的手电筒，打开照物的时候，所"见"和所"蔽"不免一根而发。对此，设想一下手电筒光束的光亮在照明一部分空间的同时，也使得该空间之外的广大部分益发黑暗。通过这个比喻，进一步来看，对于这些不同学科之间的关系，我们也应当有比较合理的理解。显然，为了照亮更大范围的空间，我们不能用一个手电筒替换另一个手电筒。无论再大的手电筒，毕竟只有一束光柱。而我们如果能将不同的手电筒汇聚起来，"阴影"和"黑暗"的部分就会大大减少。医院的无影灯，正是这一原理的运用。事实上，不同的学科不过是观察事物的不同视角而已。而我这里这个无影灯比喻的意思很清楚，"思想史"、"哲学史"、"社会史"等等，甚至人文学科和社会科学之间、文理科之间，各个不同学科应当是"相济"而不是"相非"的关系。否则的话，狭隘地仅仅从自己学术训练的背景出发，以己之所能傲人所不能，正应了《庄子》中所谓"以为天下之美尽在己"的话。另一方面，却也恰恰是以己之所仅能而掩饰己之所诸多不能的缺乏自信的反映。

一个学者有时可以一身兼通两种甚至多种不同的学术取径。比如说，可以兼治哲学与史学，同时在两个不同的领域都有很好的建树。不过，哲学与史学的建树集于一身，却并不意味着哲学和史学的彼此分界便会因此而不存在。打个比方，一个人可以"十八般武艺，样样皆通"，但是很显然，这个人只有在练习每一种武艺时严格遵守该武艺的练习方法，才能最后做到"样样皆通"，假如这个人以刀法去练剑法，以枪法去练棍法，最后不仅不能样样皆通，反倒会一样都不通，充其量不过每样浅尝辄止而已。这里的关键在于，一个人十八般武艺样样皆通，决不意味着十八般武艺各自的"练法"因为被一个人所掌握而"泯然无际"，尽管这个人在融会贯通之后很可能对每一种武艺的练法有所发展或创造出第十九种、二十种武艺。落实到具体的学科来说，在没有经过"哲学史"、"观念史"、"思想史"、"社会史"、"文化史"其中任何一种学术方法的严格训练之前，就大谈什么打破学科界限，无异痴人说梦，在学术上不可能取得大的成就，这是不言而喻的。很多年前就有一个讲法叫"科际整合"，即加强不同学科之间的互动与互渗，这当然是很有意义而值得提倡的。但"科际整合"的前提恰恰是学科之间的多元分化，只有在某一学科里面真正深造有得之后，才有本钱去与别的学科进行整合。

本来，"思想史"并不是一个很容易从事的领域，好的思想史研究是既有"思想"也有"史"。而坏的思想史则是既无"思想"也无"史"。比如说，对于一个具体的思想史研究成果，如果治哲学的学者认为其中很有"思想"，而治历史的学者认为其中很有"史"，那么，这一成果就是一个好的思想史研究。反之，假如哲学学者看了觉得其中思想贫乏，观念不清，而历史学者看了觉得其中史料薄弱，立论无据，那么，很显然这就是一个并不成功的思想史研究。因此，"思想史"这一领域应该成为"哲学"和"历史"这两门学术甚至更多学科交集的风云际会之所，而不是沦为那些缺乏专长而又总想"不平则鸣"的"自以为无所不知者"（其实是"学术无家可归者"）假以托庇其下的收容站。

徐复观曾经说"对于中国文化的研究，主要应当归结到思想史的研究"。对于这句话，在明了各种不同研究取径及其彼此关系的基础上，我是很同意的。因为较之"哲学史"，"思想史"在"思想"、"观念"之外，同时可以容纳一个"历史"的向度，换言之，"中国思想史"可以做到既能有"思想"也能有"史"。而这一点，刚好符合传统中国思想各家各派的一个共同特点，即一般都不抽象地脱离其发生发展的历史脉络而立言。因此，我很希望越来越多的学者加入到"中国思想史"的团队之中，只要充分意识到我们前面讨论的问题，不把"思想史"视为一个可以无视专业学术训练的托词，而是一个和"哲学史"、"观念史"、"文化史"、"社会史"等既有联系甚至"重叠共识"，同时又是具有自身明确研究对象和领域而"自成一格"的学科视角，那么，广泛吸收各种不同学科训练的长处，宗教的、伦理的、哲学的，都可以成为丰富"思想史"研究的助力和资源。

西方尤其美国关于中国思想史的研究，以狄百瑞（William T. de Bary）、史华慈、列文森（Joseph R. Levenson）等人为代表，在20世纪70年代一度达到巅峰，但随后风光不再，继之而起的便是前文提到的"文化史"、"社会史"以及"地方史"这一类的取径。这一趋势与动向，中文世界不少学者"闻风而起"。无论是可以直接阅读西文的，还是必须依靠翻译或者借助那些可以直接阅读西文文献的学者的著作的，都在不同程度上受到这一风气的影响。但是，如果我前文所述不错，各种取径不过是"横看成岭侧成峰，远近高低各不同"的不同视角，彼此之间非但毫无高下之别，反而正需相互配合，才能尽可能呈现历史世界与意义世界的整全，那么，"思想史"的研究就永远只会被补充，不会被替代。如果不顾研究对象的性质，一味赶潮流、趋时势，则终不免"邯郸学步"，难以做出真正富有原创性的研究成果。事实上，西方从"思想史"的角度研究中国，迄今也不断有新的成果出现。而且，如前所述，"思想史"和"哲学史"、"观念史"、"文化史"、"社会史"之间，也是既互有交涉，又不失其相对的独立性，越来越呈现出五光十色的局面。因此，真正了解西方中国研究（Chinese studies）的来龙去脉及其整体图像，尤其是西方学术思想传统自身的发展变化对于西方中国研究所起的制约甚至支配作用，而不是一知半解的"从人脚跟转"，对于中文世界人文学术研究如何一方面避免"坐井观天"和"夜郎自大"，另一方面在充分国际化（"无门户"）的同时又不失中国人文研究的"主体性"（"有宗主"），就是极为有益的。

中国思想史是我多年来的研究领域之一，而我在研究中所遵从的方法论原则，正是上述的这种自觉和思考。也正是出于这一自觉和思考，我当初才感到义不容辞，接受了启真馆的邀请。我的想法很简单，就是希望这套丛书的出版，能够为推动国内学界对于"中国思想史"的研究提供些许的助力或至少是刺激。这套丛书首批的几本著作，作者大都是目前活跃在西方学界的青壮年辈中的一时之选。从这些著作之中，我们大致可以了解西方中国思想史研究的一些最新动态。当然，这里所谓的"思想史"，已经是取其最为广泛的涵义，而与"文化史"、"社会史"等不再泾渭分明了。这一点，本身就是西方"中国思想史"研究最新动态的一个反映。至于其间的种种得失利弊，以及在中文世界的相关研究中如何合理借鉴，就有赖于读者的慧眼了。

是为序。

2015 年 8 月 18 日
于武林紫金港

编者序

　　吾与魏家伦，正譬如俞伯牙与钟子期，于明史之学互为知音，惺惺相惜。然子期方逝，伯牙并无破琴绝弦之念，反而调子期之琴，鼓子期之瑟，使大明之后世得以共享子期之高山流水，方乃为伯牙之幸，明史前辈后学之幸，而子期父母高堂之慰也。借此一方之地吾与魏家伦之父母及长兄衷心致谢浙江大学彭国翔教授和两位翻译者，北京大学的王硕先生和新加坡国立大学的王坤利先生，并向吾等共同的哥伦比亚大学校友，现任教于新加坡国立大学的许齐雄教授致以谢忱。

　　中国对于魏家伦而言是温暖之乡，亲情之所，借此学术翻译之作促成美亚之间更多交流与了解，是为魏家伦生前身后之所愿。其在天之灵，当无憾焉。

施珊珊草拟，康笑菲执笔

目录

编者说明 i

致　谢 ii

序　一 v

序　二 vii

第一章　导言《从先维俗议》的写作背景 1

第二章　划定界限：不平等关系与平等关系之间
　　　　难以判定的差异 17

第三章　野人与君子：平衡地方社会中
　　　　爵、齿、德三者的不同诉求 32

第四章　管志道模式的具体应用："三大尊"
　　　　之现状与相关举措 55

第五章　以帝国为中心的儒学 89

第六章　皇权及士在朝野的政治功能 114

结　语 140

后　记 147

参考文献 150

索　引 158

译后记 174

编者说明

　　我决定修改并出版魏家伦的博士论文，是因为我觉得相较于其他学位论文，他的论文值得受到更广大读者群的关注。我非常感谢两位匿名审稿人的评语，以及裴志昂仔细的评语和韩明士的指导。遗憾的是已故的作者不能从这些读者的反应中一起受益，并完成他已经计划好的研究。我在导言的部分虽然加入了新的文字，但整体上只在原先的编排之下简化和澄清一些用字。若有之前尚未出版但现已出版的作品，且形式大体一样以及比较容易寻得，我便在一些个别例子中更换其出处。书中给出拼音和汉字既不是划一的也不是毫无规则的，而是在我认为最有用及有效时才加入。

施珊珊

加利福尼亚大学圣地亚哥分校

致 谢

　　我首先要感谢在哥伦比亚大学的两位导师——韩明士和狄百瑞。他们两位，通过不同的方式，深深地使这个研究以及我对于中国社会和文化的思考得以成形。我开始念研究所时，事实上只抱着要融合两个对于中国思想史和宗教史十分不同，但在我看来却具有代表性的研究方法的目标——一个是根据人类学的理论和方法论，另一个则是比较人文性和哲学性的方法。我不确定这一宏伟的构思是否已经成功，但我相信它们各自在这一研究中所带来的影响却是显而易见的。我非常感激韩明士与狄百瑞两位教授让我学习到和继续学习着的，以及他们这些年来所给予的支持、指导及耐心。

　　我也希望感谢对于文言文，特别是明代文本有所专长的吴百益的不吝赐教。当我在处理管志道《从先维俗议》的初期阶段时，吴教授检查了部分对我的论文最关键的原文翻译，帮我处理了比较难理解的篇章。过程中，他提供了我对于文言文集中的、进阶的个人辅导，也给了我需要阅读和分析管志道那复杂的论著的基础及信心。

　　我也要感谢布鲁姆自"中国思想导论"一课之后，仔细地阅读了我的论文，特别是给予了我关于古文方面有益的建议，以及她所有对于我的培训的善意和慷慨。商伟，我的答辩委员会的第五位审稿人，给了我珍贵的反馈，也帮我充分考虑了我此次关于明代的研究，用于了解之后在17世纪的发展的意义。

　　我非常感激我的同事与同门——施珊珊对于我的思想的所有贡献，以及为了她的友谊，为了她对我所从事的研究的兴趣及时常的鼓励，甚至是在我间歇期时那不懈的信心，也为了最重要的通过我们数次关于明代创建者与明代制度史饶有兴味的讨论。她也把明史研究小组介绍给了我，我也因此认识到了许多重要的从事同一历史时期研究的同事。柯丽德（Katherine Carlitz）于 1998 年邀我参与了我第一次的亚洲研究学会（AAS）小组研讨，他还对我的研究给予了很多鼓励和极为有益的反馈。我十分高兴遇见了戴彼得，一位同我一样也对明代思想史的许多极为具体的方面（特别是在政治讨论语境中的理学）感兴趣的同事。与他在几次亚洲研究学会研讨会当中以及研讨会之间的讨论，也助于我对管志道政治思想的诠释的不断完善。在我明史研究小组的密友当中，我也感激在普林斯顿大学葛思德图书馆的何义壮，给予我论文第四章的缩简版具有深刻见解的评语，以及当我数次到普林斯顿造访时，帮助我找出重要的文献材料。

在关键时刻，朱荣贵伸出了援手，为我提供了数份重要资料的影印版，当中也包括我手上版本的《从先维俗议》所缺漏的关键一页。康笑菲，我的另外一位同事与前同窗，慷慨地为我写了介绍信，给在北京几所图书馆里具有影响力的人，从而大大地使我的研究更加便利。我也要表达我对于谢康伦历年来的友谊、支持及乐观的鼓励的感激。我也要感谢 David Wang, Gina Bookhout 和 James Cunha 的帮助与耐心。我也非常感激 Marianna Stiles 的友谊和给予我在哥伦比亚期间所有宽厚的谅解、支持、关心，以及各方面的慷慨援助。

我非常感谢富布莱特基金会给予我于 1993 年至 1994 年在中国台湾的研究资助，为我争取到加入台湾"中央研究院"的机会，并允许我花上该年的部分时间到中国大陆以及日本继续展开研究。台湾"中央研究院"历史语言研究所傅斯年图书馆的职员，宽厚地提供了我简便、开放的查阅善本古籍的机会。中国北京图书馆（新大楼），以及日本京都人文科学研究所图书馆的职员也给予了我找出和查阅资料的帮助和机会。我也要感谢哥伦比亚大学东亚图书馆（C. V. Starr East Asian Library, of Columbia University）的职员，特别是 Richard Jandovitz 与 Rongxiang Zhang，给予我在哥伦比亚期间的帮助，特别是他们慷慨及宽厚地对于我最后几个月在集中写作时的压力的理解。我也感激 Jandovitz

的友谊、鼓励，以及对于同样是一位写作者的艰苦努力的同感。

最后但同样重要的是，我要感谢我在哥伦比亚校外的好友，John Dorfman, Martha Welch 和 Dahlia Anglin 数年来的支持、善意与陪伴，以及在途程中帮我减轻负担。最重要的，我要感谢我的父母，Jerry 和 Matonah Weisfogel，以及我的弟弟 Amiel Weisfogel 无限的支持、宽容及关爱；这一切以及更多的感激，则已非言语所能形容。

引自学位论文

序 一

狄百瑞

在晚明，一个以经济增长和迅速的社会变迁闻名，以及随之而产生多元思想和文化创造的时代，管志道创立了他自己的思想体系，处理当时主要的政治和社会问题，遂成为突出的独立思想家。和理学改革派当中援引理想化的亘古之道来批评当时腐败政治制度的主流派不同，管志道把明代创建者视为一位遵守宪法的开国者，而不是理学家通常所认为的专制君主。管志道不但没有肯定理学知识分子（相较于当朝统治者）所拥有的较高权威，反而以彻底的整体社会重组为基础，试图建立朝廷的权威。这促使他重新构思如何把不同的阶层和等级，按照他们在一个完整的，且以国家权威为中心的等级秩序中的适当角色来改组。理论上，管志道可能被看作一名专制主义者，不过未必被看作一名保守者，鉴于在他的主要著作当中极少有内容能被视为是对当时现状的维护。相反，管志道改造了传统以符合他的改革目的。管志道由上至下的分析依赖于他对基层社会的见解，而这也证明了魏家伦认定地方社会为管志道的社会和政治视域的基础。

今天，当劳作于国家机器之下的中国人尝试在中国传统中找出对于过激的毛泽东思想的纠正时，他们或许能从管志道对于中国社会诸多层次的全面分析中获益。抛开共产主义这一术语原先的含义不论，在中国共产党和国家政策上最成问题的事情，则是常遭受经济变动深远影响的地方社会的拮据状况。在一个被重新审视的中国传统的视角下，管志道具有思想性和针对性的建议，在重新定义"中国社会主义"时怎么看待其中的中国的方面，可以很好地纳入考虑。非常遗憾的是，这位有为的青年学者，也即本书的作者，魏家伦，在他的著作得以出版之前就已经逝世。仰赖他的忠实朋友和学术界同辈施珊珊超凡的慷慨和杰出的努力，魏家伦的著作才终于问世。为此，我们非常感激他们两位。

序 二

韩明士

为魏家伦的著作写序是件苦乐参半的事。乐，是因为和魏家伦合作在我的教育生涯当中，是一次最纯净及最具教育性的乐事；苦，是因为他本应在此为自己的书写序，但却已逝世。在对于学位论文和图书有着明确区分的博士事业中，施珊珊能够使一本典型的优秀作品——魏家伦的学位论文得以成书，理应得到这一研究领域同人的感激。从魏家伦的学位论文落笔至今的工作计划中，无论是施珊珊或者我们任何一位参与者，都不会自称作品目前的形式是倘若给家伦多一点点时间，他也同样会赋予的形式。除此之外，魏家伦或许也已经贯彻了他在后记中所示意的未来研究。但是，在他成书之前把他引入这一领域的那富有创意和坚持不渝的心灵，以及那与生俱来的作为研究者的活力两者究竟会把他带到哪个更深远的方向，我们已无从得知。从家伦去世而起的各种后事中出现的是一本确确实实的重要著作。即便经过施珊珊教授巧妙的编辑处理，也能立即认出是魏家伦自己的作品。

在学位论文方面，狄百瑞对魏家伦做了大部分的指导，他对于魏家伦的思想仍有着很深远的影响。随着狄百瑞教授的荣休，我便正式成为了魏家伦导师，指导他的学位论文。在我们俩分别看来，我和魏家伦的学术关系是两种不同的历史思想的相遇，一种富有成效的相遇。我们从这次相遇中获益良多：相较于刚落笔时的魏家伦，完成了学位论文后的他更倾向于把课题放置在社会语境中进行讨论；魏家伦成为我的学生以后，使我相比之前对于明代思想史更感兴趣。魏家伦完成其学位论文时，我们对于他的著作及其意义有很多相同的看法。即便如此，我在此对其著作意义的简述仅代表我个人观点，我没有任何理由假定如若魏家伦在场，他同样会肯定我所说的一切，这是因为他的观点也会继续发展和转变。我希望还能像他在写论文时以及之后那样，享有更多丰富的（因为参与者的背景的关系）时或强迫性的谈话。我知道他会继续塑造我的想法；我也会享受继续去塑造他的想法的尝试。

在魏家伦的著作中抑或甚至是在管志道自己看来，管志道有时候看起来像是一个（用 William F. Buckley 的名言）"逆向站在历史的发展轨迹而喊'停'"的保守主义者。魏家伦通过分析管志道对于文本与传统、国家与社会之间的观点，给我们提供了数个认识这一问题的思考角度。我在此则希望提供另一个部分平行、部分更长期的思考角度。管志道对他的时代所做出的反应，实际上支持了我希望在未来的研究中所提出的论点：一种看待 10 至（至少）17 世纪中国社会与文化变迁的方式作为一种横向社会关系——在社会成员之间建构大致平等的关系，体现在实际社会影响力和文化及思想正当性两方面，特别是也体现在精英或更广泛的阶层——的主要扩展。管志道自己知道，尽管他在思想上各方面都做出了努力，却无力力挽狂澜。（尽管只是略微地，但或许后继的清朝廷做到了。）

中国历史研究领域也许仍倾向于认为中国社会关系根本上基于一种不平等性。毕竟，众所周知的经典的五常（君臣，父子，夫妇，兄弟以及朋友）只包括了一种平等关系。即便如此，这也并不完全正确，因为严格地说兄弟关系在产权方面是平等的。然而，当我们意识到商人及商业在"四民"这一陈词滥调中以及与这个时期的实际情形有很少的联系时，我们或许也需要意识到紧扣社会实际情形的五常模式同时也大大地衰弱了。这也许正是为什么恰恰在晚明时期，不仅仅是管志道，也包括其他各种说教者，都会带着几分忧虑重新肯定这个模式。

我所谓的"横向社会关系"究竟为何？他们不一定得是（尽管他们能够是）平等身份者之间的关系：某些在其他方面属于极不相同地位的人，却在诸多被我称作为横向的关系当中被联系了起来。然而，在这个横向关系内，成员们却或漠视，或保持中立，或未曾指定任何其他可能把他们区别开的不平等准则。这个横向关系本身也没有为自己界定任何不平等性。人们通过界定一种横向的联系来建构这种关系，也建构着一种成员们能彼此大致上同等对待的背景，并把也许仍能显露在其他背景的等级制度弃之不顾。读者或许能想象到一个范例（见下文）：虽然典型的契约能让兄弟之间完全平等地划分家产，但是兄弟间相对的年龄差异，却同时在其他背景中意味着等级划分的规定。

若要在 10 世纪至（至少）17 世纪的中国找出横向关系，一个值得注意的地方便是宋朝与其北方邻国——辽国的盟约。陶晋生已经表明宋、辽皇帝的地位关系如何在这些盟约和外交文书中，通过亲属关系的隐喻以及各个帝王相对年龄和辈分的随机变化因素的约束，显示出一种来回转移的不平等关系。[1] 这种不平等关系的交替表明两国之间并不存在固有的地位差异。换句话说，这便能够在他们之间建构一个横向关系。[2] 以名义上不平等性的轮流，来建构一个更大的横向关系的模式，或许会出现在许多其他的背景当中。这也正是一种示意双方之间并不存在永久及固有的地位不平等的方式。类似这种情况也可能发生在两个家庭之间：为维持一个长远的联姻关系，双方家庭来回派遣女性，（或许在这段时期内）轮流享有纳妻者（wife-taker）的优越身份。再说，这种情况既然仍在进行，我非常肯定当宋代理学集大成者——朱熹，让他的高足黄干成为他的孩子的老师时，也创造了一种类似的关系。这是因为黄干得尊重他的老师朱熹，而朱熹也因为黄

---

[1] 陶晋生，*Two Sons of Heaven: Studies in Sung-Liao Relations* (Tuscon: The University of Arizona Press, 1988), p.17。

[2] 尽管和傅海波的理解不同，这样的模式，按我所阅读与理解的，仍在金朝占领中国北方后，于宋、金两国的盟约与书信中延续着。参照：傅海波．"Treaties between Sung and Chin." *Études Song* série I., fasc. I (1970): 56-84。

干是他孩子的老师而得尊重黄干。按线型划分，朱氏与黄氏皆是彼此的老师，而这就使他们成了一种并列的而非上下的关系。这也同时确保他们在一个更大的活动范围——即田浩所谓的道学群体——当中的共同成员身份。[3]

然而，名义上不平等的交替仅是示意、建构及正当化那漫长的宋明时期逐渐增加的横向关系状态的诸多办法之一。自宋代起，用于命名以及肯定横向关系的正当性或权威性的词汇就已经稳步地，甚至是逐渐地在增加。让我举出一些例子。

1.横向关系能够通过一个共享的纵向联系而成立。而且，从长远来看，横向联系也许方是最终落实处。例如：同年 (same-year graduate) 横向关系是与座主抑或身为殿试主考官的皇帝共享纵向联系得出。另外，同门关系则是与某位共同的老师共享纵向关系得出。当然，这两者皆是宋朝至明朝以降的关键关系。

2.人们能够承认抑或歌颂某种先前就已存在着的以两个人为成员的社会单位，而且能在该单位的共享成员身份中找到一个横向个人联系。这通常是一个地理单位。以"乡人"（countryman）的类别为例，这个词在南宋中期至元朝时期的墓志铭中使用越来越普遍，主要用作证实写作者的身份。至于清代，白思奇已经指出"同乡"(same-homeplace) 的联系如何受到朝廷的承认和规定：任何一个进京试图与官僚交往的人，都需要得到与他同乡的京官的证实。[4]

3.有些时候，横向联系能够通过简单地提及一次结交行为而显示出。在宋元丧葬铭文当中，一种用来普遍辨认同辈或同僚的方法，便是说明他曾"从 X 游"（one "travels after" the other）或"与 X 游"（one "travels with" the other）。[5] 人们在双方都"从"同一个人"游"之后，也因此被横向地联系了起来。

---

[3] 田浩，*Confucian Discourse and Chu Hsi's Ascendancy*. Honolulu: University of Hawaii Press, 1992。

[4] 白思奇，*Localities at the Center: Native Place, Space, and Power in Late Imperial Beijing* (Cambridge: Harvard University Press, 2005), pp.169-70。

[5] 后者明显地说明两者之间不存在着不平等关系，但前者是有等级差别而并非横向的吗？这里存在一个歧义：我曾看过交替的例子，即甲"从"乙游，但在另外一个文本中则是乙"从"甲游。

4. 这段时期见证了机构（或准机构）的倍增。这些机构成了制造横向联系的环境，且当中有些是新创的。如魏家伦已讨论过，诗社，这类旧式机构，在宋明两朝已有私人书院加入，在明代加入的还有讲学群体。其他的例子包括：卜正民所谓的明代寺院机构 [6] 以及乡约。乡约在宋元时期仅为书面形式的组织，但是到了明中叶，当文人在应对明初时期国家所采取的与前朝截然不同的做法时，便将其落实到正式的社区组织。乡约是一种预想并试图建立一个跨等级或地位群组界线的横向联系的特例。

5. 当然，横向关系也能用另一个更旧的词汇代表，即"朋友"关系。在整个时期中，这种关系甚少被纳入研究。周绍明提供了一个重要的，但却过分简略的关于晚明时期以友谊作为人际关系中心的争议的研究。[7] 包弼德则期待有关于元代朋友关系的相关讨论 [8]。针对君臣关系需要建立在或仿照朋友关系的论点，人们回顾宋代程颐认为当皇帝坐下时也应允许授课的帝师坐下的观点，进而主张老师与皇帝的关系之间的横向形态。

6. 当然，所有这些例子（除了乡约）都是男性精英之间的关系。至于人们能否在精英阶层以下的横向关系扩展中找到类似的扩展情况，则是一个复杂的问题。或许人们能提出一个似乎合理的论点，我也想知道这整体现象的部分根源是否就是如此：唐朝之后中国人口的扩张，使拥有超过一个孩子的家庭的比例大大增加了。当人口没增长时，每个家庭能活到成年的孩子的平均数仅略多于二，拥有儿子的平均数略微多于一。在这样的环境中，因为只有一个继承人，所以一般的家庭并没有在双亲逝世后分财产。稳健的人口增长则会改变这点，相较于之前，儿子间的财产分配经验也会更为普遍。这一过程会把兄

---

[6] 卜正民 , *Praying for Power: Buddhism and the Formation of Gentry Society in Late-Ming China.* Cambridge: Harvard University Press, 1993。

[7] 周绍明 , "Friendship and its Friends in the Late Ming," 收录于《近世家族与政治比较历史论文集》，"中央研究院"近代史研究所与加利福尼亚大学戴维斯分校历史系联办（台北："中央研究院"近代史研究所，1991 ），页 67－96。

[8] 包弼德 , "Neo-Confucianism and Local Society, Twelfth to Sixteenth Century: A Case Study," 收录于史乐民与万志英合编 *The Song-Yuan-Ming Transition in Chinese History* (Cambridge: Harvard University Press, 2003), pp.264-65。

弟置于一个处境（如我已经注意到的），在这一处境中他们会明显体验到以过分的精确度贯彻着的实际上及司法上的平等性。既然这类分配是契约性的（而且实际上如韩森已经说明的那样，财产分配契约是宋代朝廷与司法者所坚持的），那么财产分配的经验给正式的以及在司法上得到认可的成年男性之间的平等提供了经验。要不然这些在礼仪方面来说便是不平等的。因此，这种看待和建构关系的方式可能事先转移到了经济范围，然后到了更广泛的社会及文化生活范围中。

7. 人们或许会问，是否有跨性别的例子。除伊佩霞找到"友爱婚姻"在宋代初的证据之外，高彦颐与其他学者也找到更多明朝中晚期的这类例子。其中一个对这时友爱婚姻的理想解读方式，是为了在通常被认为绝对等级森严的关系中找出横向关系的维度的尝试。一个有趣的问题是，宋代及之后的理学家对夫妻角色互补的广泛强调，是否达致了共同的方向？朱熹与其他的学者认为，丈夫在家庭之外享有独有权威，但妻子则享有对家庭财务的一切管理权（即包括收租和收取其他外部所欠的借款），或者决定孩子的教育。如此一来，这是否能被想象为一种有助于用来设想横向婚姻（horizontal marriage）的不平等关系的转移抑或交替？

当然，即便找到某种夫妻间横向形态的理论建构也不表明婚姻是一种真正的平等关系。这使人联想到若应用于其他语境中或许有意义的一点：一旦表明横向形态的词汇得到了文化上的流传和正当性之后，它将如用于轻易地调解平等性（即便是在单一语境中）的惯例做法，也用于掩盖或粉饰实际上的不平等性和支配权。虽然实际上有些佃户和这些地主一样，甚至更加有钱、有势力，但是一份地主与佃户之间的契约却能在双方皆未受不平等规定的情况下制定出。在所有非契约性方面，多数佃户远不如地主的社会与经济地位，也没有同样的实际能力来执行契约。横向关系是一种文化想象的现象，也因此能有很多作用，其中就包括告诉人们他们都属于某种关系中的相同群体（即使他们实际上都不是）。

最后，"横向关系"一个最显著的现象在于文人与士绅那既分叉又具扩张性的横向网络。这一网络在宋代（尤其是南宋）、元代和明代的学术生活及政治上起了重要的影响：11 世纪的古文运动；自北宋末期和南宋，以及之后历经元朝到明初，再到永乐篡位时走向终点并变换性质的道学运动；明中末期的阳明学运动；晚明的东林运动和复社。这些例子已不单单是实际上的文人与士绅的横向网络。它们都是自我辩护及自我理想化的团体，而且清楚地声称拥有对道德和政治领域的权威和合法性：一种平行和独立于国家的权威，甚至与国家竞争或试图征服国家的声明。在它们的巅峰期，人们能看到在发挥作用的权力生产网络（authority-generating network）当中，两个可相互替代且时而活跃地在竞争着的想象：一方面是由国家"金字塔形"自上而下的职位分派；另一方面则是基于个体无数的二人关系，不取决于由上方派的职位（因此并不一定得在那些有官职者与无官职者之间作区分），以及有跨空间扩展倾向的横向网络。

在这些运动的发展历史中被隐藏起来的或许可以被称为"党的奇异事业"（The Strange Career of the Dang）。"党"当然是古时所谓的"朋党"今日所谓的"政党"。如魏家伦在第四章所论述，管志道虽然也因激烈地排斥"朋党"，遂在这长久以来的系谱传承中占有了位置，但是他对地方上一种重要的朋党，即魏家伦精确表达的"横向力量联盟"的特别关注，则体现出管志道意识到了我正在探索的这个现象。到了他的时代，管志道的观点或许会比人们所假设的显得更加不传统，或至少没那么具争议性。我们早已知晓欧阳修于 1040 年间给予"君子之朋"合理的解释，而这也引起他在政治上的支持者——范仲淹随声附和以及做出同样的辩护。阿里·莱文已仔细研读过北宋时期所有关于"党"的主要文章，而这些几乎成为一种独立的文体。他所说明的是，多数关于"党"的文章在一方面并未像欧阳修与范仲淹一样把党合法化。即便如此在另一方面，这些证据也显示出，多数作者确实接受了君子政治组合的合法性及必然性，他们只是没有把这些组合称为"党"。[9] 然而，相对于那些提出理论的人，参与者可能表现得

[9]　阿里·莱文，"A House in Darkness: The Politics of History and the Language of Politics in the Late Northern Song, 1068-1104"（Ph.D. Dissertation, Columbia University, 2002），第四章。

更直率一些。田浩已表明，到了 12 世纪 70 年代，道学运动的成员已经确实自称"吾党"。[10] 这则能够在时间上前后延伸：Ari Borrell 的研究表明，和 11 世纪初期的道学圈子成员一样，程颐已经于大约 1080 年为其所在的元祐政党使用了"吾党"一词[11]；郝康笛数年前的学位论文也证明，她所研究的阳明学派江右集团当中的文人已经在 16 世纪自称为吾党。[12] 在此所涉及的是一种在其成员眼中完全正当的"（朋）党"，"党"甚至是一种用于使其组织正当化的概念。那些试图把党正当化为朝廷一种组织的北宋政治家之所以会失败，也许是因为皇帝直接抵抗了一个将不得不威胁到帝王权威，或是在朝廷另起一个平行权威的想法。宋代的皇帝事实上在不同时期明确禁止大臣之间以及其他在职官员间的横向互动。然而，党最终找到并展示自己合法性的地方，是作为一种除了朝廷以外（即便仍打着朝廷的主意）在职与非在职官员的跨地域横向网络。到了明代，或甚至是更早的时期，"政党"也许已经成为比"朋党"更好的表达。

我认为所有这一切是有用的描述历史的方式，魏家伦表明的管志道所试图"拦住"的历史，以及他很肯定地拒绝接受的事实的历史。管志道的作品充满了对我所提及的各种形式的横向关系和联系的系统性批判。他也更加激烈地反对通过相互之间及横向形态的认可和承认所能得出的合法地位及合法权威，相对于由上方（指国家和皇帝所分配的），或者甚至是针对政务发言的权力的观点。单凭这种激烈的程度，管志道反映出这种想法在当时所具有的力量。然而，如魏家伦所表明，更能显著反映这股力量的一点是管志道迫切地想要识别出一个具有平等关系的社交生活圈子：他重新精确描述成"彼此相均者"的"左右之交"。在划出这个圈子时，管志道同时迫切地限制及否认其合法的政治效应。因为在他看来，这只存在于权力和地位的向下分配中。他也仔细将当时许多本来起着横向的或功能相同的关系和联系

---

[10] 田浩 , *Confucian Discourse and Chu Hsi's Ascendancy* 详见各章节。

[11] Ari Borrell, 于 1996 年 3 月，在檀香山举办的亚洲研究学会常年会议上发表。

[12] 郝康笛 , "The Jiangyou Group: Culture and Society in Sixteenth Century China" (Ph.D. Dissertation, Yale University, 1987), p. 38。

排除在平等圈子之外。至于其他具有管志道不能否认的横向形态的联系，他仅以道德上不能被接受的理由排斥他们。值得注意的是，这些包括了当时非国家文艺政治网络以及理学"道统"思想。"道统"思想给君子在无须拥有或顾虑国家界定的职位与地位的情况下，界定并用言语表达合法权威的能力的理论基础。尽管管志道持一种偏好，一种希望在尽可能广阔的人事圈子中皆存在等级制度的个人偏好，他也不能够排除相当多剩余的平等圈子。这也因此恰恰表现出他在他所排斥的时代中是行事多么彻底的一个人。

要是魏家伦没有把管志道介绍给我，要是我们没有一起把管志道看作一面愤怒但通常精确反映出他的时代前后社会变迁所带来的影响的镜子，那么就不会形成我在上文所表达的图景。的确，我绝对不会有像魏家伦那种在智力上的耐心，来深入及仔细挖掘管志道的作品并发现他对传统的、明代帝王的及当代理学的观点的妥协、结合及整理，以及日常和官场生活中的仪式和礼节上微小细节的描述。实际上，这些表面上通常晦涩的表示，代表了对较大的政治和文化问题所做出的声明。我非常感激魏家伦，因为是他让我看到了管志道确实是一位重要的以及在某种非常奇怪的方面具代表性的人物。

那些认识魏家伦的人肯定很清楚他是一位温和、坚强及坚定的人。而且，在他患病末期，除了这些优点以外，他也非常勇敢。魏家伦在诸多方面都可以称得上是一个楷模，人们可以从他身上学会应当如何做人。这是因为他是一位曾经以哲理的方式，以及自己生活中的实际方式认真考虑过这个问题的人。他对于家人的责任感以及对他们的爱，已经强烈到塑造了他的人生选择。这在他的，甚至是我的同龄人中，都是极为罕见而宝贵的。他的宗教是让他在家庭与社会之间有所作为的途径，也是一个让他思考如何做人的媒介。他对于那些关心如何在一个道德上不可靠的人世间成为一位有德者的思想家的研究兴趣并不异常。这是因为他无时无刻不在思考那些问题。我非常欣赏他。我会怀念他，相信所有认识他的人也会。

虽然我们错过了家伦，但无须错过他的作品，因为他的论文已经整理出版。这本著作是一部重要且非常精妙的作品，而那些没有机缘认识他的人，仍能够通过他的著作见证他的智慧。研究中国的史学家与那些对等级制度、平等制度及道德和政治权威的文化概念以及这些概念和社会变迁的关系感兴趣的人，可以阅读此书并从中学习。

第一章

导言
《从先维俗议》的写作背景

管志道的世界在逐渐崩塌。明朝的官员与民众遗忘并违背了儒家
经典所描述的那种人与人之间自然而合理的等级关系。政治及道德权
威被在野的士人甚至是与政府毫无瓜葛的人所窃取。面对这一危机，
管志道提出了一系列详尽的建议。每条建议都有各自的主题，但与此
同时，它们又相互关联。这些建议针砭时弊，迫切指出了重建秩序所
应采取的措施。管志道于1601年撰成《从先维俗议》，第二年此书刊
行。在这部长达678页的巨著中，经典及其悠长的注疏传统、明太祖
的谕令与管志道对当时社会的急遽变化的洞察及批评交织在了一起。

21世纪的学者已经达成共识，他们都认为管志道所处的时代
（1536—1608）是一个社会巨变期。当时的中国是世界的经济中心，社
会精英日益增长的财富不仅来自于农产品，更源自于异常发达的商业
贸易。明代的思想与宗教世界丰富多彩，佛教、道教、藏传佛教、伊
斯兰教与基督教都活跃其中。士人阶层掌握着政治与社会权力，而其
权力的合法性，则是来自于儒家哲学的、礼法的以及有关历史上的治
国之道的经典。作为官员，士人使得控制着整个社会的帝国官僚体制
得以正常运转；而作为地方上的名门望族的成员，士人则在自己的家
乡起着重要的领导作用。早在1600年左右，已然商业化的印刷业以
及供大于求的师资力量，使得更多的人能够负担得起受教育所需的花
销，拥有官员身份的士人与地方上受过教育的活跃人士之间的界限也
因此而变得模糊。面对这些社会变化，士人阶层的种种反应既表现在

具体的社会、政治制度上，也表现在学说论辩之中。由此可见，将思想史与社会史相结合，从整体上对社会政治及学术论辩两方面进行研究，对于更好地理解晚明世期是极为关键的。

当然，与管志道同时代的许多人也都曾为社会与政治的变迁发出叹惋，但多只是泛泛之谈，远不如管志道的论说具体、深刻。管志道的学说以诸多"社会衰微"的具体例证为基础，而这些例证所关涉的种种制度上的问题又相互关联成为一个体系。大体而言，《从先维俗议》前半部分对当时的社会关系与身份地位的差异进行了考察。在管志道看来，这些关系与差异是普遍存在的，儒家经典以及明初所规定的、有关社会地位与伦常礼仪的规范中都对此进行了阐述。管志道还将其与理想模式做对比，目的在于向当时在位的皇帝阐明该如何重新设立地方社会的礼仪规范。后半部分则重在阐明某种儒家学说，特别是理学的历史及其对当时政治的影响。管志道极其详尽地对当时的社会实践、社会制度以及各种针锋相对的学说进行了讨论。对当时士人的自我定位与经典及明朝法令所赋予他们的角色之间的冲突，管志道也进行了全面、细致的思考，并阐明了士人与国家所应承担的恰当角色。此外，管志道还提出了他自己有关历史的独到见解。历史学家们无须将他所描绘的社会变化趋势的每一个细节都看成是客观事实。但他那丰富多彩的描述、细致繁复的诠释以及宏大的历史视野，却可以为历史学家们提供许多极具启发性的视角。

管志道在《从先维俗议》一书中点明，文化精英们进行自我定位的两种方式——"为官资格"与社会角色，是导致"社会衰微"的根本原因。对于士人与国家的关系，管志道更是十分担忧。他认为，宋代（960—1279）以降，士的首要身份通常被认为是老师而非官员。然而，私学中那些传播儒家道德文化的教师虽远离政坛，却获得了前所未有的巨大权威。哲学家、政治家王阳明（1472—1529）的学生，特别是王艮（1483—1541）及其弟子的主张和作为，使得这一时代趋势愈演愈烈。他们主张人们无须借助任何外力，就可以实现儒家之道。他们在民间创办了大量半私立的书院，官学因此而逐渐衰败。他们还指出，即便是那些没有官位，甚至从未深入学习过儒家经典的人也拥

3

有成为圣人的内在潜能。这一主张令各行各业的人都获得了前所未有的自主性，使得他们可以同儒者，甚至是国家委任的官员进行竞争，以获得文化领袖的威望与身份。[1]然而，管志道进一步指出，早在王阳明之前，这场激烈的竞争其实就已经开始了。在那时，科举考试是国家选拔官员的唯一途径，正是这一政策引发了这场竞争。而人们相互竞争的目的在于提升自己的社会地位。所有这些制度、哲学与社会的新潮流，使得社会不同阶层间的界限变得越来越模糊，而那些最根本的社会等级关系，如（家族内外的）长幼、师生，甚至君臣关系也已经严重被弱化。

　　管志道在此指出的这个矛盾——作为具有独立权威的教师的士人与作为为国效劳的教师的士人，是一个困扰了人们数百年的棘手问题。这一问题的关键，主要在于如何将经典的传授、社会所尊崇的价值与政治、社会巨变以及相关实践协调起来。自宋代起，文化阶层中的思想领袖就以复兴儒家之道为己任。而所谓的儒家之道，是指孔子（大约公元前 500 年）与孟子（大约公元前 300 年）向当时的统治阶层所宣扬的古代有关伦常、礼仪的思想学说。然而，在孔子和孟子所处的时代，中国由众多的小国组成。最初，这些小国都是周朝（前1045—前 256）的封地。经过几代的传承，国与国之间的关系逐渐疏离，并相互展开了激烈的竞争与战争。在这些斗争中，各国都向才干超群的士人寻求过建议。秦朝（前 221—前 206），这一由官僚政府统治的统一王朝，与孟子所处的时代相隔甚远，对于孔子来说更是不可思议。正因如此，孔子与孟子作为士人、教师以及统治者的顾问，才 4 获得了更多的自主权和道德权威。倘使他们生活在更早的时代，那时周朝鼎盛，礼制上的严格区别处处体现着封建等级秩序，唯有出身高贵的人才能掌握政治权力；或是生活在帝国时代，只有一个可以为之

[1]　在黄宗羲（1610—1695）所撰的《明儒学案》中，管志道被归入泰州学派，并被认为是王艮的继承者。然而，管志道自己不仅不认同泰州学派，还曾对其进行过严厉的批评。Zhao jie 博士在其有关周汝登的研究中，曾对黄宗羲学派划分的方法与动机进行了质疑，请参看其博士论文 "Chou Ju-teng (1547—1629) at Nanking: Reassessing a Confucian Scholar in the Late Ming Intellectual World" 以及 "Reassessing the Place of Chou Ju-teng (1547—1629) in Late Ming Thought" 一文。

效力的朝廷，君主一统天下，掌握着天命，并有权决定整个礼仪与社会秩序，那么情况就将不会是如此了。继孔孟之后，宋、元（1279—1367）、明的经典研究者们，尤其是那些有时被称作是"理学家"的儒者，也对政府与社会秩序问题进行了探讨。他们的理论根据主要是五经（《诗经》《尚书》《周易》《礼记》《春秋》）与四书（《大学》《中庸》《论语》《孟子》）中所包含的孔孟思想。然而，对于生活在帝国官僚政治体制中的儒者来说，这些在完全不同的时代背景下所形成的儒家典范意义何在？

面对这一难题，理学家通常所采取的解决办法十分复杂，甚至还自相矛盾（这种办法与管志道截然不同）。一方面，理学家们认为，尽管中国作为一个国家是统一的，但从周代中期开始，道统（the succession to the Way of antiquity）与治统（the legitimate succession to political authority）（二者都含有"统"/"transmission"）就已经分离了。传承道德与礼仪传统的重任落在了士人肩上。在这些方面，君主必须向他们请教。理学家把周朝以礼仪与伦理治国的理想模式视为标准而对其所处王朝的政治得失进行评判，并将其树立成典范以激励国家实施改革。理学家由此而得以巧妙、合理地将这一理想模式付诸实践。并且，他们还常常把周朝鼎盛时期的制度、法令及君主与他们所处的时代的相应状况进行对比，有时甚至还将二者直接等同起来。

另一方面，由于帝国的君主声称自己是受天命所托、执掌天下，理学家在朝廷任职，便自然要对此保持最起码的、名义上的尊重。而这也意味着他已经默许了帝国官僚体制长期以来对于周朝封建等级制度的取代。《中庸》出自《礼记》，是理学的重要文本之一。它赋予了天子无上的权威，唯有天子可以制定某一时代的礼仪典范。理学家将当时的皇帝同周朝的天子并提，是希望皇帝能够如周朝天子一般贤明。但作为官员，理学家必须承认：唯有皇帝才是礼的终极权威。当然，在朝廷之外，士人还有另一种选择：他们无须做官，却可以成为地方上的领导者，实现对某一地区的管辖。宋以来的许多士人都是这样做的。或许正是由于国家的管辖范围并未深入地方（朝廷的政治势力最远仅覆盖到县，一个县大约有一百万以上的居民），士人才得以实现地方自治。这种自治虽不合法，却是实际存在着的。虽说这些士人所处的时代与周朝相距甚远，但他们的这种做法，却无疑是在效仿周制。

礼涵括了家庭、社群以及国家各个层面的所有礼仪、礼节。根据《论语》的记载，自孔子的时代起，礼就成为儒家有关社会与政治秩序构想中最为重要的组成部分。因此，面对社会的衰颓，管志道自然将重点放在了重建社会交往的等级模式（即"礼"）上。礼，不仅规定人们应当如何通过言谈举止表达敬意，还包含无数细致、繁复的仪式礼节。礼净化人们情感，调节人们的情绪，使得人们能够更好地修养自身的德行。然而，这种德行的修养，是在对于身份地位差异的表达中实现的。这既包括因性别、职位、阶层不同而产生的社会关系上的差异，也包括具体到每一种关系以及某种关系中不同群体在义务上的差异。孔子、孟子与荀子（二人是孔子思想的重要继承者，他们均生活在前帝国时代）都认为，在理想的礼仪秩序中，国家及其所颁布的法令至关重要。这一秩序的核心在于王族通过祭祀祖先的仪式，表达他们对鬼神的尊重与敬畏。这与"天命"思想息息相关，同时也是王室的责任，他们必须将祖先的美德永久地传承下去。[2]社会由无数的家庭组成。王族祭祀祖先，维护家族间的合理关系，是在为其他家庭树立可供效法的典范。同时，通过保持与大臣的恰当关系，王室也仿效了尊敬长者、上级以及其他人的礼仪模式，这些模式在其他非血缘关系的社会交往中起着支配作用。因此，从理论上讲，儒家认为王室对于整个社会具有广泛而深刻的影响。所有社会关系的模式，均可看作是由这一核心延展而来的。

在孔子和孟子看来，无须一个全方位的或是控制一切的政治体制，即可实现上述这种道德层面的广泛影响。他们把周代早期的政治秩序树为典范，这一方面是因为通过当时留存下来的相关文献记载较为丰富、完整；另一方面是因为此一秩序较商朝（约前1600—前

[2] 参看《诗经·维天之命》《尚书·君奭》，见 *Chan, Wing-tsit: A Source Book in Chinese Philosophy*, pp.6-7。

1045）以及周朝晚期更为完善。[3]在周朝早期，爵位、政权与土地通过分封的形式分配给皇室宗亲。所有这些都由嫡长子继承。每一个诸侯之下，都有许多大臣，这些大臣间也存在着等级高下的区别。而诸侯所拥有的这些，也将由其嫡长子继承并传承下去。[4]家庭是所有社会组织的基础，而地方社会也拥有一定的自治权。从王室延展而来的礼仪与制度无须任何强制，便可以得到有效地实施。

后世的儒者有时会把"法"（laws）与"礼"（rites）作对比，以表明他们对强制性规定与刑罚的厌弃。然而，经典中的礼与国家所制定的法，二者在历史上与观念上的关联却极其复杂。在古代，"法"的真正本质为何？"礼"的实际结构又是怎样？这些问题都有待于解释。"法"不仅指"法律"，还含有"方法"、"制度"、"模式"与"标准"的意思。它既可以指某一王朝所制定的那些作为法律的规范制度，甚至还可以广泛地指"政治制度"或"政策"。在前帝国时代，官僚体制实施以前，礼与法有相互重叠的地方，相对而言，礼的地位更高。那时的政府力量并不如后世那般强大，也正是因为如此，人们便无须为礼与法的关系进行明确的解释。但到了晚明，时代背景却是大不相同。与前面所提到的学者的自主权与帝国的主导权之间的关系一样，礼与法这一复杂问题也令儒者们着实伤透了脑筋。

7　　自《从先维俗议》开篇，管志道就直接绕开《礼记》，而以明初颁布的法令展开论述。此即引发了理学思想中所隐含的一个重要矛盾。在序言中，他就其书名解释道：

从先云者，取义于孔子之"从先进"[5]也。不从先进，不足以维末俗。但孔子所谓"先进"，意在三五以前，野人所起之礼乐。而

---

[3] 见《论语·八佾》，英译参 Legge James（理雅各）：*Confucius: Confucian Analects, The Great Learning, and The Doctrine of the Mean*, p.31.

[4] 参看《孟子·万章下》中的例子，见 Lau D.C（刘殿爵）：*Mencius*, 5B:2。

[5] 《论语·先进》，见 Legge, James: *Confucius: Confucian Analects, The Great Learning, and The Doctrine of the Mean*, p.237. 对于此章，刘殿爵的翻译与理雅各迥然相异，他所依据的《论语》注疏也与理雅各不同，见 Lau D.C: *Confucius: Analects*, p.106. 但就管志道的诠释而言，理雅各的翻译更加符合此处的语境。

余所谓"先进"则本高皇开国初所定之礼乐，合孔子删述后所存
之礼乐而已矣。[6]

管志道考察了明朝的仪礼规制、社交形式以及这些仪礼与形式中所体
现出的身份差异（对于"乐"，管志道未加讨论）。在对国家的政策、
制度进行讨论时，明朝以及后世的许多著述者都曾引用过明朝建立
者——明太祖（1368—1398）的谕令，但他们大多是对明太祖的规定
持反对意见的。在礼仪典范的问题上，大多数理学家所借鉴的都是古
老的儒家经典，而不是从朝廷的典章中寻找答案。尤其是当他们论及
地方的礼仪规范时，情况更是如此。比起《论语》时代的政府规定，
为人们所普遍认可的礼的观念被理学家扩大化，目的是为了使其更加
契合于士人未经政府授权即可对地方社会进行领导的新局面。[7]

　　由此可见，在礼的问题上，管志道与其他理学家所采取的进路迥　　8
然不同。他把明太祖创立的制度奉为圭臬。更令人惊异的是，他还常
常将明太祖与孔子并称。众所周知，明太祖十分残忍、暴戾，是个臭
名昭著的皇帝。他对朝廷实施了多次残暴的大清洗，以此实现对社会
的全面控制。与此同时，他也重建了礼仪、风俗与制度，最终形成了
一个综合、吸收了先前所有朝代最强大力量的政体。[8]尽管明太祖有
野心与专制，但是他所制定的政治方案有一些在他在位期间却未能完

---

[6]　管志道《从先维俗议》的书名，与他的老师耿定向（1524—1596）所撰《先进遗风》
　　相似。后者所记录的是明代名臣之言行。《从先维俗议》中也出现过"先进遗风"一
　　词，但管志道却从未在书中明确提到耿定向或是《先进遗风》。见《从先维俗议》，《太
　　昆先哲遗书》（上海：太仓俞氏世德堂，1928—1930），卷1，页13b；18b。

[7]　狄百瑞（Wm. Theodore de Bary）将"社群主义"同礼的普适性，尤其是乡约关联了
　　起来，见 Wm. Theodore de Bary：*Asian Values and Human Rights*, chap. 5 and pp.90-91。韩
　　明士认为，在某种程度上，南宋的"以社群为基础的志愿主义"其实是对北宋王安石
　　与蔡京所提倡的"扩张型帝国"的一种回应，参看其"Lu Chiu-yuan, Academies, and
　　the Problem of the Local Community"一文，见 Wm. T. de Bary and John Chaffee ed.: *Neo-
　　Confucian Education*, p.440。此外，韩明士还指出，这种志愿主义的出现，填补了羸弱
　　的南宋所造成的地方社会层面上的缺失。

[8]　参 Farmer（范德）：*Zhu Yuanzhang and Early Ming Legislation: The Reordering of Chinese Society
　　Following the Era of Mongol Rule*, E. Zürcher ed.: *Sinica Leidensia*, vol34, pp.8-9; "Social
　　Regulations of the First Ming Emperor: Orthodoxy and the Transmission of Orthodox Values",
　　Kwang-ching Liu ed. : *Orthodoxy in Late Imperial China*, p.106。

全实行, 还有一些在他身后更是被完全遗忘[9]。不过其中的一部分举措, 却始终激励着后世尤其是 16 世纪的改革者。[10] 这些改革者与明太祖有共同的目标, 他们希望能够通过加强皇权对社会生活尤其是教育领域的全面控制, 并利用儒释道三教, 建立起一个全面的、统一的礼法与政治秩序。但在这些人中, 管志道却显得有些与众不同。[11] 在留都南京任职期间, 管志道深入研究了明朝旧有的政治制度与程序。据此, 他指出了当时一些违背旧有规制的做法, 并提倡恢复之前的制度。可以说, 这些都在他的职权范围之内。然而当他辞官之后返回家乡, 为了解决当地严重混乱的社会局面, 管志道却没有像大多数理学家一样诉诸经典, 而仍以明初的礼法制度作为社会实践的理论根据与指导原则。

与明太祖一样, 管志道也认为, 在上古社会, 曾经有过一种礼仪与政治合一的秩序。在这一秩序中, 礼与国家的政策制度, 例如法, 是一个统一体。可以说,《从先维俗议》所提出的一个主要问题即是: 在重建礼仪与政治制度时, 诉诸 "礼" 与明太祖的法令这两个理论来源究竟有何意义? 管志道的一些说法表明了礼与法的大致差别:

> 论礼必宗孔子, 论法必宪高皇。此所谓 "从先进" 也。[12]

---

[9]　参 Sarah Schneewind (施珊珊): *Community Schools and the State in Ming China*。

[10]　例如, 罗汝芳 (1515—1588) 就极其重视《教民榜文》中的 "圣谕六言"。"在 16 世纪中叶所颁布的乡约礼仪规范中, '圣谕六言' 处于核心地位" (引自 Joseph P. McDermott: "Emperor, Elites, and Commoners: the Community Pact Ritual of the Late Ming" 一文, 见其所编 *State and Court Ritual in China*, pp.299-351)。正是在这一背景下, 罗汝芳对 "圣谕六言" 进行了深入的思考。参见罗汝芳《乡约全书》,《盱江罗近溪先生全集》附文。罗近溪的弟子杨起元 (1547—1599) 在《证学编》中, 专门以 "六言" 为主线展开长篇的论述。而与罗、杨同时代的黄佐 (1490—1566), 在《翰林记》中对明初制度的论述则显得十分与众不同。Peter Brian Dimension 引用并翻译了该书与永乐时期相关的诸多内容, 见其博士论文 "Contesting Authority: Intellectual Lineages and the Chinese Imperial Court from the Twelfth to the Fifteenth Centuries"。编者按:其他相关事例, 可参看 Sarah Schneewind ed.: *Long Live the Emperor! Uses of the Ming Founder across Six Centuries of East Asian History*。

[11]　见荒木见悟:《明末宗教思想研究: 管東溟の生涯とその思想》, 页 68。

[12]　《从先维俗议》, 卷 3, 页 7。

在此，管志道对经典中的礼制（如孔子所言）与国家的制度（如明太祖所创建的）进行了明确的、本质上的区分。他甚至将二者看成是完全不同的两个事物。而如何"从先进"，则取决于所从的是何者。另外，上述引文还有另一层复杂含义：该段文字间接引用了《中庸》中称赞孔子的话——"祖述尧舜、宪章文武"。[13] 由于这一引语，许多重要的问题都关联在了一起。首先，管志道提出，在当时之社会，"宪章"明太祖之制即是在"章"、"述"文武。其次，他强调，当时的人们应当向孔子"祖述"尧舜一般"祖述"孔子。再次，他指出，"祖述"之道与"礼"相关，而所"宪章"者则是"法"或是政令。礼之权威来自孔子，法之根据则在明太祖。如此一来，管志道便真正使得经典与王朝的权威相互平衡，解决了长期困扰理学家的难题。

10

这一解决方案一经提出，其所包含的语词的多义性即意味着在接下来的论述中，管志道可以反复征引明太祖所创之"礼"，而将经典置于君主权威之下。对于管志道与明太祖而言，礼制虽是政治秩序不可或缺的基础，但礼制的完善却有赖于政治秩序。二者构成了一个完美无缺的整体。

此外，管志道还认真研读了明初的法令，并得出结论：周初以降，唯明太祖再次实现了政与礼的统一。此种观点，在《从先维俗议》后半部分中体现得尤为明确。它是管志道历史观的基础。管志道甚至还进一步指出，时人应当遵从明太祖，而无须以孔子或是其他古代贤者为典范。[14] 当然，从根本上看，管志道仍然在试图平衡经典与王朝的权威。他希望通过对明初法令的诠释，使其与孔子所传承的"野人"礼乐，甚至是与前代儒者礼仪实践的基本内涵保持一致。[15] 不可否认，王朝与经典权威之间的这种平衡，最终确实为管志道独有的一些价值

---

[13]　《中庸》，"传"第 30 章，见 Legge: *The Four Books*, pp.416-417。管志道此段文字与《中庸》原文虽有不同，却明显十分相似。所谓"宗"即"追溯 X，就仿佛他是你祖先"，所谓"贤"即"将 X 作为贤明的典范"。而《中庸》中的"祖述"所表达的正是前一种意思，"宪章"所表达的则是后一种意思。"宗"与"祖述"意思相近，"贤"与"宪章"相互呼应。在《从先维俗议》中，管志道反复引用《中庸》此语，二者在结构和意义上也是一致的。所有这些都表明，管志道此语是对"祖述尧舜，宪章文武"的仿写。

[14]　《从先维俗议》卷 3，页 94b。

[15]　相关例证可参看《从先维俗议》，卷 1，页 27a-b。

与偏好提供了有力的论证根据，同时，这也使得管志道为解决晚明的社会纷扰所提出的若干举措显得极为特别而有趣。

管志道生平简介

管志道（字登之）出生在太仓州的一个士绅家庭。当时的太仓隶属于重要的文化与经济中心——苏州府，管氏家族世代在这一地区居住。[16] 据管志道自述，他的家族谋求生计的方式极为传统，始终依赖于农耕，而没有利用周遭的商机。但由管志道可以接受教育并获得功名这一点推测，管氏家族还是较为富裕的。管志道经过几年在县学（准确地说，是在地方教育部门的官员所在的书院中，而非是原始的、破旧的学校场地）的学习，管志道在乡试中考取了第一名。隆庆五年（1571），35 岁的管志道考中进士。[17] 随后，管志道被委派到留都南京一个初级职位上，任兵部车驾司主事。[18]

管志道上任之时，正值锐意改革的张居正（1525—1582）任首辅。1578 年，管志道曾上疏九事，谏言恢复明初的法度与政策。很明显，管志道的目的主要是力劝万历躬揽大政，"无使旁落"——这显然是暗指大权在握的张居正[19]。其实，早在管志道与其他官员一同反对张居正夺情前，他就已经引起了张居正的猜忌。[20] 而今，管志道隐晦的

11

---

[16] 以管志道所处的年代而言，太仓州的建立时间并不长："弘治间，始割昆山、常熟、嘉定三县地置太仓州。"见臧励和等：《中国古今地名大辞典》，页 142-143。管氏家族世居昆山县，后因弘治年间（1488—1506）这一行政区划上的变动才归入了新建立的太仓州（见《从先维俗议》卷 1，页 103b）。

[17] 焦竑（1541—1620）：《广东按察司金事东溟管公墓志铭》，见《国朝献征录》，卷 99，页 164b。（文中一应根据西方算法计算年龄。）

[18] 书中所有官名均依照 Charles O. Hucker（贺凯）: *A Dictionary of Official Titles in Imperial China* 中的译法。

[19] 《广东按察司金事东溟管公墓志铭》，见《国朝献征录》，卷 99，页 165b。

[20] 张居正之所以因这些批评之声而恼怒，或许是因为他曾经是管志道的主考官。（见焦竑《国朝献征录》，卷 99，页 165a）鉴于管志道对座主与门生之间的举荐关系的谨慎态度，他与张居正之间的这种关联十分值得注意。

批评更是激怒了张居正。1578 年，管志道被擢为广东按察司金事 [21]。张居正便趁机陷害他。任上，管志道再次上书，结果被降职。1580 年，
12 年仅 44 岁（按照中国的算法是 45 岁）的管志道在大计中被划入 "老疾" 官员的行列中。1582 年（张居正于是年去世），管志道官复原职，致仕而归。1591 年，在致仕大约十年之后，管志道被举荐出任一个更高级别的官位（湖广金督），但他以老母有疾为由拒绝了。他之所以拒绝出仕，或许是因为他对无心朝政且迟迟不立太子的万历皇帝已经失去了信心。但我们也可以简单地认为，管志道确实是因为要对母亲尽孝道而拒绝的（他这种自觉的行动，与张居正夺情一事形成了鲜明的对比）。

经历了宦海生涯早期的那些挫折，后再次受到举荐却因母亲年老而无法就职，管志道最终作为致仕官员在家乡太仓度过了他生命最后二十六个年头。在此期间，他与当时的众多名士都有大量的书信往来（其中大部分在他生前就已经出版），并撰写了颇多著作。最后的、篇幅最长的一部即是这里将要讨论的《从先维俗议》。[22] 虽然《从先维俗议》是以个人的、非官方的身份书写的，其所面对的读者也不是皇帝，但却可以看作是管志道先前递交的那些提倡恢复明太祖制度的上书的延续。有关《从先维俗议》所面向的读者，其文本内部所透露出的一些线索表明，管志道似乎首先针对的是退休官员团体（以及更小范围的活跃人士）。尤其是当管志道强调说那些与他一样致仕还乡的人有责任，也有权力对地方进行领导时，这些读者对于他的重要性就变得更为明显。[23]

---

[21] "管登之先生小传"，见《从先维俗议》，页 1a-b，转引自《太仓州志》。

[22] 荒木见悟：《明末宗教思想研究：管东溟的生涯とその思想》，页 67。《从先维俗议》有《太昆先哲遗书》与《四库全书存目丛书》两个近代重印本，二者的底本同为万历三十年（1602）本。在中国大陆、中国台湾以及美国的图书馆，我都未找到其他更早的版本。我的研究最初依据的是《太昆先哲遗书》本，但由于其中缺失了极为关键的一页（卷 2，页 89），我也以《四库全书存目丛书》本作为辅助的参考，后者较前者更为完整。

[23] 在《从先维俗议》第三卷中，最有可能找到管志道在上书中所提到的那些内容。因为与其他卷对地方社会的关注不同，该卷包含了许多具体的条目，这些条目与政治程序与礼仪制度（这些礼制多适用于朝廷官员或至少是活跃的官员）的变革有关。

13 《从先维俗议》内容概述

荒木见悟把《从先维俗议》看作是一部"涵括了管志道在政治、经济、礼制与法度等方面具体见解的大著"。[24] 他认为，这部书对于研究万历时期的明代社会大有助益。在评价管志道撰写此书的用意时，荒木见悟说道：

> 管志道以论述其思想的基本原则开篇，并对具体事例进行了鲜活的描写，他希望使发生了变化的礼制、人情与风俗回归到明朝建立之初的模式。[25]

相比之下，清朝中期《四库全书》的编者则对《从先维俗议》持批评与摒弃的态度。他们未将该书收入策府，而只是将其列入了《四库存目丛书》的"子部·杂家类"。《四库全书总目提要》指出，这部著述"多论往来交接之礼"，又曰："其四、五卷皆讲学之语，理杂二氏且明立三教主宾之说。" [26]

对于这些轻视、贬抑《从先维俗议》的说法，管志道自然不会同意。但他在阐明划分全书篇章结构的基本原则时，却与上述概括极为相近：

> 前三卷皆事迹；后三卷顾及垂世典要与出世密因，此又先进礼乐之归根处也。[27]

由此可见，《从先维俗议》大致分为两个部分。前半部分是针对具体的礼仪、制度所提出的建议，其中主要是有关各种不同的人际关

---

[24] 荒木见悟：《明末宗教思想研究：管東溟の生涯とその思想》，页 67。
[25] 荒木见悟：《明末宗教思想研究：管東溟の生涯とその思想》，页 68。
[26] 永瑢（1744—1790），纪昀（1724—1805），陈乃乾等编：《四库全书总目提要》卷一百二十五，杂家类存目二。
[27] 《从先维俗议缘起序》，见《从先维俗议》序言部分，页 2b。

系以及更大范围的社会环境中的角色与地位的合理划分。后半部分探 14
讨的则是一些更为广泛、更具概括性的问题。第四卷可谓是四书五经
中所展现出的礼仪、道德与政治传统的大集锦，其中还包含了宋以前
的儒者、理学家以及国家政府对于这些传统的多种多样的诠释与应
用。管志道从独特的历史与哲学视角，对这些丰富多样的文化遗产进
行了分析。第五卷则引入了佛教与道教传统，追溯了三教之间的历史
与形而上学的关联。对于管志道来说，佛教的主要贡献在于"出世密
因"。在他看来，礼的政治与社会功能，主要与儒学和国家相关联。
而我也主要对政治与社会层面的问题感兴趣，故而在讨论管志道对
佛教的态度时，我只关注那些与管志道理想化明太祖相关的论点。此
外，管志道还制定了一系列简明扼要的家训。最后，他还对三教问题
进行了讨论。他在前几章讨论士人所应遵循的实践规范并告诫他们应
当避免参与哪些团体与活动时所提出的那些基本原则，在这部分论述
中再一次得到了充分的体现。

　　其实，上述这种篇章上的划分，即便是粗略地浏览一下《从先维
俗议》的目录也能够了解。然而，这种划分却不是绝对的。在第一部
分中，个别重要的章节也对某些大的历史问题与义理问题进行了讨
论，而第二部分也涵括了一些对于具体礼俗与礼序的重要建议。《从
先维俗议》中随处散见这些对于复杂话题的讨论，这便使得在具体与
普遍、礼仪实践与历史问题之间的往复转换变得十分必要。[28] 为了能
更好地进行分析，我将遵循管志道在谋篇布局上的总体原则。本书的
前四章，主要论述礼在表达社会交往中的角色与地位差异时的一些具
体的、技术层面的问题，并进而提出一些有关贯穿《从先维俗议》始 15
终的主题与焦点问题的推论。后两章则重在揭示管志道在与国家相关
的儒家传统问题上的所具有的广阔的历史视野，进而得出结论，点明
管志道对于我们所进行的晚明社会研究究竟有哪些启发与助益。

---

[28]　《从先维俗议》的每一卷都长达 125—150 页，其中包含了各种各样的建议。有些篇
　　　幅较长的建议则被划分为"条"或"款"。前三卷条目众多，而第四卷与第五卷却只
　　　含有两到三个篇幅极长的"议"，这些"议"被逐个划分为诸多的款（因此，这些款
　　　实际上便成为分章的基本单位）。

理想的社会秩序的诸多方面：社群、阶层 与国家的等级制度

在明代中国，没有多少人怀揣要实现所有人真正平等的理想，即便有，也决不可能实现。而在同时代的欧洲，情况也是如此。然而，虽说管志道处在一个广泛实行等级制度且具有强烈的身份意识的社会中，但他对等级制度的坚守与赞同却仍是极不寻常的。在同样担忧社会等级制度受到威胁的同辈与同时代的人中间，他对于究竟应当如何合理地确定每个人的地位，以及人们应当如何交往所表现出的关注，也是极为与众不同的。《从先维俗议》以一个关涉所有社会关系的、标准的分类法开篇：从最亲密的血缘关系到最为疏远的亲戚，从朝廷高官甚至皇亲国戚到布衣家中的仆人之间的往来，通过考察这种种人际关系中平等与不平等的程度（多是不平等的关系），管志道阐明了每一种关系的基础及其在各种人际关系中的重要性，并对特定关系中所应表现出的敬意的程度和形式做出了规定。在考察社会关系时，管志道还将三个普遍的个体特性——爵、齿和德三者之间的相对重要性作为"尊"的标准。此外，他还从历史的视角对当时的社会关系进行了考察，追溯了它们在古代社会的原始样态（正如四书五经所呈现的那样），并阐明了每一种关系新近所产生的变化。

管志道如此重视等级秩序，以至于他的长篇大论有时令等级秩序遭到了质疑，他依旧会从原则上对其进行重申。然而，同其他儒者一样，他的分类法针对的是社会关系，而非社会阶层或固定的身份地位。每个人都处在多种社会关系之中，不同的角色意味着不同的身份。例如，侍奉皇帝的大臣同时也可以是一个孩子的父亲，对于前者，他是下属，而在父子关系中，他却处于支配地位。这一点可以说是十分明白易懂的。此外，特殊的社会环境也会相应地对身份地位产生影响：在朝廷上，官员的爵位几乎完全决定了他与其他官员的关系。但倘若他在家乡遇到同僚，二人的关系则可能会受其他因素，如年龄的影响。在这一问题上，管志道的处理方式与大多数儒者的差异甚大。

这种社会背景对身份地位变化的影响程度并不是一成不变的，而是取决于所依据的礼仪典范与经典文本。在这一问题上，《从先维俗议》与强调社会环境决定地位尊卑的《孟子》有所不同。《孟子》甚至设定了这样一条普遍的原则：每一种不平等关系的基本标准都有其支配领域，其他标准在这一特定领域中所发挥的作用必须被贬抑。例如，在地方社会中，官职的级别高低便是第二位的。正如第三章所分析的那样，虽然管志道在对身份差异进行分析时所采用的主要范畴直接承自孟子，但他却对社会环境的优先性思想进行了限定与弱化，这一做法可谓意味深长。在此过程中，他借鉴了明初部分有关礼制的法令以及《礼记》，二者尤其是前者，使得官方身份的优先性延伸至地方社会，这也意味着管志道意欲建立的是一个愈加奉国家为社会核心的等级制度。如此一来，完全为帝国所控制的身份地位的标准便渗透、影响着整个社会生活，而不再仅限于朝廷之内的领域。

管志道意欲仿效他所借鉴的明朝法令建立一个更为统一的等级制度，而这便与《孟子》所提出的社会环境的优先性形成了一种张力，这种张力贯穿《从先维俗议》始终。面对这些相互冲突的价值，管志道所表现出的犹豫与矛盾便成为本书第一部分的一个重要话题。而第二章，则将指出管志道是如何掩饰《礼记》所构建的标准的社会等级制度中的某些灵活的、相互重叠甚至是模棱两可的因素的。但与此同时，他又对这类因素中的一部分进行了详尽的论述。最终，他否定了所有这类因素，很明显，这是因为他担心这些因素很可能会造成的身份差异的严重不确定性。第三章重在揭示管志道在详尽的论述过程中经常使用的那些巧妙的诠释方法。他之所以采取这些方法，一方面是由于他所依据的理论依据之间存在着分歧，另一方面是因为他希望同时达成多重的目的。他一直试图调和经典中的社会典范与明朝法令所展现的社会模式，为此，他或是对经典模式做出诠释以使其符合明代的模式，或是对明代模式进行解释以使其与经典模式保持一致。在社会交往的许多领域，管志道都竭力维护身份的差异性。但在某些领域，为了提出另外一系列更具优先性的因素，他又将身份差异撇开不论。并且，当他强调身份差异时，他通过各种办法赋予了官员身份一

17

种特殊的威望。然而，在这一问题上，他有时也会动摇，并转为遵从儒家主流传统所倡导的多重权威体制。管志道并非只是在寻求一种折中的办法；相反，当他对自己在原则问题上的论述持质疑或反对态度时，他也会时常表现出内心的犹豫与矛盾。

本书第四章将讨论管志道是如何将第二章、第三章所阐明的模式与标准应用于他所处的现实社会的。换言之，他如何用这些模式与标准判定当时社会存在的那些不合理的现象，以及这些现象源自何处，该如何处理这些偏离。而他对 16 世纪明代社会潮流的观察，则是他进行分析、判断的重要根据。在这部分文本中，国家的权威与授权又呈现出新的重要性。相比政府自身的因素，这种重要性与整体上作为一个社会阶层的退休官员的身份更为相关。此外，管志道提出了一种新的、统一的等级制度：否定身份差异的灰色地带，抑制社会背景的相对性，强化朝廷的社会核心地位。而所有这些，最终都与地方社会的阶层结构（而非明朝政府自身）更为相关。

第五章与第六章将对管志道有关士人阶层在地方社会与朝廷国事上所具有的政治功能的思想进行深入的分析。这一思想有助于我们理解管志道在该阶层中所赋予官员身份的那种非同寻常的威望。当然，士人同时还具有其他身份，如学生、老师、文化传统的继承者，具有官方或非官方身份的社会领导者。为了在以国家为核心的思想架构中给予士人阶层一个恰当的定位，管志道将孔子树为士人阶层的典范。但对于理学家所做出的有关孔子的历史地位与精神传统的诠释，他却持批判态度。他认为，理学家赋予了士太多独立于君主与国家的自足性与重要性。特别是对于士人地位的提升以及与私人书院相关的活动，他也有所批评。但我们必须注意到的一点是，即便当他描述、论述国家应对地方社会秩序施行集权掌控的主张时，他同时也在努力寻求教与治、私学与官学、私人教师与官方教师之间的平衡。

第二章

划定界限:
不平等关系与平等关系之间难以判定的差异

管志道其时，社会与政治等级制度面临着严重的威胁，天下所有
的合理秩序也因此而遭到破坏。他虽已卸任归乡，但为了应对这一情
况，还是着力对社会关系的复杂问题进行了全面的描述，并为地方
社会——这个他尚能发挥实际作用的基层提出了诸多的解决方案。从
根本上看，管志道是通过对平等与不平等程度的评估来实现有关社
会关系的分析的，这些关系构成了整个社会秩序。自朱熹（1130—
1200）时代起，《大学》就被视为一个独立的文本。管志道将《大学》
与《礼记》其他章节中的思想结合起来，二者共同构成了平等与不平
等这两大类社会关系的经典依据。然而，这些经典文本的说法并不完
全一致。为了使它们相互协调，也为了能够更好地解决当时的社会问
题，管志道使用了一种诠释技巧：他专门选取那些极为相似的文本进
行阐释与说明。此举在我看来，恰恰反映出《从先维俗议》中那些最
为关键的矛盾与犹疑。首先，管志道将经典中各种平等与不平等关系
的类型与当时的社会关系作类比，可所总结出的关系类型的复杂程度
却不足以应对当时的社会状况。于是他又推进一步，做出了更为具体
的说明，但这些类型仍然无法完全或是恰当地适用于他所揭示出的那
种极其复杂的真实状况。因此，虽然管志道希望能将经他修改的《礼
记》的思想框架作为分析判断的工具（即所谓"矩"，借用自《大
学》)，但在接下来的行文中，他却并未像开篇所说的那样大量地、频
繁地引用《礼记》。而这种前后的反差，却恰恰使得管志道所处的时

代状况更为清晰地展现在我们面前。

20   # 社会关系诸类型

在《从先维俗议》中，管志道指出："盖举生人之大伦，尽摄此六矩（six measuring squares）之中矣"。[1] 此处的"六矩"出自《大学》：

> 所恶于上，毋以使下；所恶于下，毋以事上；所恶于前，毋以先后；所恶于后，毋以从前；所恶于右，毋以交于左；所恶于左，毋以交于右：此之谓契矩之道。[2]

此处的每一个"矩"，都表明了一种个人在与他者关系中所处的位置。同时，它们也指导着人们如何在实际生活中真正实现孔子所提出的和谐人际关系的关键——"己所不欲，勿施于人"这一原则。从这六种指导性原则中，管志道进一步提炼并概括出了社会关系的三种基本类型：第一是"事使"（employing and serving）原则，它在三种基本关系类型中起主导作用；第二是"先从"（leading and following），它是三者中最重要的一个；第三是"左右之交"（the intercourse between left and right），粗略而言，即是指相互平等的人之间的交往。[3] 这三种类型涵括了社会关系的所有可能性。其分类的标准在于构成每一种关系的平等与不平等程度的多少。（反过来，每一类关系所关涉人群的普遍特征，也使某种特定关系得以成立。有关这一点，后文将有具体的讨论。）

前两个基本类型"事使"与"从先"描述的都是地位高的人与地位低的人之间的关系，但这并不是完全不平等的关系。如管志道所言，这段出自《大学》的引文的关键是所有关系背后那意义深远的互

---

[1] 《从先维俗议》卷1，页1a。

[2] 《大学》，"传"，第十章，见 Legge: *Confucius*, pp.373-374。此处对理雅各的翻译略有修改。

[3] 《从先维俗议》卷1，页1a–b。

惠原则。然而，与第三个类型"左右之交"不同，前两个基本类型中的互惠并不是相互取予的关系，其关系双方的角色是完全不同的，相应的，二者的身份地位也有所差异。多种多样的社会背景与人际交流，使得人们有必要表明"事"、"先"的一方的地位要高于"使"、"从"一方。而这主要是通过座位、称谓、行礼等礼节体现出来的。当然，被如此清晰地表达出来的地位的不平等性，还包含了诸多与权力、权威相关的重要内涵。这种对人与人之间关系进行类比的方法，揭示出了那些管志道认为应当对社会关系中的身份地位的高低贵贱之分起决定性作用的标准。

21

　　第一种不平等关系的类型是"事使"。为了说明这一点，管志道列举了几个典型的例子——君臣、父子、祖孙之间的关系。[4] 其中，君臣之间的关系最为尊贵，相应的礼仪、礼节也最为隆重。但这三种关系背后的原则却是相同的。[5] 同时，一些非血缘关系也被归入了该类型，如官民、主仆。在他看来，这些关系与君臣关系相似。二者之间的这种类比，折射出管志道异常关心的一个问题：国家所授予的爵位应当对社会地位起决定性作用。

　　第二个类比则反映出另一个重要问题：作为评判社会地位标准的"齿"（age）。管志道把"事使"一类的所有关系（血缘的与非血缘的）与父子关系相关联，从而使得问题的焦点从"爵"（rank）转向了"齿"。在此，管志道没有继续采取直接将各种关系进行类比的论述方式，而是将诸种关系对应的礼节的规定进行类比。他根据《礼记》，将"父事"（serving [the other party] as a father）确立为"事使"关系的基本礼仪形式。其所引用的《礼记》规定如下：

　　　年长以倍，则父事之；十年以长，则兄事之；五年以长，则肩

---

[4]　《从先维俗议》卷1，页 1a-b。其中，"父子、祖孙"这一说法常常涵括了相应的女性之间的关系。因此，我在翻译时也将这层含义考虑在内。但在另一处，管志道则明确强调父亲的重要性胜过母亲。相较母亲，父亲更值得尊敬（见《从先维俗议》卷1，页 37a）。

[5]　《从先维俗议》卷1，1b。

22   随之。[6]

管志道进一步解释道，一个人要想"父事"他人，则必须"隅坐"（sits at an angle）。而"隅坐"一词也出自《礼记》：曾子生病时，"童子隅坐而执烛"。[7] 郑玄注曰："隅坐不与成人并。"[8] 管志道进而指出，无论关系双方是否是血缘关系，这一词语都可以用来指那些适用于代际之间不同年龄的人之间的礼仪形式。当然，将"父事"的礼节应用于"事使"类型，并不意味着该种类型中的所有关系都要采用同一种礼仪形式。事实上，该种类型所涵括的诸多关系所对应的礼节在规模大小、详尽程度以及具体规制上都存在巨大差异。然而，正是"事使"与父子关系 [9] 之间的这种类比，才使得相应的那种虚拟的、暂时的关系能够在毫无血缘关系的背景下得以成立。在这一

---

[6]　《从先维俗议》卷1，页 7b，引自《礼记注疏·曲礼上》卷1，页 22，见《四库全书》卷 115，页 36。见 Legge trans, Ch'u Chai & Winberg Chai ed. : *Li Chi: Book of Rites*,1:68，笔者在引用时对其译文略有修改。

[7]　《从先维俗议》卷1，页 7b，引自《礼记注疏·檀弓上》，卷 6，页 25，见《四库全书》卷 115，页 139。除"隅坐"一词，其余译文均取自理雅各的翻译，见 Legge trans, Ch'u Chai & Winberg Chai ed. : *Li Chi: Book of Rites*,1:128。理雅各将"隅坐"翻译为 "sitting in a corner"。罗竹风主编，汉语大词典编辑委员会编纂：《汉语大词典》中引用了《礼记》这一篇章，并指出"隅坐"即"坐在席角旁（to sit on the corner of the mat）"，是晚辈当坐的位置。同时，这一词语还可以泛指"座位的侧边（to sit at an angle）"。

[8]　见《礼记注疏》，卷 6，页 25，见《四库全书》卷 115，页 139。字体区别显示为笔者所加。元代儒者陈澔（1261—1341）对本章未有注释（其所著《礼记集说》为明代御定读本）。

[9]　管志道对君臣关系与父子关系的强调，容易让人联想到《孝经》中所提到的二者之间的关联。在《孝经》里认为，家庭领域人际关系最重要的基础——父子关系可谓是公共领域中的君臣关系在社会基层的落实与体现。同时，对父母的孝敬也成为君主之间"义"（rightness）的基础（可参看狄百瑞 "Heaven, Earth, and the Human in the Classic of Filiality [Xiaojing]" 一文中的导论与节选篇章的译文，尤其是 "Introduction to Basic Principles" 与 "Scholar-Officials" 两部分内容，见 *Sources of Chinese Tradition*, Volume I: From Earliest Times to 1600, New York: Columbia University Press, 1999, pp.325-329）。这种关联性引发了与父子关系、君臣关系之间的潜在张力相关的诸多复杂问题。对于这种潜在的张力，《孝经》通过整体性的隐喻将其隐藏了起来，而明太祖则敏锐地发现了这一问题。他在法令中明确规定臣下参见皇帝须五拜，而拜见父亲仅须四拜（引自朱元璋"礼仪定式"，《皇明制书》，见《续修四库全书》卷 788，上海：上海古籍出版社，1995，页 2a–b ；《皇明制书》，Tokyo: Koden kenkyū kai, 1966, 1:453。参 Joseph P. McDermott, "Emperor, Elites, and Commoners: the Community Pact Ritual of the Late Ming", 见 *State and Court Ritual in China, Cambridge*: Cambridge University Press, 1999, p.301 及以后各页）。其实，早在孔子时期，人们所承担的对于父母的责任与国家责任之间所可能（转下页）

背景下，关系双方在辈分或年龄上的差异与父子之间的差异极为相
似。[10] 该类比重在说明："齿"与朝廷授予的"爵"一样，也对身份
地位起着决定性作用。

第二种不平等关系的类型是"先从"关系。为了说明这一关系，
管志道给出了若干例证，如昆弟关系，夫妇关系，府官与县官之间的
关系，正府、县官与佐府、县官的关系以及甲长与里长的关系（在管
志道所处的时代，乡村中的里甲制度依然存在，但其形式发生了改
变）。[11] 管志道特别强调，在这些关系之中，关系双方地位的优先次
序是固定不变的：关系中的一方处于主导地位，另一方必须遵从，二
者的角色不可对调。然而，从功能、效用来看，"先从"关系双方所
起的不同作用之间的差别要小于"事使"关系双方，因此，"先"与
"从"之间的距离不像"事使"那般遥远：二者是支配、命令链条中相
邻的两个链环。尤其是后三种非亲属关系，它们是真正的上下级的关
系。在这三种关系中，爵位上的差异仍然很重要，但相较"事使"关
系却更为微妙。在前两种亲属关系中，管志道特别强调兄弟关系，他
将"兄事"（该词从《礼记》的"父事"演变而来）的礼仪形式普遍
应用于"先从"关系。由此可见，相对"事使"关系，"先从"关系
中的双方地位的不平等程度较弱。在这一类型中，管志道也同样采取
了类比的诠释技巧，并将"齿"看成是与"爵"并列的、评判身份地
位高低的标准。

第三种关系类型是"左右之交"这种平行关系。虽然在官僚政
治的背景下，"左"与"右"所代表的官职的权力大小还是有些微差

（接上页）发生的冲突问题就已经突显，见《论语·子路》。孔子在该章中指出，如果
父亲盗取了他人的财物，儿子出于孝道应当保护、偏袒父亲，而不可履行向政府举报
偷盗行为的义务。

[10] 我们在使用"辈分（generation）"一词时必须谨慎。当中国人论及亲属关系的时候，
年龄差异与辈分差异是有区别的。在这里，《礼记》所提到的"年长以倍，则父事之"，
是将一种（父子之间的）辈分差异应用于一种以年龄差异为基础的非亲属关系之中。而
在真正的亲属之间，年龄与辈分差异是不同的：有时候，辈分高的家族成员（"尊者"）
的年龄可能并不比辈分低的人（"卑者"）大多少，有些甚至可能还比后者年轻。

[11] 《从先维俗议》卷 1，页 1b。有关里甲制度理论与实践的最新研究，可参看 Szonyi,
Michael: *Practicing Kinship: Lineage and Descent in Late Imperial China*, Stanford: Stanford
University Press, 2002。

24 异的，但管志道在此所提出的"左右之交"显然是对地位相同的两

个人之间平行关系的概括：二者完全是"平交"[12]。例如，"执友之年

相若者；寅僚之品相同者；姻亲阀阅之相当而体无高下者；衙门表里

之相颉而权不低昂者。"[13] 该种类型中的关系双方必须在许多重要方

面不分伯仲。例如，作为"执友"的两个人应当不仅志同道合，年

龄也应相近，如此才能成为平等之交[14]。同样，两名政府官员之所以

能够平起平坐，也是因为二人"表里相颉"，且权力大小相同。唯有

在这些情况下，他们才会以那种平等之人相互交往时所用的较为随

意、轻松的礼仪规范来对待对方。而在这种较为随意的礼仪规范中，

颇具代表性的一种即是管志道所谓的"宾主分庭之礼"[15]。对此，他

解释道：

> "分庭"，平交之体也。平交相谒，"主人就东阶，客就西阶"[16]，
> 自阶升堂，亦东西相向行礼。[17]

管志道认为平交之间应有独特的主宾礼仪形式，为此，他还引用了

《礼记》，作为该观点在传统经典方面的理论依据。

综上所述，管志道首先对《大学》中的"六矩"加以强调，以防

止人们将"己所不欲"施于他人，随后又将社会关系划分成了三大类

型。对于每种类型，他都列举了具体的例证进行说明，并将某种借鉴

自《礼记》其他篇章的礼仪形式应用其中。但在《从先维俗议》一书

中，管志道对这三种类型——"事使"、"先从"、"左右之交"——的

25 处理方式却不尽相同。第一类型"事使"关系是一种非血缘关系，且

---

[12] 《从先维俗议》卷1，页 9b；12b。

[13] 《从先维俗议》卷1，页 1b-2a。参卷 1 页 2b 中提到的"表里衙门"。

[14] 在第三章中我们将看到，在管志道所阐释的友谊中，爵位上的差异通常都被拥有较
高官阶的一方搁置了起来。

[15] 《从先维俗议》卷 2，页 46a。有时候也将该种关系简称为"宾主之体"（the form for
guests and hosts）。

[16] 《礼记注疏·曲礼上》卷 2，页 5，见《四库全书》卷 115，页 44，英文译文见 Legge
trans, Ch'u Chai & Winberg Chai, ed.：*Li Chi: Book of Rites*,1:72，引用时有改动。

[17] 《从先维俗议》卷 2，页 46a。

是三者中最为不平等的一种。对于这一类型，管志道将其与一种核心关系——君臣关系进行了类比。同时，他还将这一类型中的所有关系类比为父子关系。而第二种类型中的诸多关系之所以被归为一类，是因为身处这些关系之中的人都应当遵循"兄事"之礼。这两种处理方式，使得管志道可以对爵与齿——这两个对身份地位起着决定性作用，但又完全不同的标准——进行重点讨论。这两个标准以及其他一些标准，不仅决定着关系双方谁的地位更高，还影响着每种人际关系的不平等程度。而平等与不平等程度的变动，使得管志道相信：至少在某些情境中，存在着基本平等的关系。他还认为，在这种平等关系中，应当采取《礼记》中的主宾相接之礼。在这部分讨论中，管志道试图建立一个社会关系平等与不平等程度的谱列，并阐明这条谱列上的各种平等与不平等程度之间的一些细微的差异。

难以划定的界限

然而，正如在光谱上很难清楚地分辨出某种特定颜色的界限一样，想要在社会关系平等与不平等程度的谱列上，将相邻的两个等级清楚地区分开来也是一件极其困难的事。试想，不平等或平等程度的某个等级的刻度范围究竟应当到哪里截止？下一个等级的刻度又当从哪里算起？单单从理论上对不同的关系类别进行描述、分析是十分容易的。可落实在实际生活中，人与人之间的关系其实非常复杂，如何对诸种关系进行归类也随之成了难题。虽然管志道所借鉴的《礼记》中的那些礼仪形式本身是实践性的，但从本质上看，它们与他所提出的三种关系类型之间的关联其实远不如上述讨论中所声明那般明确与清晰。

其中的一个难题即管志道曾详细阐述过的"兄事"。管志道指出，一个人要想像对待自己的兄长一样对待他人，就必须"随行"（keep

behind）他人。[18] 然而，在《礼记》中，"随行"是适用于父子关系的
礼仪。对应兄弟关系，则称"雁行"（goose-walk）：

26　　"道路……父之齿，随行；兄之齿，雁行。"（*followed more closely,*
　　　but still keeping behind, as geese fly after one another in a row）[19]

以上英文是对"雁行"一词的翻译。《礼记》对这两种跟随他人而行
的方式进行了对比，并规定"随行"是与父辈同行的方式，而"雁
行"是与兄长辈的人同行的方式。由此可见，管志道将"随行"用于
兄弟关系就显得有些奇怪。而他也没有对这一说法给出任何的理由。
从他那详尽的讨论中，我们或许可以认为，他将"随行"这样一个不
那么复杂的词语用在身处"先从"关系的人们身上，大体上是因为他
想要消除《礼记》原文所具有的模糊性，进而清楚地凸显出"先从"
关系双方在身份地位上的显著差异。[20]

　　之所以会产生语义的模糊性，是因为讨论"父事"与"兄事"
时，《礼记》及其注疏均未提供一种相应的、具体的礼节，且《礼记》
原文也确实提到说"五年以长，则肩随之"。然而，由于《礼记》同
时明确地提到"十年以长，则兄事之"以及"五年以长，则肩随之"，

---

[18]　《从先维俗议》卷 1，页 7b。"随行"一词，见《礼记注疏·王制》卷 13，页 33，
　　　见《四库全书》卷 115，页 299。见 Legge trans, Ch'u Chai & Winberg Chai ed. : *Li Chi:*
　　　Book of Rites, 1:244。

[19]　《礼记注疏·王制》卷 13，页 33，见《四库全书》卷 115，页 299。见 Legge trans,
　　　Ch'u Chai & Winberg Chai ed. : *Li Chi: Book of Rites,* 1:244。引用时词句顺序有所调换。

[20]　"随行"是对他人表达尊敬的一种基本方式。唯有通过这种方式，一方才能够真正将
　　　优先性地位给予另一方。面对管志道论述中明显存在着的矛盾，人们或许试图从一个
　　　更为宽泛的意义上——即从涵括《礼记》的"雁行"与"肩随"双重含义的角度——
　　　对其以"随行"适用于"兄事"的做法进行解释。遗憾的是，《礼记》已经对"随行"
　　　与"雁行"的不同用法进行了对比性说明，管志道自己也坚持认为"随行"与"肩
　　　随"是不同的礼仪，因此上述解释无法成立，管志道也只能从始至终坚持"随行"是
　　　专门适用于"兄事"的礼仪。在《从先维俗议》中，他还顺便提到："兄事之坐，横
　　　（原文作"恒"——译者注）隅（side by side but at a slight angle）也。"（见 2:117a）此处
　　　的关键词"横隅"与管志道所谓的专门用于"父事"的"隅坐"极为相似，但其相较
　　　后者更多出一条规定，即"横"，我译为"side by side with [but] ..."。通常在对"父事"
　　　的同行方式、"兄事"的同行方式以及"肩随"进行翻译时，学者们也会在三者之间
　　　做出类似的区分，以表明它们在等级上有所差异。

这便已经清晰地表明了二者分别对应于两种不同的社会关系。[21] 此外，还有一些更为复杂的问题：管志道对于其所设定的兄弟交往模式的诠释，与他对真实的生活情景中兄弟交往所适用的模式的讨论之间也存在着许多不一致的地方。他认为，在现实生活中，面对年长多于五岁的兄长，最恰当的礼节是"肩随"。但倘使年龄差距较小，则与其"比肩"（walk shoulder to shoulder）即可。[22] 但他又补充道：

> 在十年以上者，近于叔侄。弟可更退而下，兄可更进而上。[23]

管志道其时，兄弟之间年龄相差十岁其实极为少见。他特别提到这一点，是因为在他看来，这种年龄差距使得兄弟情谊变得更像是两代人之间的关系，相应地兄弟相交的礼节也就需要变得更为严格。[24] 在大多数情况下，兄弟应当并肩走，或者弟弟在略微靠后的位置上跟随兄长。

可以说，只要确立了适用于兄弟关系的礼节谱列，管志道就可以进一步将其延伸应用到非亲属关系上。而他之所以指出"兄事"他人即意味着必须"随行"此人，正是因为他希望能够创立一套对应于"十年以长，则兄事之"的具体礼节。然而，在整个分析过程中，管志道所指出的诸种礼节之间的差异，却只清楚地呈现出《礼记》在表述上的不确定性。尽管他最初的期望是要强化"兄事"与"肩随"的

---

[21] 如何使前后文本保持一致？是否一定要将"雁行"同"随行"、"肩随"区分开来？对于这些问题，大部分《礼记》的重要注疏都没有提出有效的解决方案。这些注疏只是指出"相对'随行'，'肩随'似乎更符合与兄长辈的人同行时所应当采用的礼仪。唯有陈澔的《礼记集说》对这三个词语都进行了诠释。在陈澔的注疏问世以前，郑玄的注一直被视为典范，但他只对"肩随"进行了注释。而对于郑注，陈澔几乎完全接受并继承了下来（见《礼记注疏》卷1，页12b）。陈澔将"雁行"释为"并行而少后"，注"肩随"则曰"并行而差退"（分别参看《礼记集说》卷3，页46a与卷1，页10b）。但有关二者的差别，陈澔却未能给出清晰的说明。

[22] 《从先维俗议》卷2，页42a。

[23] 《从先维俗议》卷2，页42a。

[24] 管志道在对叔侄关系进行讨论时，他或是将之看作是介于兄弟与父子之间的一种关系，或是将这种关系归入与父子关系更为相似的代际差异关系。见《从先维俗议》卷1，页43a。可参看《从先维俗议》卷2，页30b中有关"随行之科"的定义。

28 差异，但经过上述一番论述，二者之间的界限依旧模糊不清。他精心构建起三种社会关系类型，可结果却是整个论证都变得异常混乱、令人困惑。

管志道推理上的症结，并不单单是语义上的问题，其与《从先维俗议》其他部分的讨论密切相关。对管志道的整个讨论来说，这一问题具有极其重要的意义。因为他不仅始终强调要对"兄事"与"肩随"进行区分，更指出二者之间的界限实际上异常重要。管志道在谈到"父事"、"兄事"与"肩随"三种形式之间的区别时曾解释道：

> 唯"肩随"者，迭为宾主。曰"兄事"，则必"随行"。曰"父事"，则必"隅坐"。不我宾而彼主矣。[25]

在这段文字中，管志道所强调的重点不是"兄事"与"父事"的差异，而是其所对应的礼节与"肩随"对应的礼节的区别。他做出这种划分的根据在于：唯有在那些可以采取最低不平等程度的礼节的社会关系中，即在不平等程度最低的关系中，关系双方才可以采取社交中的平等礼节（宾主之礼）。宾主之礼原本只适用于平交关系（"左右之交"），而现在却被应用在第二种关系类型——"先从"中的一类关系，即年龄差距少于五岁的兄弟关系上。

借助这番声明，管志道便在不平等程度最低的关系（适用"肩随"礼节的兄弟关系）与不平等程度较高的关系之间又增加了一重界限，作为一种所谓的"失效保险"。这重界限可以说是不平等关系与平等关系之间差异的一种补充。此处需要注意的一点是：管志道虽承认在某些情况下，平等交往的礼节可以用在不平等程度最低的那些关
29 系中；但另一方面，他也特别强调在不平等关系较高的关系中决不允许出现类似的随意性。这一规定适应了社会实践的真实情景，更使得他所构建的、典范性的社会等级制度中的那些层级更高且更为重要的领域得以避免模棱两可、歧义纷出的情况。

---

[25] 《从先维俗议》卷 1，页 7b。字体区别显示为笔者所加。

然而，极具讽刺意味的是，管志道虽然划定出了这种失效保险似的界限，可他的论证却在一定程度上因该界限而遭到了破坏："肩随"这种礼节"虽次于'兄事'"，且部分情况下可以为宾主之礼所取代，但它从根本上"亦与敌体之平交别。"[26] 由此可见，一方面，管志道希望对适用于平交关系的宾主之礼与适用于不平等程度最低的关系的礼节（即"随行"）做出明的区分；另一方面，他又在适用于不平等程度最低的关系的礼节与其他所有适用于不平等关系的礼节之间增加了一重界限：唯有在不平等程度最低的关系中才能采用宾主之礼。然而，在对第二个方面进行阐发时，管志道的论述却间接地表明了他在第一个方面中所极力反对的问题——即在实际情景中，《礼记》中的宾主之礼并非只适用于平等关系，不平等关系与平等关系所对应的礼仪形式之间也不存在任何绝对的界限。

此外，依管志道之说，宾主之礼的重要意义在于关系双方所采取的是"平交之体"。可《礼记》实际上却并没有将宾主之礼仅仅限制在平等交往的关系上。《礼记》甚至指出，在对待"降等"之客时，也可以采用宾主之礼。[27] 当然，管志道并不是最先将平等地位与宾主之礼关联在一起的人[28]。但在《礼记》中，宾主之礼其实只是一种假定的平等——它意味着人们应当暂时将身份差异搁置起来，以确保客人受到应有的尊敬与礼遇。而管志道却将这一礼节专门用在地位真正平等的社会关系上，他希望借此明确地阐明这一礼节所包含的象征意义的适用范围。例如，在这一点上，他对孟子的态度就持反对意见。《孟子》中提到，帝尧把王位的继承人舜安置在副宫，二人"迭为宾主"（took turns being guest and host）。管志道在讨论"肩随"时所用

30

---

[26] 《从先维俗议》卷1，页12b。

[27] 在这种情况下，主人与客人分别立于东阶与西阶，客"就主人之阶"，"主人固辞，然后客复就西阶"。见《礼记注疏·曲礼》卷2，页5，见《四库全书》卷115，页44，译文见 Legge trans, Ch'u Chai & Winberg Chai ed.: *Li Chi: Book of Rites*, 1:72。

[28] 最晚自宋朝起，这种礼节便常常被称作"分庭抗礼"，《汉语大词典》对该词的解释是："古代宾主相见时，主人站在庭院的东边，客人站在西边，相对行礼，以示平等"。（在《汉语大词典》中，最早将该词同《礼记》中的相关篇章关联起来的引文出自宋代程大昌的《演繁露》。有关该词更早的一些引文则出自《庄子》与《史记》。）

的词语也正是出自此段文字。[29] 孟子将宾主之礼用在了圣王与平民的关系上，我们甚至都可以体会得到管志道在读到此段文字时其内心的忧惧。因为在他看来，宾主之礼只适用于地位完全平等或是近乎平等的关系双方。倘使二者在年龄、爵位或是社会地位上存在着明显的差距，那么断断不可采用这种礼节。总而言之，由于《孟子》与《礼记》都认为宾主之礼可以适用于不平等的关系，管志道便只能勉强对地位近乎平等的双方采用该种礼节时的具体情景进行限定。

管志道内心的纠结

尽管管志道没有明确承认上述取自《礼记》的词语含义都极其模糊，但他的讨论却涉及了语义的模糊性这一普遍问题。其实一开篇他就曾指出，三种社会关系的基本类型（"事使"、"先从"与"左右之交"）之间并不是完全相互抵触的。一般而言，在某一特定关系中，三原则中唯有一个因素发挥主导地位，以使该关系成为其所是者。但除此之外，也有其他一些因素与之并存。管志道提出了四种交叉类型：（1）"事使之先从"；（2）"先从之事使"；（3）"先从之左右"；（4）"左右之先从"。[30]

31   前两种交叉类型是两种不平等关系的基本类型的组合。在管志道看来，二者只在不平等程度上有所差别，因此由它们相交叉而形成的关系并没有任何特别之处。相较而言，第三与第四种交叉类型则较为独特。它们是平等与不平等的关系的综合体。从其定义上看，二者都使得平交的关系双方与地位不平等的关系双方之间的界限变得模糊

---

[29] 《孟子·万章下》，英译出自笔者。理雅各的译文为 "Alternately he was host and guest"，见 Legge: *Four Books*, p.827。

[30] 原文为："六矩之中，有'事使之事使'，有'事使之先从'，有'先从之先从'，有'先从之事使'，亦有'先从之左右交'。交道中，有'左右之左右'，亦有'左右之先从'。"见《从先维俗议》卷1，页1a-b。值得注意的是，"六矩"中并没有提到"事使"与"左右之交"相交叉的关系。由此可见，交叉关系只存在于相邻的两个类型之间，而"事使"与"左右之交"之有"先从"相隔。

了。管志道始终着力于维护身份差异，可这两个交叉类型却导致了一个问题：在他所构想出的社会关系类型的谱列上，身份差异的色调在某种程度上与身份平等的色调混同在一起了，而这种现象迫使他必须明确承认这些模糊地带的存在。然而，有趣的是，面对这些不确定性，管志道的内心却极其纠结。

可以说，管志道对上述关系类型谱列中的混合情况进行分析，其目的本是为了阐明各种模棱两可的关系之间的微妙差异。为了对交叉关系进行定义，管志道还特别构建了四个十分精妙的类型，他甚至还为每一个类型指定了一种恰当的礼节。然而，所有这些努力都未能减轻他内心严重的焦虑。就在对这四个交叉类型进行阐述的过程中，管志道似乎突然变得十分恐惧，他担心这些类型会导致严重的模糊性，以致整个论证都无法成立。故在对这部分内容进行总结时，他的观点发生了一百八十度的大转弯：他对那些"侵及"（encroach upon）或"滥"（spill over into and muddle）[31]"事使"与"先从"两种关系的"左右之交"进行了猛烈的抨击。[32] 我们可以看到，方才他还在对某种可以融合平等与不平等因素的关系的必然性进行论证，而今却与先前的论调完全背道而驰。然而，就是这样一番言辞，管志道却将之作为《从先维俗议》开篇第一部分的结语。而这一序曲的余音中所包含的则是一个鲜明的口号，即要求平等关系与不平等关系之间必须重新划出明晰的界限。在管志道看来，此举对于根治时代弊病而言，可谓至关重要的良策。

具体而言，为了防止诸种关系相"滥"，管志道对下面这个问题给予了特别的关注：倘使身份地位不平等的人成为朋友，或是一同加

32

---

[31] 我在这里将"滥"译为"spill over into and muddle"。但在此之前的讨论中，管志道却是在更为中性的意义上使用"滥"一词的，我们可将之译为"to run over into"。例如，在阐述"事使"的典型例证时，管志道曾补充道："不滥于先从者也。"（《从先维俗议》卷1，页1b）由这一中性含义推知，管志道承认，在四种交叉关系（"事使"与"先从"的组合，或是"先从"与"左右之交"的组合）中，的确存在着不同类型"相滥"的情况，但这种"滥"是正当的、合理的。由此可见，管志道显然是在两种不同的意义上使用"滥"一词的，一种带有明显的否定与禁止的含义，另一种则更加中性，仅仅是描述性的。"滥"的这一双重用法，也进一步表明了管志道内心的纠结。

[32] 《从先维俗议》卷1，页3b—4a。

入某些宗教、文化组织，抑或一同开展大规模的讲学活动，那么地位高的人与地位低的人之间的那种原初的、根本性的等级关系便会松动、模糊。上述这些团体中的成员所具有的平等关系，会使得人们在交往中越来越少地采用本应采用的礼节。管志道担心，如此下去，卑下的一方很可能会要求与地位高于他们的上级平起平坐。因此管志道迫切希望能够对平交与不平等关系进行严格的区分。他的这种焦虑，可以说是一种对日趋严重的社会关系的不稳定性与不协调性现象的反应。大约自嘉靖登基之时起（1522），管志道就已经意识到了这一问题。管志道对当时社会的观察，自然会受到其自身特质以及部分成见的影响。当时明朝社会正处在急剧变化之中，商业贸易的持续发展，印刷业的萌芽，科举竞争也日趋激烈（尤其是在底层社会中），所有这些在管志道的家乡——苏州——当时的文化中心都体现得最为显著，这便使得社会成员的身份地位更加易于变动，从而创造出了丰富多样的生活情境。在该种社会背景下，人们能够在亲密的亲友群体之外，建立起更为多样的人际关系。正是这种种时代潮流，把社会等级秩序搅得一片混乱。

但当管志道对上述变化进行描述时，他的出发点究竟是什么？在16世纪的这些社会变革发生以前，他所谓的典范性的社会等级制度究竟曾在何种程度上真实地存在过？他在处理《礼记》的关系类型时显露出的诸多问题，如上文分析中的缺漏以及逻辑上的跳跃，都表明他所构想的、秩序井然的古代社会其实只是一种理想化的产物。他对秩序，甚至一定程度上对控制社会的国家有着特别的偏好。而理想化的古代社会也正是因为他的这种个人喜好而被构建出来的。在对当时的社会进行描述时，管志道试图尽可能做到实事求是。他对亲眼看见的种种现象以及通过一手资料了解到的社会的逐渐变革（他自己也很在意二者之间的差异），可谓极其具体详尽，也极具说服力。但为了能够更好地处理他所提出的复杂问题，我们必须牢记，他的思想架构中的那条遥远的、理想的基准线其实只是个理想罢了。

管志道在确立标准过程中遇到的困难，他内心的焦虑以及自相矛盾的论述，所有这些都向我们呈现出那贯穿《从先维俗议》一书始终

33

的、严重的纠结。是该寻求一种比某些影响深远的儒家传统所设计的制度更为统一的社会等级制度呢，还是反过来去支持这些传统所强调的那种依具体情境而定的、以关系为基础的地位的优先性？是要把帝国变成统一的社会等级制度真正的、实际的核心呢（而不是更多地只在象征层面上承认这一点），还是反过来去维护一个多重权威并存的体制？是否需要采取专制手段以保证自己的政治方案能够得到有效的实施，并为此赋予国家采取这种手段的权力，还是遵循儒家通常所倡导的德治呢？在所有这些问题上，管志道都显得游移不定。从根本上说，当管志道努力在不平等与平等之间划定界限的同时，他也在努力克制上述所有的纠结，并克服在对他所借鉴的政治传统与礼法传统之间的紧张进行否定时所遇到的种种困难。作为一个身处其中却极为不情愿的参与者，他也在尽力处理复杂多变的社会关系中的每一个棘手的问题。

第三章

野人与君子：平衡地方社会中
爵、齿、德三者的不同诉求

35

朝廷莫如爵；乡党莫如齿；辅世长民莫如德。

《孟子·公孙丑下》

在《从先维俗议》第二条议论《推穷三达尊本末以伸乡党重齿议》中，管志道又提出了另一组概念，即"三大尊"（three universally exalted traits）——"爵"、"齿"与"德"，用以分析当时的社会关系。这组概念出自《孟子》："天下有达尊三：爵一，齿一，德一。"[1] 第二章已经提到，"六矩"是管志道所提出的三种社会关系基本类型的理论来源，而"三大尊"则"贯于""六矩"。"爵"、"齿"、"德"三者分别代表一种身份差异性的评判标准，它们是高低贵贱之分的根本所在，换言之，即是身份差异的基础。通过上一章的分析我们了解到，管志道否认社会交往的礼节所适用具体情景是可变化的，相反，他坚决主张平等关系与不平等关系之间泾渭分明，绝不可相互混淆。同样，在权衡三大尊在特定关系中的重要程度时，他也是这样做的：在绝大多数情景中（不仅仅是在朝廷或在与政务相关的场合），他都赋予官员身份以极大的重要性。管志道的这一做法显然颠覆了传统，因为影响身份贵贱的诸种因素的相对重要性原本是依照具体交往的情境

36

---

[1] 《孟子·公孙丑下》，见 D.C. Lau, *Mencius*, 2B:2, p87。笔者对其译文有所改动。刘殿爵将"三大尊"译为 "three things which are acknowledged by the world to be exalted"。为使行文更加简洁，我在后文中会将其译为 "the three universally exalted traits"。

而定的。在论述过程中，管志道借助了明初国家法令的权威，并通过其独特的诠释手法，将这些法令同部分儒家经典文本融合在一起。

　　然而，经典中的模式与明王朝的规定并不统一。《礼记》这部经典，在一定程度上代表了中国文明进程中的一个历史时期。在该时期，国家的重要性已经变得极其显著。《礼记》主张，在地方社会中，"齿"是决定身份地位的首要因素，这也正是本章题词中孟子所提出的原则的理论基础。然而，管志道所借鉴的明朝法令的主张却比《礼记》更进了一步。管志道同时引用了这两种理论依据，在他看来，相较《礼记》，明朝法令在现实层面上落实了上述原则，因此代表了一种更为完美的理想；《礼记》与明初法令之间也不存在任何分歧。为了说明这一点，管志道从历史的角度进行了阐释。在国家产生以前的远古社会，"齿"是"先进野人"（rustics of former times）确定身份地位的主要标准。而在君主统一天下的历史时期，社会逐步发展扩大，其核心乃是由君主所主宰的朝廷。此时，"爵"成了"后进君子"（noble men of later times）评判高低贵贱的关键因素。管志道提出，应当努力寻求"齿"与"爵"两个标准间的平衡。他认为，一方面，经典中所记载的上古社会的文化遗产以及周朝初期的礼乐制度为孔子所继承；另一方面，适用于当时的国家与社会的制度模式则为明太祖所继承。

　　在管志道看来，将明初法令与《礼记》统一起来的做法是完全合理的，因为明朝乃是早期历史进程的一种延续。管志道不认为《礼记》与"先进之礼乐"（在该礼乐体系中，"齿"在地方社会的重要性要远远超过其他两大因素）二者可以完全等同。相反，正如他试图融合两个不同历史时期的价值一样，他认为《礼记》这部经典本身也是一种综合体，其中不仅包含了远古社会的"野人"之礼，还包含了由文王、武王（在《礼记》所涉及的时间段中，这两位周朝的开国君主可以算得上是"后进之君子"）所创建的更为先进的文明中的诸多要素。由此而言，古代地方社会以"齿"作为判定身份地位的标杆；之后的朝代以朝廷为统治核心，其结构更为复杂，也更为多样化。为适应社会对"爵"的尊奉，人们改变了原有的礼仪实践传统。这两个方面共同构成了《礼记》之根基。因此，管志道的这一系列论证没有任 37

何内在的矛盾。然而，"齿"与"爵"两个标准之间的紧张关系却始终难以调和。

管志道所引用的朝廷法令与经典模式之间的分歧导致了一个十分棘手的问题：究竟士人群体应当遵奉经典的权威呢，还是服从于朝廷的规定？在目前的讨论中（《从先维俗议》中涉及"齿"与"爵"的篇章），管志道拒绝承认上述问题的真实性。在他看来，明初的法令继承了《礼记》的传统，二者是一个整体，二者之间绝没有任何分歧。然而，尽管他一再强调明朝的法令最为完善，也最具权威性，但在引用这两种理论依据时，其自身的许多做法却有许多前后不一致的地方。但要想在有关"爵"与"齿"的讨论中将《礼记》与明初法令的文本相一致，管志道就必须首先将二者融贯成为一个思想体系。面对种种分歧，他最终构建出一个有点不同寻常的体系：有时，他通过各种方式将来自两个方面的因素结合起来，有时又选择对其中一方进行重新诠释，以使其与其他文本保持一致。在对某些事例进行讨论时，管志道会将《礼记》中的说法糅进明朝的法令；而在其他一些讨论中，他又会把法令的意涵加入到《礼记》中来。在处理种种分歧与矛盾的过程中，管志道注意到理学家时常会依据儒家经典对朝廷律令进行批判（他并不赞同这种做法），但他却从未承认过自己对某一权威的规定或措辞有所偏重，更不认为自己是在有意创制一种全新的理论。然而，他的论证所呈现出的种种变化，却恰恰揭示出他所看重的事物与理想之间的紧张关系。

打破地方社会爵与齿的优先次序

> 人道除三党宗亲外，所与相维相让以成世道，俱从三达尊起矣。[2]

爵、齿、德三者构成了管志道社会观的基础，其适用范围远远超出包

---

[2] 《从先维俗议》，卷 1，页 4b。

括父系亲属（父族）、姻亲亲属（妻家）与母系亲属（外族）在内的庞大人际圈。[3] 但对于没有官职的布衣，却只能依据德与齿两个标准对其身份地位进行判定。对于孟子及管志道而言，爵即所谓官职的等级：它既不是社会地位，也不是科举排名，而仅仅指在政府中所任的官职。[4] 接下来，让我们暂且将"德"置于讨论之外，看一看在对某一特定社会关系中何者地位更高及其高贵程度进行判断时，管志道是如何创立起一种理论架构，以便对齿与爵之间潜在的诸多相互冲突的诉求进行权衡的。

　　管志道对地方社会影响身份地位的因素进行了重新排序，其所建构的思想框架的理论依据一是部分儒家经典中的理论模式，一是部分明朝法令中的规定，但这两个理论来源却不总是完全一致的。二者之间的统一与分歧，对管志道的整个诠释思想体系产生了巨大的影响。《礼记》在对古代理想社会进行描述时曾指出："居乡以齿"。[5] 孟子也有类似的主张："在朝廷莫如爵；乡党莫如齿。"[6] 但在接下来的篇章中，《礼记》又进一步对这一原则——在朝廷之外的社会环境中，齿对于

38

---

[3]　"三党"（The three clans）指父族、妻族和外族，每一宗族中重要成员的地位均是由父系一方决定的。而管志道所谓的"三党宗亲"（patrilineal kin of the three clans），指的即是某个人的父亲一方的亲属，他的妻子一方的父亲一方的亲属以及其母亲的父亲一方的亲属。在此，该词不能理解成"三党及宗亲"（the three clans and patrilineal kin），否则"宗亲"就变成了狭义上的男系家族的一个分支。有关父族亲属与其他两党父系亲属重要性的比较，请参看下文。

[4]　孟子在讨论"三大尊"时，将爵与君主掌控下的朝廷关联了起来，因此，他所谓的"爵"显然只能被理解为官职，而非其他更为宽泛的含义，如社会地位（见《孟子·公孙丑下》；管志道在《从先维俗议》，卷1，页4b–5a引用了此语）。同样，在如下语境中，管志道也将"爵"看作是官职：他曾指出，在明朝初年，原本存在着两种决定"朝廷之爵"的标准，一是"品级之尊卑"（the level of an official's numerical "grade" (itself sometimes rendered as "rank") and "class"），共有九品，同品之下又分两级；二是"衙门之高下"（the level of his office, for practical purposes, in the bureaucracy）。（见《从先维俗议》，卷1，页25a-b）由于品级制度同时适用于官员和衙门，因此，管志道对衙门的品级与其实际的地位进行了区分，这也就意味着某个衙门实际上所具有的行政职能的重要性，并不一定同它的品级完全对等，更确切地说，它不再同它在明朝初年的重要性对等。（明朝某些衙门的重要性在不同皇帝的统治时期会有所变化。管志道对此进行了极为详尽的讨论。）

[5]　《礼记注疏》第48卷，页13，"祭义"，见《四库全书》第116卷，页285。管志道在《从先维俗议》卷1，页7a引用此语。见 Legge, *Li Chi: Book of Rites*, 2:230。有关"乡"一词的翻译，我以"localities"替代了 Legge 的"country"。

[6]　《孟子·公孙丑下》。管志道在《从先维俗议》，卷1，页4b–5a引用了此语。

身份地位的决定作用远远胜过爵——进行了限定：

39   一命齿于乡里；再命齿于族；三命不齿族。[7]

由此可见，"齿胜于爵"并不适用于那些拥有最高级别官职的人。而对于那些中级官员，这一原则的适用范围也非常有限（仅适用于亲属之间）。依照《礼记》的观点，齿对身份地位的绝对影响力，只在低级别的官员以及平民百姓中才完全适用。[8]

管志道所引用的那些明朝法令借鉴了《礼记》中的许多要素。但相对《礼记》，其进一步提高了地方社会中爵相对于齿的重要性，这便更为明确也更为彻底地将政府官员同平民百姓区别了开来。[9]管志道完整援引了下面这三条法令（1379年，即洪武十二年）：

令内外官致仕居乡（all central and provincial government officials, upon retiring to their hometowns），惟于宗族序尊卑，如家人礼。于其外祖及妻家，亦序尊卑。若筵宴，则设别席，不许坐于无官者之下。

如与同致仕官人会（When they meet with other retired officials），则序爵，爵同序齿。其与异姓无官者相见，不须答礼。

庶民（The common people），则以官礼谒见。敢有凌侮者，论如律。[10]

---

[7] 《礼记注疏·祭义》，116–287（48/17）；管志道在《从先维俗议》卷2，页11b逐字引用了这句话。此外，《从先维俗议》卷1，页22a与35a间接引用了此语。见 Legge, *Li Chi: Book of Rites*, 2:232。

[8] 在此，Legge 的翻译句式为 "received the ... [first, second, or third] degree of office (ming 命)"，其意思可以理解为 "those who have been called to serve ... [once, twice, or three times]"。但 Legge 所使用的 "degree" 一词却可能会使人误以为其指的是科举考试的名次。而且，《礼记》中的三 "命" 是否等同于明朝所谓的官职、官阶或科举名次仍然是一个问题。然而，管志道对 "爵" 的明确定义则清楚地表明，在此 "命" 一词指的应当是衙门或官职的级别，而非考试名次。

[9] 在此，我并非想说明明朝在这一点上超越了它之前的所有朝代（虽然事实可能确实如此）。汉代（前202—220）至明代朝廷礼仪法令的变革问题不在我的讨论范围之内。

[10] 见申时行等编：《明会典》卷4，页1455。管志道全文引述了这三段文字，见《从先维俗议》卷1，页24b。下划线为笔者所加，有关每一个段落的主语，下文将有进一步的分析。

在此，这些法令实际借鉴了《礼记》中的一条规定："朝廷同爵而尚　40
齿。"[11] 该规定原本用来限制齿这一因素在朝廷官员中的影响力，但明
朝的法令却将它应用于地方社会。根据《礼记》所预设的官职制度，
这一规定很可能不仅适用于在朝的官员，还适用于那些退休后又回到
朝廷拜见君主的官员。但明朝法令却明确指出这一规定是专为地方退
休官员设立的。并且，法令还进一步规定地方上的这些官员只对其宗
族内部的长辈表达敬意。

明朝法令改变了《礼记》所倡导的齿与爵在地方社会中相对平衡
的状况。一方面，法令要求高级别的官员更加尊崇"齿"这一因素；
而在《礼记》中，他们则无需对家族中的长辈表达敬意。这些法令不
止一次地对"宗族"的宽泛含义进行了详细的阐述，以表明人们究竟
应当尊崇哪些辈分差异：法令中规定致仕官员应当在宗族中"序尊卑"，
而其所谓的宗族不仅指父族，还包括了外祖和妻家。另一方面，明朝
法令又进一步加强了爵在地方社会上的重要意义。根据上述条款，较
低级别的官员无须尊敬同乡的那些既没有亲属关系也没有官职的普通
长辈。这些条款明确指出，致仕居乡的官员对于"异姓无官者"无
须答礼，庶民拜谒这些官员则须以官礼相见。而《礼记》则没有任何
类似的规定。此外，这些法令还指出，"筵宴"时，致仕官员决不能
坐于无官亲属之"下"，即使这些亲属年长于他。假如这里所说的宴
会指的乃是那种众多地方人士参与的、半公共的周期性聚会，那么人
们的确是需要根据国家所授予的身份来决定地位的高下尊卑。但实际
上，此处的"筵宴"，指的却不过是私人聚会而已。由此可见，上述
条款甚至认为：即使是在宗族之中，爵的重要性也高于齿。总而言之，
相对于《礼记》，颁布于 1379 年的这一法令在更大程度上背离了孟子　41
"居乡以齿"的原则。

大体上，管志道所引用的明初法令似乎比《礼记》赋予了地方社
会中的爵以更大的影响力。《礼记》要求较低级别的官员尊重那些既

---

[11]　《礼记注疏》第 48 卷，页 12，"祭义"，见《四库全书》第 116 卷，页 285。见 Legge,
　　　 Li Chi: Book of Rites, 2:231. 字体区别显示笔者所加。此外，还有一条类似的、适用于
　　　 军队的规定："军旅什伍同爵则尚齿。"

非亲属也无官位的长辈，而明朝的制度则对齿在地方社会中发挥重要
作用的范围进行了严格的限定，并且也没有提到要对非亲属的长辈或
是同级同僚中的长者表达任何的敬意；根据法令，庶民应当出于对致
仕官员的尊敬行礼，而致仕官员则完全无须对"无官者"（这一社会群
体的所涵括的范围十分模糊）行礼；此外，即使是在宗族内部，年龄
或辈分优先的原则也仅仅在举行正式宴席时才适用。明朝的法令——
或至少是这部 1379 年所颁布的法令（对于明初其他在地方社会层
面——如祭酒仪式——赋予齿与德更多重要性的法令，管志道一概无
视）——进一步扩大了致仕官员与普通民众之间的差异。

"无官者"与"庶民"

管志道认为，"三大尊"是贯穿于各种社会关系并使其形成整体
的重要纽带。然而，即使是那些他所引用的、最能支持他的主张的法
令也都隐晦地承认：事实上，在明代地方社会中，即使不考虑"德"，
影响身份地位的可变因素也不只"齿"与"爵"两个。上文所援引的
颁布于 1379 年的法令条款提到了两类非官员的地方人士：一是"异姓
无官者"，二是"庶民"。乍一看（不考虑上下文语境），这两个词语
似乎指向的是同一群体，即那些从未做过官的人（以及那些未曾因做
官的父亲或祖父庇荫而受封为爵的人）。相关的两则条款可被提炼为
（我未在这些抽离出的句子之间添加任何语词）：

> 内外官致仕居乡……其与异姓无官者相见……不须答礼。庶民，
> 则以官礼谒见。

42　如果按照上文那种诠释，即将无官者与庶民看作是同一类群体，那么
第一个条款便意味着致仕官员无须对无官者做出应答，第二个规定则
相应地规定无官者必须采取某种方式尊敬致仕官员。两则条款分别从
两个方面对同一人际交往过程进行了描述。

可是，一旦我们对法令进行更为深入的考察，便会发现上述这种诠释无法成立。在上文所引述的法令中，第二则条款的句子的主语与第三则条款不同。法令在行文结构上并没有对第一与第二则条款进行拆分，因此其前半部分重点阐述致仕官员之间的相互交往，后半部分则用以说明致仕官员同所有无官者的交往。相反，法令的编纂者则特别将第二与第三条分开来阐述。第一、第二则条款的主语都是致仕官员，而第三则条款的主语却换成了"庶民"。这一句法结构使得我们无法在"异姓无官者"与"庶民"之间画等号。并且，前两个条款都涉及致仕官员在社交场合相互见面的情形，而第三则条款则指出"庶民"应当"谒见"致仕官员，也就是说，他只能通过半官方交往的方式与致仕官员相见，仿佛这位官员仍是一位身在衙门的当权者一般。致仕官员同"庶民"之间不存在任何像前两则条款中所提到的那种日常的社会交往。

但是，那些与致仕官员相往来的"异姓无官者"又是谁呢？管志道十分关注该部分法令的措辞，因为这不仅涉及身份地位的高低贵贱，还在实际上允许致仕官员轻视他的部分同乡。或许他也曾有过顾虑，担心该则条款的适用范围太过宽泛了。但他的做法却比明初的法令更进一步：他更加细致地对非官员群体之间的地位差异进行了划分。然而，在对法令进行分析的过程中，到底哪些人才是他始终关注的对象？

在对法令的措辞进行诠释时，管志道首先从"异姓无官者"与"庶民"是同一类人这一错误前提，提出了一个假设性的问题：为看似属于同一身份群体的人设立两则不同的法令条款，其意义何在？管志道对此问题进行了回答：

> 士庶亦自有辨也。但曰吾"无官"，犹指士类而说，亦指衣冠旧族，姻娅可联，交际可通者说。曰"庶民"，则有良贱之分矣。[12]

"无官者"不同于庶民，但也不是官员。他们是所谓"士类"（shi

43

---

[12]　《从先维俗议》卷 1，页 35a。

kind ），或是那些其家族中曾有先辈做过官的人，抑或是那些同官员有往来甚至与官员联姻的人。在此，管志道使用了"士"一词，并划分出了若干不同的社会阶层，这种种迹象都指向了管志道在坚持赋予致仕官员在地方社会的特殊权利时所面对的那些最关键的问题。

在管志道所引用的明朝法令中，并没有提到"士类"这一身份类型。其所指向的群体的范围以及判断标准，甚至比明朝法令在区分现任官员与曾经为官者时所使用的标准还要模糊不清。[13]"士"（shi）有多种英文译法，如"scholar-official"、"literatus"、"gentleman"、"gentry"以及"elite"。这表明该词拥有多重含义，其与公职、学识、文化素质、教育、品德以及社会经济地位等方面的意义均有交集，甚至还在广义上拥有领导者的意义。我没有将该词译为英文，不仅仅是因为该词本身具有多重含义，还因为管志道在不同的语境中使用"士"一词时，其所指会各有侧重。有关"士"一词的历史演变过程，其众多的可能性含义以及管志道通过融合、改造这些含义以阻挡社会变革的努力，我们将在后文进行讨论。而目前最为关键的问题在于：这一界限模糊的群体——"士类"，正是地方社会中身份地位低于致仕官员的两类群体中的一个（另一类群体是庶民）。

选择性的理论建构

44

管志道声称，上述致仕官员与"庶民"及"异姓无官者"（在其他篇章中，这类人即所谓"士人阶层"）交往所采用的礼仪借鉴自《礼记》。但与此同时，他也坦率地承认，《礼记》中并不存在与这些礼仪直接相关的说法。[14]《孟子》与《礼记》都认为：在地方社会，齿

---

[13] 管志道坚持要在曾经为官的士与从未做官的士之间做出区分，这与绝大多数明朝法令的做法是一致的。明朝法令也常常强调"有官"或曰"有司"、"品官"、"有品官家"同大部分"士庶"是不同的。一个典型的例子，见《明会典》卷六十六，其中谈到了"品官冠礼"与"士庶冠礼"。

[14] 《从先维俗议》，卷1，页35a。

的重要性要高于爵。可明太祖的政策却恰恰相反。因此管志道必须为明朝的法令做出辩护，为此，他假设存在如下一则反对意见并对该意见进行了反驳。《论语》曰："孔子于乡党，恂恂如也，似不能言者"[15]。这一记载似乎可以看作是致仕归乡的官员所应效仿的典范，故反对者曰："圣制乃令致仕官不与异姓无官者答礼，无乃太简乎？"[16]为了反驳这一质疑，管志道首先引用了朱熹的注释，以证明孔子主要是出于对自己最为亲近的亲属的尊敬才做出了如上行为：

似不能言者，谦卑逊顺，不以贤知先人也。乡党，父兄宗族之所在，故孔子居之，其容貌辞气如此。[17]

此外，管志道还引用了《礼记》中的"父党无容"（When among one's paternal relatives, one does not put on any airs）的例子。[18] 他再次强调，致仕官员居乡之所以要恂恂而谦卑，首要的原因是由于他最重要的亲属——父族都居住在这里。而法令所谓的不需对"异姓无官者"答礼，显然已将这类应当答礼的父族排除在外。因此《论语》与明朝的法令之间并无矛盾。在对亲属与非亲属之间的严格界限做出强调后，管志道提出了他自己对于《礼记》及明朝法令的理解。在此过程中，他采取了种种措施以保证齿在家族范围内的优先次序始终高于爵。

45

---

[15] 《论语·乡党》；见 Legge, *Confucius*, 10:1, p.227。

[16] 《从先维俗议》，1:33b。"简"有"不礼貌的"、"简短的"、"简单的"等意思，在此译为"uncivil"。

[17] 朱熹：《论语集注》，见《四书章句集注》，页 69；管志道所引朱注，见《从先维俗议》卷1，页 33b。编者语：上述朱注的第一句引文，见 Edward Slingerland 译：*Confucius Analects: With Selections from Traditional Commentaries*（Indianapolis: Hackett, 2003），10:1, p.98。

[18] 《礼记注疏》，第 23 卷，页 24，"礼器"，见《四库全书》第 115 卷，页 490（译按，引文在卷 23 页 20），英文为笔者所译。Legge 认为"无容"指的应当是父党，故他将此句翻译为："The relatives of one's father do not put themselves into postures (like other guests)."（*Li Chi*, 1:401）而我的译法更加符合管志道对此句的诠释以及其上下文的语境。并且，王念孙也将"无容"释为"父所不敢为容也"（见《汉语大词典》卷 7，页 129），这恰恰为我的译法提供了佐证。

"爵胜于齿"原则适用于亲属时的例外

首先，由上文援引的《礼记》以及法令中"异姓"一词可知，管志道划定的重要亲属关系的范围较朱熹注疏所言"父兄宗族"有了进一步的扩大。管志道认为，乡党实际上涵括了很多亲属，与这些人见面时绝不应像对待"异姓无官者"那样不予答礼。对于这类涵括范围甚广的亲属（其不只是"同姓"意义上的亲戚），管志道谓之"三党"。这一定义亦有另一条法令规定作为依据："致仕官于宗族，于外祖及妻家，序尊卑"。[19]

其次，管志道对明朝法令所规定的筵宴"设别席"进行了极其巧妙的诠释，以表明该规定没有破坏年龄或辈分的优先性，从而很好地维护了齿在亲属中的重要地位。[20] 他指出，明朝的规定虽不像《礼记》一般强调齿在整个地方社会的重要性，但在亲属范围内，前者却比后者还要重视维护齿的优先性。如上所引，1379 年所颁布的法令开头即言：

46

> 令内外官致仕居乡，惟于宗族序尊卑，<u>如家人礼</u>。于其外祖及妻家，亦序尊卑。若筵宴，则设别席，不许坐于无官者之下。[21]

该段文字在谈到外祖与妻家时，略去了"如家人礼"一语。管志道正是利用这一点指出：法令曰"别席"，其意决非要将此规定运用于宗族内部（属于五服制最低两个等级的远亲除外）。据管志道所言，则人们在一"家"之内绝不可为为官者单设席位，在最为亲近的宗亲（属于五服前三个等级的亲戚）之间更是如此。[22] 由此可见，虽然管志道所界定的官员应当答礼的亲戚范围有所扩大，但这些亲戚在与官员的

---

[19]　《从先维俗议》卷 1，页 33b（译按，应为页 32a）。

[20]　该规定为："若筵宴，则设别席，不许坐于无官者之下。"具体见前文引文。

[21]　申时行 (1535—1614) 等编：《明会典》，4:1455。管志道全文引述了这段文字，见《从先维俗议》卷 1，页 24b。下划线为笔者所加。

[22]　《从先维俗议》，卷 1，页 32a–b。

远近亲疏的关系上并不是不平等的，其中最主要、最亲近的宗族成员地位最高。

再次，管志道指出，只要宗族谱系还完整，即便是面对那些五服制以外的宗亲，官员们也不能依照《礼记》所谓的"三命不齿族"而完全不顾及辈分的优先性。而这也正是明朝法令所谓的"别席"比《礼记》的"三命"在规定上更为细致精妙的原因。管志道认为："国制中有'筵宴别席'之例，盖出其席而不易其序也。"[23] 设一"别席"仅仅是"出一席"而已，而非要完全改变座位的尊卑次序。[24] 此外，他还进一步推论道：倘使官员在途中与宗族中的长辈相遇，则双方应当相互尊重礼让。[25] 由此可见，对于齿胜于爵这一原则所适用亲属关系，管志道进行了谨慎、细致的界定。

"爵胜于齿"原则适用于非亲属时的例外   47

为了论证在地方社会"爵胜于齿"，管志道可谓费尽了心思。为此，他还专门列举了一些无法适用该原则的特例。这些特例不以任何亲属关系为基础，在明朝的法令中也无法找到任何与其相关的、直接的理论依据。但它们所揭示出的却是最真实的社会生活以及管志道对此的回应。第一个例外情况引入了一个全新的、判定身份地位高低贵贱的标准，即在地方社会中的经济地位。在管志道看来，部分年高、富有的庶民应当受到特别的尊重。他引用了 1386 年（洪武十九年）的一则法令，其中规定应天、凤阳二府八十岁或九十岁以上的富民分别赐爵为"里士"（Shi of the Village）与"社士"（Shi of the Community）。法令还指出，执掌地方政权的县官在与里士、社士相互问候时当行平交之礼。[26] 在对该法令进行分析的过程中，管志道没

---

[23] 《从先维俗议》，卷 4，页 136a。字体区别显示为笔者所加。

[24] 《从先维俗议》，卷 1，页 32a。

[25] 《从先维俗议》，卷 4，页 136a。

[26] 《明太祖实录》，卷 178，页 3b；见《明实录》，卷 6。应天府的辖区包括了当时的都城南京，而凤阳府则是明太祖的家乡。管志道扩大了这一法令的适用范围，详情参见第四章有关"士"的讨论。

有直接提出经济地位作为判定某人可否享受特殊待遇标准的有效性问题，但他特别强调享受这种待遇的富民必须是高龄的长者。

此外，法令在对爵进行讨论时，字里行间透露出某些附加的、不易察觉的限制条件。管志道据此对官员礼敬庶民的行为进行了进一步的限制和说明。[27] 管志道区分了县官与府官（县官的上级）。依照法令，前者当与"里士"与"社士"平礼；对于后者，则没有相应的说明。管志道认为，府官虽不对年长的富民行平礼（或曰抗礼），但却应当以与自身爵位相称的方式答礼。[28] 相较当权的地方官员，致仕官48 员更须尊敬这些年长的富民。一方面，年龄在五十、六十及以上的致仕官员，倘使他们曾任南京或省一级的承宣布政使司、都指挥使司和提刑按察使司，则对里士和社士当行府官之礼，即可以答礼，但不可与之平礼；另一方面，四五十岁以下的致仕官员，倘使他们仅仅是某些层级较低的部门的主管或者曾任府官或县官，则对里士和社士当从县官之礼，即当与之平礼。对于富民与致仕官员，管志道采用的是完全不同的年龄标准 [29]。因此很明显，爵这一影响身份贵贱的因素仍然葆有其最高的优先性地位。而管志道之所以肯认法令的规定并列出一定的限制条件，从而使得某些年高的富民得以在特定情境下与县一级的官员平礼而交，似乎是因为他试图对地方社会中的人们所实际尊奉的价值做出一定的让步。

---

[27] 《从先维俗议》中涉及这些问题的条目题为"富与贵交参论齿爵议"，意指任何允许富民享受"贵人"（在此指所有在朝官员和致仕官员）的特殊礼遇的缘由都必须要同时符合特殊年龄与特殊爵位这两个标准。

[28] 《从先维俗议》，卷2，页36b–37a。依照明朝法令，官员对"异姓无官者"无须答礼。但此处却指出府官遇到里士与社士时应当答礼。由此可见，管志道其实是给出了一个带有限制条件的特例。此外，管志道的论述还涉及了另一类与里士社士相关的、在地方社会中拥有特殊的社会经济地位的庶民群体：佃主。他所引用的洪武五年（1372年）的一则法令中规定：佃户见佃主，不论齿序，并行以少事长之礼。显然，法令将适用于以齿序的礼节运用在了不涉及齿序而是社会经济地位起主导作用的人际交往过程中。对于这条看似很成问题的规定，管志道既没有直接提出质疑，也没有直接肯认，而是将论述的重点放在了他最关心的问题上：在他看来，佃主受到如此礼遇的关键因素不是土地所有权，而是其实际年龄。

[29] 《从先维俗议》，卷2，页37a。在该部分讨论的结尾，管志道还进一步列举了一个限制条件，这使得年龄的双重标准问题更为凸显。管志道指出，对于九十岁以上的富民与八十到九十岁的富民也应有所区分。对于年龄达到九十岁且在乡里享有（转下页）

第二个例外情况则以另一种价值——对长久以来的情谊的尊重——为基础：对于"故旧"，致仕官员不应像对待"异姓无官者"那样不予还礼。[30] 对于"幼交"、"穷交"（可能只是在为官之前结交的朋友），致仕官员则应根据双方在身份地位或官职高低等方面产生差异之前的关系来决定采用何种恰当的礼仪。由此可见，某个人获得了新的身份地位，但这并不意味着他就可以冷落、回避他的旧交或是要求旧交给予他一种与其全新的地位相应的尊敬。对于这一问题，管志道始终极为关注。而这不仅间接地体现了 16 世纪中国社会阶层的流动性，更反映出管志道政治方案中的一个侧面：该价值在一定程度上减弱了他对身份等级制的强调。

管志道撰写《从先维俗议》的目的，不只是要保护某一种等级制度（例如爵），以防止其被另一种等级制度（例如德或齿）所侵夺，他更希望能够维护所有旧的社会关系（无论是等级关系还是平等关系），以防止其因身份地位或政治权力而遭到破坏。倘使某位官员自幼就敬仰某人（此举须是合理的），那么他在为官当权之后也不应当改变对此人的敬意。例如，管志道曾设立过这样一条规定："少年之所尝'父事'者，必不改也。"[31] 由于各种礼敬之间是相互关联的：对齿序的遵奉，也在极大程度上影响着对爵位高低的遵奉。因此管志道指出："少可以陵长，则贱亦可以陵贵。"[32]

第三个不需对"异姓无官者"答礼的例外：那些被削籍为民、重返其乡居住者也应当同致仕官员一样被视为曾经做过官的人，而不是"无官者"。管志道认为，这些曾经同朝为官的人就如同兄弟，而赋予他们官职的君主就好比是父亲。倘使某人的亲兄弟为父亲所逐，他本

（接上页）良好的声誉的富民，即便曾任六部尚书或省级最高官员，只要这些致仕官员未满七十岁，则可与之平礼。此外，管志道还将他给予年高、富有的无官者的那种有限的认可，同他所坚决反对的那种赐爵于富民的制度（当时的政府为了增加税收，尤其是边防之需，常常卖官给富民）进行了对比（见《从先维俗议》3 卷，页 94a）。

[30]　《从先维俗议》，卷 1，页 33b。

[31]　《从先维俗议》，卷 1，页 16b。

[32]　《从先维俗议》，卷 1 页 18b–19a。这一论证与《论语·学而》中的语录有些类似。其中孔子指出："其为人也孝弟，而好犯上者，鲜矣"（译按，这句话实际是有子所言，而非孔子）。管志道的论述从某种意义上表明了君子之道的基础是先进野人之道。

49

50　人同其兄弟的关系却不会因此而改变。同样地，某人的同僚若被君主削籍为民，他本人同该名官员的同袍之义却不会因此而改变。[33] 在明朝复杂多变的政治局势中，官员被革职甚至被贬为庶民的例子并不少见。这一例外的重要意义也将在后文的论述中变得愈加明显。此外，管志道还允许致仕官员根据自己的判断纡尊降贵，对那些隐逸山林、怀才抱德之士，以及那些不会太过主动地要求自己应当受到特殊礼遇的人行平交之礼。[34]

由此可见，管志道认为在上述一系列社会关系中，致仕官员均无须遵循法令中不对"无官者"答礼的规定，他们应当抛开自己的爵位不论而遵循齿序。所有这些例外情况似乎都来源于真实的社会生活，但管志道却补充道：不是所有这些原则上的例外都能够付诸实践。凭借着年龄与仕途生涯，致仕官员在与亲属或非亲属交往时，其实并不需要经常搁置自己的爵位而屈尊于其他长者。

> 官以致仕居乡，非引年于林下，则勇退于急流者。幼所"父事"、"兄事"之齿，已不在"异姓无官者"之中。而"异姓无官者"之中，则当以"少事长"，"贱事贵"之义，而父兄我矣（So those who are among the "nonoffice-holders with other surnames" should, on the principles that "juniors serve seniors" and "the lowly serve the noble," serve him "as a father or elder brother!"）。[35]

管志道指出，致仕官员的年龄通常都比较大。故在地方社群中，实际上只有极少数比他们年长（或在亲戚当中辈分更高）从而需要他们表

---

[33] 《从先维俗议》，卷1，页 34a-b。

[34] 《从先维俗议》，卷1，页 34a。

[35] 《从先维俗议》，卷1，页 33b-34a。我在翻译最后一句时对个别部分进行了强调，以使角色的转换变得更为清晰，同时也能够更好地表达原文的语气（句子结尾的"矣"字是一个助词，其作用为加强语气）。

达敬意的人。[36] 这首先意味着致仕官员只在极少数情况下才需要对无
官者表示尊敬。倘使遇到了值得尊敬的旧交，他可能最多只需稍稍降
低自己的地位，而极少（如果有的话）与他人平交，更不要说会因他
人年长而屈尊于对方了。因此，上文所提到的诸多例外在实际生活中
其实很难见到。此外，还有一点更为重要：在致仕官员的家乡，人们
即便不考虑他的爵位，单凭他更为年长这一个原因就应当尊重他。由
于管志道上文所引用的篇章只同时提到了"少事长"、"贱事贵"两条
原则，因此这些明朝法令中的爵与齿、"后进君子"与"先进野人"
之间潜在的矛盾冲突被弱化到了最低程度。[37] 在地方社群中，无官者
以及其他非亲属成员对待致仕归乡的官员就像对待他们父亲或兄长一
样，他们之所以这么做并不是将爵的优先性置于齿之上，而是同时维
护爵与齿的优先性。

51

齿、爵与地方社群的自主权

狄百瑞指出，在中国帝国社会晚期，理学家是很难想象有一种介
于家、国之间的社会结构存在的，他们也根本不可能明晰地阐发真正
的"社群"思想。《大学》作为理学家社会观的思想基础，其对社会
秩序的描述堪称典范。但它却完全忽略了"社群"这一范畴：在描述
社会秩序如何像同心圆一般层层向外扩展时，《大学》直接从"齐家"

---

[36] 管志道列举了官员致仕最为普遍的两个原因，其所对应的致仕年龄却差距甚远。第
　　一种是"引年"而退，在这种情况下，官员的年龄至少是六十岁；第二种是"退于急
　　流"者，其可能更为年轻，故在他的家乡尚有许多比他更为年长的人。但这些差异的
　　影响毕竟并不那么显著。依《礼记》所言，"幼所父事、兄事之齿"分别指的是比致
　　仕官员的年龄大两倍以及十岁的人。六十岁是人生的一个重要阶段，处于这个年龄段
　　的致仕官员确实可能只会遇到极少数的几个长者。但对于管志道所谓的"致仕居乡"
　　者是否也包括了那些为了照顾患病的父母或是为父母守孝而短暂归乡的人这一问题，
　　我们目前很难得出确切的结论。但许多为了孝敬父母而归乡的官员，实际上也是为
　　了从政治旋涡中抽身，管志道自己可能就属于这种情况。

[37] 在有关"异姓无官者"法令条款的讨论上，管志道论述的重点并没有放在致仕官员
　　中应当如何对待另一位致仕官员的问题上。有关管志道专门为致仕官员所建立的齿序
　　制度，可看后文的讨论。

52 跳跃到了"治国"。[38] 管志道将孟子的"三大尊"思想精心构建为所有非亲属关系的基础。我们是否可以将这种做法看作是他为了弥补上述思想的缺陷而尝试在理论上建立起一种介于家、国之间的社会结构的努力呢？如果情况确实如此，那么事情恐怕就不是狄百瑞所想的那样了。管志道赋予"爵"以重要意义，这或许正是一种国家与社会之间最基本的连续性的体现，同时也隐含着一种不同寻常的社会观（在该理论中，社会处于国家掌控之下）。而狄百瑞所指的则是一种非政治的社会结构：这一结构落实在社会生活时是不受国家的控制的，其所依据的理论基础，则是一种反对国家控制的礼的观念。

接下来，我们可能需要稍稍调整一下我们的视角，以便更好地阐明狄百瑞的问题与管志道的模式之间的关系。如上文所言，狄百瑞指出了儒家在社会秩序构想上的一个（有关地方社群）的缺漏。这一缺漏产生于《大学》"家"与"国"两个概念之间完美无缺的"观念连续体"。狄百瑞对此也进行了讨论。[39] 在儒者所尊奉的大部分与礼有关的经典中，其实都可以找到这类"观念连续体"。例如，整部《礼记》都体现着这样一种普遍观念，即礼仪秩序（无论这一秩序中的诸多因素之间有如何复杂的互动）与政治秩序是一致的。而《孝经》更进一步将父子关系同君臣关系有机地关联在一起。这种思想导致帝国能够将礼仪秩序一直贯彻到个体家庭层面，而家庭也就自然必须服从于帝国的绝对统治。虽然人们都默认王朝的统治永远不可能真像圣王所建立的有机秩序那样完美，但这种秩序却是帝国的理想和典范，相应地，国家的各项制度也就以此这一秩序而建立起来。因此，狄百瑞才认为理学家虽然在王朝政治结构的内部开辟了一定的公共空间，但国家 - 社会这一统一体的理论逻辑在某种程度上仍然是不完整的。

然而，实际的情况却是：很多理学家不仅在王朝统治直接控制范围之外，积极推动道德文化与政治秩序的建立，他们还建构了许多不

---

[38] 见 Wm. Theodore de Bary（狄百瑞）: *Asian Values and Human Right*, pp.37-38。

[39] 见 Wm. Theodore de Bary: *Asian Values and Human Right*, p.37。

48

同于《礼记》、《孝经》所提供的政治秩序典范的思想体系。[40] 例如，

53

孟子就曾以极为精妙的手法对国家—社会这一连续体进行了限定。他认为，爵、齿、德虽然同属于"三大尊"，但它们却有着各自的管辖范围。回到本章开篇的题词："朝廷莫如爵；乡党莫如齿；辅世长民莫如德。"[41] 孟子赋予三大尊以不同的管辖范围，或其发挥重要作用的不同情形。在管志道看来，当我们利用这三个身份地位的标准对社会关系的平等与不平等程度作出判断时，孟子的做法恰好可以解决在权衡三者过程中所可能产生的各种矛盾与冲突。经过上文的讨论，我们已经了解到管志道是如何在诸多具体的情景中阐明身份地位的高低次序（他尤为关注致仕官员）的，在分析的过程中，他也已经意识到了种种潜在的紧张关系并采取了相应的、较为谨慎的做法。倘使一位年长的无官者遇到了一位较为年轻的高级官员，他们中谁的地位更高？假设这二人又碰到了一位虽无官职却以高尚德行声闻远播的年轻人，又该是哪一位当受礼敬？管志道认为，这一系列问题的出现与解决，才是孟子"达尊之义乃定"的真正原因。[42]

　　管志道借鉴了孟子的思想，但与此同时，他也对其进行了一定程度的修改。他以《礼记》以及明初法令中的部分篇章为基础进行了一系列论证，用以补充、完善孟子的理论。[43] 可实际上，他与孟子的主张却有根本性的分歧。孟子为三大尊划定了各自不同的管辖范围，每

54

---

[40] 即使是在《论语》的理论框架内，我们也能够发现在家庭、地方社会同国家的关系这一问题上，孔子的主张有两极分化的倾向：一方面，孔子指出孝是所有美德的根基，其在总体上有助于令社会地位较低的人在社会、政治秩序中始终安分守己（《论语·学而》第 2 节）。另一方面，孔子又指出，倘使父亲犯罪，儿子应当在政府进行案件调查时包庇他。在这种情况下，儿子对父亲的义务的重要性程度要远远胜过他对君主的义务（《论语·子路》第 18 节）。如上两条原则可以被视为孔子为平衡两者所做的努力，但二者之间仍然存在着相互冲突的可能性，尤其是当帝国力图对社会施行更为全面彻底的统治和控制的时候。

[41] 见 D.C. Lau: *Mencius*, 2B:2, p.87。管志道在《从先维俗议》卷 1，页 4b–5a 引用了该段文字。值得注意的是，在《四书句集注》中，朱熹的注解并没有提到爵与齿在地方或朝廷上究竟哪一个更为重要的问题。

[42] 《从先维俗议》，卷 1，页 5a。

[43] 鉴于《礼记》的形成时间较晚，故其对孟子所倡导的那种地方社会自治权的限制，在一定程度上反映出早期帝国要求加强对社会各方面的控制。但对于这一观点，我们不能断然肯定，因为《礼记》的部分篇章在汉代以前就已经形成了。（转下页）

一范围都由某一因素作主导。但他这么做并不是为了回避上述的种种矛盾冲突，其真正的目的在于试图在地方社会与国家之间创造出一定的、至少是具有象征意义的距离：从某种意义上说，孟子的做法使得地方社群超出了国家的官方授权范围。由此可见，孟子在诸多方面都对管志道的主张——应当建立一种以国家为核心的社会秩序——造成了极大的阻碍。孟子所代表的这一系儒学在理学中具有相当大的影响力，但其却与以《礼记》、《孝经》为代表的儒学流派存在着一定的紧张关系。相较而言，孟子一系的儒学其实更容易接受狄百瑞以社群为家与国的第三方或曰中间地带的思想。[44] 而管志道虽然在名义上接受了孟子对三大尊管辖范围的划分，可他却对其进行了限定和修改。孟子主张，在地方社会中齿是决定身份贵贱最主要的因素，但管志道却始终将爵的重要性摆在第一位。

此外，管志道对"三大尊"中的"德"的态度也与孟子迥然不同。《孟子》"三大尊"一章的主旨是要求君主尊重大臣，不得将自己的爵位凌驾于大臣的德行之上从而以轻蔑的态度对待他们，这与孟子一贯的批判精神及其挑战君主权威时语气（这一点在孟子与梁惠王的对话中体现得尤为明显）也是一致的。在孟子的整体构想中，爵与齿分别被运用在朝廷和乡党这两种社会生活情景中，而德所管辖的范

（接上页）有关《礼记》的形成时间及其在早期礼仪与学术传统中的地位，可参看 Irene Bloom "The Record of Rites and the Ritual Tradition"，见 Wm. Theodore de Bary and Irene Bloom ed.：*Sources of Chinese Tradition, Volume I: From Earliest Times to 1600*, pp.329-330；Mark Edward Lewis: *Writing and Authority in Early China*, pp.45-46 and p108。Lewis 还举了《礼记》中的另一个例子，这个例子指出应当进一步加强君主和中央集权国家的权威，这可以说是与孟子的主张完全背道而驰的。

[44] 孟子主张民贵君轻，认为君主只有依靠民众和大臣才能实现自己的统治。在明初的皇帝看来，这种思想极具颠覆性，因此明太祖对《孟子》一书进行了删减，此即"孟子节文"事件。删减后的《孟子》版本见刘三吾编：《孟子节文》，《北京图书馆古籍珍本丛刊》（北京：书目文献出版社，1988），"经部"，卷一，页 955–1016。相关研究可参看 Benjamin Elman "The Formation of Dao Learning as Imperial Ideology During the Early Ming Dynasty"，见 Theodore Huters, Pauline Yu, and R. Bin Wong ed.：*Culture and State in Chinese History: Conventions, Accommodations, and Critiques*, pp.72-74。Elman 注意到，虽然永乐皇帝在 1414—1415 年恢复了《孟子》一书的原貌，但对于孟子在官方和民间对抗君主权力这一做法的正当性，《四书大全》的编纂者们仍持保留意见：他们强调，孟子是在战国时期混乱无序的政治背景下提出这类主张的。此外，孟子还积极拥护周朝的封建制度，并坚决主张身为大臣与教师的士人拥有道德权威和自主权。

围却显得较为抽象："辅世长民莫如德"。德似乎不仅打破了爵与齿各 55
自所管辖的社会领域之间的界限，甚至还打破了君主与臣民之间的界
限。[45] 在这一问题上，管志道所采取的处理方法再一次与孟子形成了
鲜明对照：鉴于孟子所带来的重重挑战，他将有关"三大尊"的讨论
重点放在了"爵"与"齿"两大因素上，仅在论述接近尾声的时候才
提出了"德"的问题。并且，在探讨"德"的作用和意义的过程中，
他的态度始终极为谨慎。而管志道之所以采取这种处理方式，部分原
因在于他的目的是要矫正当时的社会背景下社会关系的变化趋势。在
当时的学术讨论中，多数儒者都认为比起"齿"以及其他影响身份地
位高低贵贱的因素（如官职），德行和才智更为重要。因此，管志道
进一步提出，即使是在学术界，君主也是至高的权威。如此一来，士
人便无法再要求获得孟子所谓的那种道德权威和自主权了。

管志道对"德"这种态度，在有关孟子"友其德"的诠释与讨论
中体现得尤为明显。与孟子在论述三大尊时对德的重要性所做的概述
一样，"友其德"这一概念也同样意味着人们应当搁置年龄或爵位上
的差异，而以对待平交甚至是地位更高的人的方式给予德行高尚的人
以尊敬，哪怕这些人年纪较轻或官职卑微。在"'忘分忘年'合'尊
爵尊齿'议"中，管志道提出了一个问题：孟子曰友其德则应"忘年
忘分"，这种做法是否与其以爵、齿为尊的思想相互抵触？[46] 最终，
他得出结论，认为二者之间并不矛盾：

> 凡言"忘"者，从下交说，不从交于上者说。凡言"尊"者，从

---

[45] 我将"辅世长民"译为了英文"assisting the world and ruling over the people"。Legge
把"长民"译为"presiding over the people."但无论如何，就上下文的语境而言，这一
有关德的重要意义的说明都意味着：一个有德君子（可能也会成为臣子）或许比君主
更适合当统治者，而君主则仅仅是空有其衔而已。因此，君主必须尊敬作为大臣的士
人，并谦虚地向其询问治国之策。对此，孟子进行了更为明确的阐述。他指出，对于
某些极具才德的臣子，君主会采取亲自拜见而非召见的方式，见《孟子·万章下》第
7节。

[46] 见《孟子·万章下》第3节。无论是在孟子论"友其德"的段落中，还是朱熹对此
章的注释中，都没有出现"忘年忘分"一词。但由管志道的分析可以判断，该词与
《孟子》此节内容紧密相关，可能是王阳明或其后学所创。

56   上交说，不从交于下者说。[47]

大体而言，在"忘年忘分"的情形下，通常只有地位较高的一方才有权采取一种更为随意的礼节。换言之，所谓"忘"，其实指的是一种纡尊降贵（condescension）的姿态。

孟子曾曰"友也者，友其德"，强调"不挟长、不挟贵、不挟兄弟而友"[48]。这种主张在一定程度上论证了上述管志道的观点。例如，在谈到有关圣王尧对他的继承人舜的态度时，孟子指出尧乃是"天子而友匹夫也"。[49] 在这个例子中，圣王纡尊降贵，故从表面上看，是与管志道的立场相一致的。然而，一旦联想到上文已讨论过的尧舜"迭为宾主"问题——这一描述意味着，他们之间似乎更像是一种平等互动关系，在这种关系中，双方都有权主动选择一种更为随意的礼节，我们即会明白管志道的真正态度。自《从先维俗议》开篇，管志道便对"迭为宾主"一词表示了反对。他坚持认为，倘使关系双方在年龄、爵位或是社会地位方面存在着巨大的差异，那么二人绝不可以如"迭为宾主"一般平起平坐。故在对"三大尊"进行讨论的过程中，他直接略去了孟子有关尧舜迭为宾主的描述。管志道的"纡尊降贵"思想与孟子所提出的"德"具有独立意义的思想完全不同。他始终认为应当对社会各阶层之间的界限进行清晰的划分。而他之所以极其反对那些所谓的过分强调德的重要性的主张，正是因为在他看来，德这一因素可能会打破所有的界限。

因此，为了论证孟子的平等也只是纡尊降贵的意义上的平等，即上文所谓"凡言'尊'者，从上交说，不从交于下者说"，管志道不得不做出与孟子在"迭为宾主"一章所得出明确的结论完全相反的判断。孟子的结论曰：

---

[47] 《从先维俗议》卷2，页78b。类似的表述见卷1，页18b及卷2，页35b。此外，还可参看卷1，页18a，管志道在此谈到德的重要性时对此有过简要的概述。

[48] 《孟子·万章下》第3节。英译见 Legge: *Four Books*, p.824。

[49] 《孟子·万章下》第3节。英译见 Legge: *Four Books*, p.827，引用时对其译文有所修改。

用下敬上，谓之"贵贵"（treating one of noble status as noble）。
用上敬下，谓之"尊贤"（exalting a worthy）。贵贵、尊贤，其
义一也。[50]

"尊"一词明显意味着地位高的人对地位低的人的尊敬。这不单单是
所谓"忘分"或暂时搁置身份差异（即纡尊降贵）的问题，更意味着
地位高的人应当主动地抬高有德之人的地位并对其表达赞赏和敬意。
由此可见，孟子的结论与管志道对其的诠释完全相反。在孟子看来，
对地位高的人的尊敬与对地位低的人的尊敬所遵循的原则是完全一致
的，这就意味着因身份高贵而获得的优越地位（superiority by status）
与因品德高尚而获得的优越地位（superiority by virtue）是可以相互比
拟甚至是完全相等的。在此基础上，孟子还将其结论又推进了一步：
《孟子·万章》一章中有一段子思与缪公的对话，其中子思认为有德者
的地位其实比有身份的人的地位还要高。[51]但管志道对孟子的论述进
行诠释时，却将重点放在了地位较高或年纪较长的人在有德者面前所
表现出的纡尊降贵的姿态上，从而使爵与齿的重要性问题避开了孟子
思想的挑战。[52]

　　因此，管志道虽然借鉴了孟子的"三大尊"思想，但他的诠释
却从根本上否定了孟子的观点——齿与德拥有独立的权威性。在管志
道那里，"德"变成了士人的一种人格特点，且只能是地位高贵的人

---

[50] 《孟子·万章下》，第3节。英文为笔者所译。

[51] 《孟子·万章下》，第7节。在这段对话中，缪公向子思请教"友士"的问题，子思
回答道："古之人有言曰事之云乎？岂曰友之云乎？"而子思之所以不悦，是因为"以
位，则子，君也；我，臣也。何敢与君友也？以德，则子事我者也，奚可以与我友？"
英译见Lau（刘殿爵）：Mencius, p.157。

[52] 奇怪的是，在德的问题上，管志道的主张似乎不仅与孟子迥异，更与明太祖颁布的
法令背道而驰。在《御制大诰续编》中，朱元璋规定"众尊有德不拘年之壮幼"，见
《皇明制书》，《续修四库全书》卷788，《御制大诰续编》，页1；《皇明制书》，Tokyo:
Koden kenkyūkai，1:64。英译参看Edward Farmer："Social Regulations of the First Ming
Emperor: Orthodoxy and the Transmission of Orthodox Values"，见Kwang-ching Liu ed.：
Orthodoxy in Late Imperial China, p.114。在其他礼节的具体规定中，明太祖曾对年龄与
辈分进行了区分。然而，二者之中究竟哪一个起主导作用呢？管志道是否忽略了《大
诰》中的这一主导因素呢？

（如君主）对其进行肯定和赞赏，而士人自己却不能因自身高尚的德
行而要求与地位较高的人平起平坐，更别说获得更高的道德权威了。
孟子认为，在地方社会中，齿作为一种身份地位的判断标准拥有至高
无上的权威。而管志道不仅对齿的重要性进行了限制，还将论述的重
点放在了齿与爵的关系上，而没有像孟子那样对德予以重视。对管志
道而言，在国家产生以前的远古社会，"齿"是"先进野人"（rustics
of former times）确定身份地位的主要标准。而在君主统一天下的历史
时期，社会逐步发展扩大，其核心乃是由君主所主宰的朝廷。此时，
"爵"成了"后进君子"（noble men of later times）评判身份高低贵贱
的关键因素。管志道提出，应当努力寻求"齿"与"爵"两个标准间
的平衡。他认为，一方面，经典中所记载的上古社会的文化遗产以及
周朝初期的礼乐制度为孔子所继承；另一方面，适用于当时的国家与
社会的制度模式则为明太祖所继承。

　　在其杂糅《礼记》与明朝法令的思想体系中，管志道明显提升了
官员身份在地方社群中的重要性。虽然他举出了若干例外情况，以证
明在官方授权之外也确实存在着某些地方性的或是私人交往性质的因
素，这些因素使得官员身份并不总是最为尊贵的，但这却并不能改变
他的基本主张。到目前为止，管志道建构的模式似乎并没有给出狄百
瑞所寻找的那种介于家、国之间的社会结构。然而，他在地方社群中
成功为官员身份保留下的那些最基本的优先性，对于国家同社会的关
系而言却具有极多微妙而复杂意义，其中的部分意义与影响或许是我
们始料未及的。

第四章

管志道模式的具体应用："三大尊"
之现状与相关举措

通过上文有关地方社群人际关系与身份差异的讨论，我们了解59到：管志道虽然借鉴了孟子"三大尊"一说，但他却把论述的重点放在"爵"与"齿"两大因素上，而完全抹杀了孟子赋予"德"的独立意义与极高威望。管志道试图借助《礼记》及明初法令证明"爵胜于齿"，并最终得出结论：在地方社会中，致仕官员享有一种特殊的身份，他们不同于"庶民"，更不同于"士类"中的"无官者"。而在这一章中，我将首先对管志道所处的时代状况进行描述。该时代所发生的种种社会变迁使得"士"的身份变得模糊，士人身份与政府官职之间的关联性更因此受到削弱。其次，本章将对如下问题进行回答：在管志道眼中，法令所谓的"异姓无官者"究竟指的是谁？这些被归为"士类"的人究竟有哪些特征？他们又是如何侵及致仕官员的身份的？管志道认为，这些人之所以会威胁到士的身份，其实是因为官员群体本身在社会上造成了不良的道德影响，而科举考试制度又导致越来越多的官员被祸害，官场风气随之与日俱下。

批判科举考试制度可谓是理学家的普遍做法。表面上，管志道似乎也像绝大多数理学家一样，概述了士可能会对社会造成的巨大的、或积极或消极的道德影响。然而，管志道对此问题的解决方式却与其他理学家截然不同。他认为，要想解决社会精英的道德败坏问题，办法之一恰恰是要间接地利用科举制度（即科举考试的功名）。他的这一做法进一步证明并强化了他对于地方社会中官员身份的重视，但其

55

意义却或许完全不同于我们的预期：他以国家为核心的理论体系虽然与理学家所怀揣的士人阶层领导地方社会的理想完全相悖，可为了实现部分以社群与阶层为核心的价值，他却对许多以国家为核心的价值进行了贬抑。

成问题的士人身份：
历史背景概述

贺凯（Charles O. Hucker）教授在其著作 *Dictionary of Official Titles in Imperial China*（中国古代官名辞典）中对"士"一词进行了翻译和定义：

> Elite: throughout history a broad generic reference to the group dominant in government, which also was the paramount group in society; originally a warrior caste, it was gradually transformed into a non-hereditary, ill-defined class among whom literateurs were most highly esteemed.[1]

贺凯教授的主要研究领域为政治史。因此，他并未像许多现代学者那样从社会史或思想史的角度对"士"的含义进行诠释，而更多地强调了"士"与政府之间的关联。[2]然而，他所采取的这种诠释方法却恰恰使得上述定义极为准确地揭示出"士"的含义的多重性与模糊性。贺凯对士在政府中所占据的主导地位与其在社会中所占据的主导地位进

---

[1] Charles O. Hucker: *A Dictionary of Official Titles in Imperial China*（Stanford University Press, 1985）, p.421.

[2] 看 Robert P. Hymes: *Statesmen and Gentlemen: The Elite of Fu-chou, Chiangsi Province*（Cambridge, New York: Cambridge University Press, 1986）; Beverly Bossler: *Powerful Relations: Kinship, Status, and the State in Sung China (960–1279)*（Harvard University Press, 1998）; 以及 Peter K. Bol: *"This Culture of Ours": Intellectual Transitions in T'ang and Sung China*(Stanford: Stanford University Press, 1992), pp.1-75。

行了区分，但与此同时，他又将二者关联在一起。此举似乎意味着政府与社会这两个背景环境之间不仅不存在任何矛盾与冲突，甚至还形成了一种相互支持、彼此增强的关系。可实际上，官方授权（official authorization）与社会身份（social status）之间的关系问题其实并不比政府与社会的关系简单多少：尤其在帝国时代晚期（自宋迄清），这一关系变得愈加复杂了。

其中，最主要变化便是出身门第与做官的关系。公元前221年左右，随着早期帝国的建立，官位世袭制被废除。然而，直到唐朝，出身仍然是某个人是否有资格做官的一个决定因素。自8世纪中叶开始，旧有的贵族势力开始衰落。到北宋初期，官员的任用不再仅限于少数贵族世家。[3] 随着印刷业的兴起，民众文化素质的提高以及科举制度的完善，有能力担任政府工作，填补职位空缺的社会阶层逐渐发展起来。而那些世代为官的家族则再也无法确保他们的后代都能够顺利进入仕途。在明代，作为官宦世家的成员，官员的子孙仍然享有特权。他们可以进入国子监学习，或者也可能被授予较低级别的官职。然而，由于他们没有通过正规选官途径的考核，因此晋升的空间极小。并且，倘使他们没能进入仕途，则其家族的官员身份经两代世袭之后便会被剥夺。

尤其是在晚明时期，科举考试是入仕的必经之路。洪武初期，考试制度即已试行（14世纪70年代左右），但朝廷选官的主要途径却仍是"荐举"（recommendation）。[4] 为了广募贤才，朝廷要求地方官员大力举荐其管辖区域内才德兼备之人，无论这些人是否拥有官员或学生身份。从15世纪40年代起，朝廷规定这些被荐举者在被委派官职之前必须通过相应的考核。1450年左右，荐举制度被批评存在严重缺陷——所招者大多不具备为官资格，却利用人情关系进入仕途，故

61

---

[3] 有关中国中世纪贵族，参 David Johnson: *The Medieval Chinese Oligarchy*。对唐宋时期思想与社会转型的分析，见 Peter K. Bol: *"This Culture of Ours": Intellectual Transitions in T'ang and Sung China*。

[4] 相关事例可参 Edward L. Dreyer: *Early Ming China: A Political History, 1355–1435*, pp.97-98。

其筛选过程变得更加严格。到 1459 年，这种选官方式几乎被彻底废止。[5] 明初的第二条选官途径为"岁贡"：每一县、州、府学都可以选送一定数量的优秀学生进入国子监读书并最终成为朝廷命官。可渐渐地，贡生们发现，由于没有功名，他们未来的宦途十分暗淡。[6] 故从 15 世纪 40 年代起，该种方式便成了科举选官之外的一种辅助性制度。上述这两种不经过考试即可进入仕途的方式，对于地方社会中那些拥有良好的家学传统和人脉关系的精英家族极为有利。然而，至《从先维俗议》撰写之时，这两种选官途径都已被废止将近 140 年了。

在帝国时代晚期，越来越多的人加入到科举考试的行列中。他们寒窗苦读，目的只在于考取功名，进入仕途。然而，获得为官资格的人的比例却在逐年降低，而最终有幸成为朝廷命官的人则更是少之又少。为了能使自身的尊贵地位世代传承下去，精英家族转而开始关注其在地方社会中的地位、财富与影响力，并采取了相应的新举措。在地方社会中，科举考试的功名（即便没有真正获得官职）逐渐成为身份地位的一种象征。它意味着某个人获得了官方的认可，随之而来的还有某些法律特权（虽然这些人获得的特权不如那些真正进入仕途的人获得的多，但仍然十分重要）；同时，它还意味着某人加入了一个更大的、包括官员在内的社会群体。所有这些都使得我们有充足的理由将功名看作判断某人是否属于精英阶层、是否拥有士人身份的一个标准。[7] 这一点或许在另一个含义更为确切的词——"缙绅"中体

---

[5]　参 John Dardess（达第斯）：*A Ming Society: T'ai-ho County, Kiangsi, in the Fourteenth to Seventeenth Centuries*, pp.142-143；Charles O. Hucker: *A Dictionary of Official Titles in Imperial China*, p.147. 贺凯指出，上级官员提拔下级官员，推荐其晋升，也可以称为"荐举"。但此处所谓的"荐举"则专指明初政府从地方社会中招录官吏的制度。有关宋朝荐举制的重要性，参 Thomas H.C. Lee: *Government Education and Examinations in Sung China*, p.267n14；Charles O. Hucker："Ming Government"，见 Denis Twitchett and F. W. Mote ed.：*The Cambridge History of China, Volume 8: The Ming Dynasty, 1368–1644*，Part Two, p.30。

[6]　Charles O. Hucker: *A Dictionary of Official Titles in Imperial China*, p294-295. 按照贺凯的说法，朝廷只是暂时停止施行岁贡制度。但管志道却认为这一制度被彻底地取消了（详见下文）。

[7]　有关南宋的这些变化趋势，尤其是科举考试与功名的重要性，见 Robert P. Hymes: *Statesmen and Gentlemen: The Elite of Fu-chou, Chiangsi Province*, pp.32-34; 42-48；Robert P. Hymes, Schirokauer Conrad ed.：*Ordering the World: Approaches to State and Society*（转下页）

现得尤为明显。缙绅通常是指那些目前不在任，赋闲在家的人，以及那些原则上致仕归乡或者等候朝廷委任抑或兼具两种情况的人（对于部分人而言，实际的情况可能是他们自己不愿意入仕或是最终没有受到任何朝廷的委派）。这类人中既包括致仕官员，也包括了所有官方认可的、有为官资格的人：在明清时期的地方志中，唯有贡生或举人才被称为缙绅。[8] 缙绅——这些地方社会中的、被官方认可的官员候选人，是士（按照贺凯的定义）这一更为庞大的社会群体——不仅包括了"潜在的"官员，也包括了在任的官员——中最容易辨识的一类人。

　　但如果我们从更为宽泛的意义上对"潜在"进行定义的话，"潜在"的官员就不仅仅限于那些已经拥有了正式候选资格的人。因此，其他尚未通过所有考核的人或许也可以归入士的行列：譬如生员（licentiates）以及官学中那些通过考试进入到县学、州学、府学中的学生，他们是最为基层的朝廷官员候选人。这些人以从政为其职业目标，但由于尚未通过乡试或会试，故还没有资格获得朝廷委派。因此正如何炳棣所言，这些人还算不上缙绅[9]，但却与缙绅一样同属于士。事实上，在很多情况下，"士"一词所指代的恰恰就是这些受过教育的、级别较低的阶层。而管志道也常常在这个意义上使用"士"

63

（接上页）in Sung Dynasty China（Berkeley and Los Angeles: University of California Press, 1993），序言第四页；Peter K. Bol:"Government, Society, and State: On the Political Visions of Ssu-ma Kuang and Wang An-shih"，见 Robert P. Hymes, Schirokauer Conrad ed.：Ordering the World: Approaches to State and Society in Sung Dynasty China, p.192。有关功名对应的特权和社会地位的讨论，见 Ho Ping-ti（何炳棣）：The Ladder of Success in Imperial China: Aspects of Social Mobility, 1368–1911, pp.26-41。

[8] Ho Ping-ti（何炳棣）：The Ladder of Success in Imperial China: Aspects of Social Mobility, 1368–1911, p36。我们应在注意到，地方社会的"缙绅"所指代的范围不仅比其本身的含义狭窄，也小于"士"所指代的范围。因为"士"不仅包括了官员候选人，还包括了目前在任的官员，而"缙绅"则指代全国的官员候选人阶层。

[9] 唯有生员才能进官学（参 John Meskill: Academies in Ming China: A Historical Essay,p21），并且，只有具有生员身份的人才能够参加乡试。（参 Ichisada Miyazaki 著，Conrad Schirokauer 译：China's Examination Hell: The Civil Service Examinations of Imperial China, p.18）何炳棣在 The Ladder of Success in Imperial China: Aspects of Social Mobility, 1368–1911, p35-36 举出了相关例证，如在地方志的缙绅名单中没有生员；明清小说的部分章节将地方生员与已经获得科举功名的人区分开来；在仪式中，生员们作为一个独立的群体被安排在已经获得科举功名的人后面。

64 一词。[10] 此外，还有一些人，他们甚至连上述这种最起码的正式身份都不具备，但也可以理直气壮地声称：从更为宽泛的意义上说，他们同样属于士，只不过层级更低而已。对于士阶层而言，长久地以现有身份立足于地方社会变得愈来愈重要，而功名（独立于官职）的重要性也随之不断增强。到了宋代，中国的人口和经济中心都转移到了南方，这便形成了一种复杂的经济局面：杰出的地方人士获得了新的机遇，以维护他们的生计、地位以及独立于政府之外的声誉。而获得更多的财富不仅意味着可以接受教育并进入仕途，本身更是地方社会中权力与威望的基础。在当时，官员中南方人所占的比例往往要高于北方人。但南方精英家族成员所从事的职业又不仅限于官员，而是多种多样的。商人的儿子通过科举赢得了荣誉和威望，并在官场中逐渐培养起人脉关系；而官员的子孙则通过经商，维持着家族的生计及其在地方社会中地位，同时还使得家族成员能够有闲暇接受教育。官员与商人两个不同阶层之间的界限因此而变得模糊。[11] 越来越多先前从未

---

[10] 晚明时期，人们在生员应当被如何归类的问题上存在争议。酒井忠夫（Sakai Tadao）引用的一些例证（其中大部分出自晚明的善书）表明：虽然生员的地位明显在缙绅之下，但实际上，在明代，"士"以及"士子"、"士人"这些词常常被用来指代生员，以表明他们是一类级别较低的士，一个介于缙绅与庶民之间的社会阶层。但酒井忠夫也承认，士其实还包括了官员在内的整个领导阶层（酒井忠夫：中国善書の研究，页80-83）。可奇怪的是，酒井忠夫认为士包括举人与生员，而缙绅则不在此列。在我看来，"士"的这种狭义的用法比较少见。我更加同意 Timothy Brook（卜正民）的观点："士"主要指的是更为宽泛的，"较低"级别与"较高"级别的"士"（gentry）均包括在内的一个精英团体。（Timoth Brook: "Gentry Dominance in Chinese Society: Monasteries and Lineages in the Structuring of Local Society, 1500–1700", p.49n3）在我看来，把"级别较低的士绅"也归入"士"的行列，实际上是一种策略，其目的在于：在正式的、制度化的为官资格基础上，借鉴明代官员候选资格的等级与周代封建秩序中的官职等级，对精英或曰士绅阶层所覆盖的最为基层的状况进行更为清晰的描述（在周代的等级秩序中，或者至少在战国晚期的文献如《孟子》所描述的周代秩序中，士指的是领导阶层中那些级别最低、最为基层的人）。在《从先维俗议》一书中，管志道也常常在这个意义上使用"士"一词。但是，由于他强调应当对官员与其他想要成为士的人进行区分，因此他有时也对某些没有正式为官资格的士（如处士）与缙绅之间做区分。

[11] 士人家族的后代如果从商，往往会背负恶名。这与朝廷官员不应与民争利的观念有关（如《孟子·梁惠王上》第1节）。然而，我们不应受到这一恶名的误导。事实上，商与政之间的关系比我们想象的要密切得多：在帝国时代晚期，官员的家人常常会通过经商来维持自家的生计。例如，包弼德在 This Culture of Ours 一书中就节选了一段南宋士人袁采（活动期在1140—1195）的论述，其中指出对于一部分子孙应当鼓励其从商（见 Peter K. Bol: "This Culture of Ours": Intellectual Transitions in T'ang and Sung China, p.9）。

获得功名或新近才获得功名的地方大家族开始理直气壮地声称他们也都拥有士的身份。

　　上述这些变化将会怎样影响人们对"士"一词的理解呢？这些变化又会对通常所认为的士的社会功能或社会角色产生哪些影响？在帝国时代晚期，地方社会中的士人身份获得了全新的定位，其合理性部分地源自于对旧有思想的新诠释：要想成为真正的士，教育、文化与气节比官职更为重要。原则上，这些标准是相互关联的：中国的经典传统以及与之相关的学问所讨论的内容多数都与治国密切相关。自汉代起，朝廷也开始支持、推广这种学问，并将之作为选官的一个主要标准。但另一方面，大约从孔子时代起，教育、文化与道德权威逐渐朝着与政府分离的趋势发展：这一趋势符合那些不愿为官的人的需求。在孔子的时代，这类人大部分都是封建国家里上了年纪的、级别较低的贵族，他们在朝廷中的地位为新兴官僚集团所取代。[12] 在他们看来，政府忽视了古代的文化与道德传统。因此，他们开始在家庭、社群以及学校中主动承担起保护这些传统的重任。进入帝国时代，这种民间学者的自我呈现仍在继续，并成为除了官职以外的、另一个可以构成士人身份的潜在因素。但由于政府对社会控制的加强，这种自我呈现也就变得非常隐晦，极难被察觉。到了宋代，随之理学的兴起，自我呈现又有了新的含义。南宋时期，教育与文化成为地方社会精英身份的一个基础。二者连同理学所独具的道学风骨一并为元明两代地方社会精英所继承。[13] 虽然理学家对官商之间日益增多的瓜葛持批判态度，但他们的确为国家直接管辖范围以外的学问与教育，以及从社会各阶层涌现出来的教师和领导者提供了一种思想基础，同时也强化了帝国时代地方社会精英的士的身份的合理性。[14] 领导阶层职业的多样化与

65

---

[12]　Mark Edward Lewis: *Writing and Authority in Early China*, p.5, 6, 57.

[13]　见 Peter K. Bol: *"This Culture of Ours": Intellectual Transitions in T'ang and Sung China*（Stanford: Stanford University Press, 1992），pp.33-34；58-75。以及 "Neo-Confucianism and Local Society, Twelfth to Sixteenth Century: A Case Study"，见 Paul Jakov Smith and Richard von Glahn ed.：*The Song-Yuan-Ming Transition in Chinese History*, pp.265-283。

[14]　Peter K. Bol: "Neo-Confucianism and Local Society, Twelfth to Sixteenth Century: A Case Study"，见 Paul Jakov Smith and Richard von Glahn ed.：*The Song-Yuan-Ming Transition in Chinese History*, pp.259-260。卜正民（Timothy Brook）认为，"士大夫"一词的（转下页）

66 "士"一词的部分理论设想之间仍然存在紧张关系。这些设想仍然与以国家为核心的社会模式有关，它们同士人拥有独立的道德权威、文化与学问等观念并存，二者之间形成了一种辩证关系。

现在让我们回过头来看看管志道是如何想的。他曾多次声明自己"志在春秋"，而种种举措则是力在"正名"。[15] 他反复申说士必须是朝廷官员，并根据士与国家的关系，将其划分为不同的类型。对于管志道而言，士人内部的这些差异，与"士类"中"无官者"对士的身份所造成的威胁一样重要。管志道反对将"士"归入社会身份的范畴以及在这一宽泛的意义上使用该词，但他却赋予了"无官者"某种所谓的士人身份。因此，他对当时混乱的礼法情状的种种描述，正好可以帮助我们确定这些"无官者"的身份。

"士类"中的"无官者"，官学中的学生以及其他几类很成问题的人

管志道坚持以是否为官为标准以界定士，并对地方社会上的致仕官员与明朝法令所谓的"异姓无官者"作了严格的区分，可同时又将这些无官者归入了"士类"。管志道不满于明朝当时的做法，他反对以亲属、成长环境及社会背景等因素作为界定"士类"的标准。在管志道看来，倘使某个官宦家族中已有两代以上未曾做官，那么即便这个家族的成员仍活跃于士人的圈子中，但他们早已不算是士。由此可见，在对"士类"进行界定时，管志道显然还是以是否在朝为官为

（接上页）道德含义（"承担着某种理学家的责任"）——与其指代的社会身份的含义不同（见 Timoth Brook: "Gentry Dominance in Chinese Society: Monasteries and Lineages in the Structuring of Local Society, 1500–1700", p.49n3）。然而，我认为，"士大夫"一词的"道德的"或常规的含义对于如何界定其社会地位有着直接的影响。"士"及"士大夫"的含义涉及文化、学问、道德、人格等诸多方面，并在很大程度上与孔子所树立的典范有关。这一点便是反对国家独揽对士的认可权和决定权的根据，同时也为在帝国时代晚期重新确立士的身份标准提供了坚实的基础。

[15] 相关事例可参见《从先维俗议》卷2，页59b。

标准的。[16]此外，在《从先维俗议》中的其他表述中，"士类"一词　67
也用来指代那些获得了最起码的为官资格但却很成问题的人，例如那
些在会试中屡屡落榜却利用甚至滥用自己的身份谋取私利的举人[17]，
还有那些向政府捐献财物而进入国子监学习的学生，他们并不像贡生
一样是被选拔上来的。[18]管志道对于"士类"狭义的诠释，说明他试
图通过区分"异姓无官者"（在他看来，这些人是"士类"的主要组
成部分）与致仕官员，而将那些真正在朝廷里做官的人与那些尚未做
官、只是候选的人划分开来。事实证明，他也确实对新考取举人或进
士的人不尊重朝廷官员的现象表示过不满。

　　为什么这些从未追求过功名的地方精英能够被划入士的范围呢？
在管志道那里，虽然"士类"主要指的是那些已经拥有某种正式授权
的人，但"无官者"这一范畴却比"士类"更为宽泛，其中的确也包
括了那些衰败的官宦家庭的成员。由此可见，"无官者"是一个很笼统
的词汇，所有被排除在拥有正式的官职或至少获得了科举功名的士和
士型阶层模糊界限之外的人都可以被纳入"无官者"之列。正如管志
道所诠释的那样，明初规定之所以设立这样一个范畴，其目的是要将
那些与致仕官员、在任官员活跃在同一个社交圈的人都涵括进来。但
与此同时，又必须把这些人同官员严格地区分开来。当致仕官员遇到
无官者时，他们的态度会很友好。但与此同时，对于官员候选人，以
及不具备官员身份或是从未做官的人，致仕官员又有充分的理由拒绝
答礼。因此，管志道一方面根据国家授权的级别，将士阶层内部的在
任官员、致仕官员与较低级别的士（如生员）划分开来；另一方面，　68
他又试图确立官员在范围更广的精英圈子中的地位。

---

[16]　官员（尤其是高官）的父母、祖父母、儿孙以及其他一些亲戚，可以通过庇荫以及
　　　相关租税、徭役的豁免权享受到一定的特权。（有关免除官员及其家庭成员徭役的法
　　　律规定，见朱元璋：《皇明制书》卷2，页393–397。）

[17]　在明代，朝廷的法令规定：如果举人没有获得官职，或在会试中两次落第，则他的
　　　身份将有所变化。例如，他可能会成为某个衙门的师爷，这当然是一个毫无社会地位
　　　的职位。事实上，他也因此而失去了缙绅或士的身份（同时也失去了与此身份相关的
　　　所有优势和特权）。但朝廷则得以利用他的能力为其服务。有关管志道对这一规定的
　　　讨论，见《从先维俗议》卷3，91a。

[18]　《从先维俗议》卷3，91a。

　　然而，对于具有其他身份特征——如财富和学问——的人（除了年老的富民），管志道却连较低级别的士的身份都不愿赋予他们。但这一点只在理论上行得通，很难落实到实践中。例如，明朝政府为了解决边需问题，卖官给富民以增加税收，并允许其纳粟入国子监。管志道对此十分不满，并对富民所获得的这种权力和影响力极度忧心。此外，教育与文化这两大因素更难被排除在士的身份标准之外。对于究竟是应当追求一种统一的社会等级制度，还是应当维护灵活变通的儒家传统这一问题，管志道显得犹疑不决。他所要回应的不单单是一种理想模式，更是他身在其中的那个复杂的现实世界。因此，尽管管志道已经竭尽全力，试图在一个以国家为核心的社会模式中，对"士"一词的含义做出全新的诠释。可实际上，他却并没有能够将自己对该词的诠释完全限制在国家授权的范围内。

　　首先，让我们来看看管志道曾经提过的所谓的"山林隐逸怀才抱德之士"。这些人不在庙堂之上，故远离政治权力中心；他们潜心为学，目的却不在登科中举或是名声大噪，而只是为了提高自身修养（他们只要愿意，便完全有能力出任朝廷命官）。虽然管志道对孟子赋予"德"的高贵地位进行了贬抑，但他还是不得不在一定程度上肯定"德"这一因素的重要性。他认为，倘使地位尊贵者或是年长一辈遇到了品德高尚的人，即便这些人地位卑微、年纪较轻，前者也必须尽量纡尊降贵。虽然依照这个观点，品德高尚的下级或晚辈仍不能要求与上级或长辈平起平坐，但这却反映出了管志道思想上的一个重大让步，表明了他对如下观点的肯认：即便是至德之人，虽然他们理应获得朝廷的最高官职，但仍有可能不被君主赏识，而其个体本身的价值却应当得到肯定和尊重。这一主张对于以孔子为代表的儒家传统极其重要，其对有关身份地位的思想观念也有深远的影响。管志道并不想完全否定"德"的意义，因此他才会使用"山林隐逸怀才抱德之士"这类词语，以将那些既无功名也无官职，但却"怀才抱德"的人也涵括在士之中。他曾明确指出自己其实十分重视这些人。

　　相比之下，管志道对于第二类无官之士——处士（shi not in

official employment）则没有任何好感。与山林隐逸怀才抱德之士一样，处士也不是因为拥有官员身份或是有意进入仕途才被划归为士的。[19] 管志道在使用"处士"一词时，还提到了其他一些相关的描述身份地位的词语，同时他也指出了这些概念的模糊性：

> 缙绅（degree-holders）罕有以德行式乡间者；有司（officials）亦罕有以纪纲维薄俗者。而处士得以横议行其间，是以里巷细民（the little people of the villages and side streets），与异姓无官者混（mingle and merge）；异姓无官之滨于士类者（who come close to being of the shi kind），复与章缝之客（sojourning officials）混。[20]

在这段文字中，管志道一共提到了四类人。其中"有司"与"缙绅"两类人拥有正式的地方领导者身份，但前者是在任官员，后者则只是当地居民。第三类人是"处士"。他们虽明显不同于缙绅，但仍属于"士"。[21] 第四类人是"里巷细民"，也就是庶民。在当时的社会环境下，各个阶层之间的界限遭到破坏，由此而导致了一系列连锁反应。本应在社会中发挥领导作用的地方官员、致仕官员以及其他缙绅玩忽职守，结果使得处士趁机干涉地方事务（"以横议行其间"）；而庶民也渐渐侵及"无官者"的身份（这里的"无官者"大概是指处士以及那些从未出任官员、只获得过很低级别的功名的缙绅）。"里巷细民" 70 混同于"异姓无官者"的现象显然有违 1379 年法令的规定——庶民即便与致仕官员有往来，也只能通过谒见的方式拜访致仕官员。而各类士人都进入到致仕官员所在的部分社交圈中。最终，整个身份等级制度都陷入了混乱之中。

---

[19] 《辞海》对"处士"的解释为"有学行之士而隐居不仕者"（见《辞海》，页 1183）。这一解释明确指出处士是无意入仕者，而不是较低级别的缙绅或是不在任的官员。同时，该条目也说明了"处士"一词的含义并不总是消极的、负面的，其所引用的《荀子》例句就比较正面、积极。

[20] 《从先维俗议》卷 1，页 36a.。

[21] 管志道对"处士"与"缙绅"的区分，与上文提到的《辞海》对"处士"一词的解释——不再追求入仕为官的人——是完全一致的。当然，相较管志道，《辞海》中的"处士"具有更多正面的、积极的意义。

除了身份混同问题，管志道专门提到一类态度十分放肆的人。对待这些人，致仕官员应当像对待"无官者"那样漠然，决不可答礼：

> 仅有非幼交，非穷交，又非山林隐逸怀才抱德之事，挟有一艺一能，辄责达尊以平交之体。[22]

按照这种说法，似乎当时有很多自命不凡的人，仅因其拥有"一艺一能"，就妄图与达尊贤贵平起平坐。那么，管志道在此究竟指的是哪些人和哪些现象呢？晚明时期，官员与学者组建了许多诗社以便相互交流、切磋；每一种艺术形式也都有相应的鉴赏行家出现；人们热衷于购买、出售和收藏各种物品（人们有时关注的只是这些物品的市场价值），从人工制品、文物、稀有植物、奇石到书画作品甚至善本书籍，可谓五花八门、应有尽有。[23] 这便为众多的专业艺术人士提供了发展机遇。商业市场中畅销的，不仅有纯文学的作品，还有科举考试的范文。这些文章也在诗社、文学社的小圈子内部传阅、流通。许多知名学者和官员也都积极地参与到文学、艺术的商业创作与交易过程中来。理论上看，官员阶层与商人阶层之间的界限本就模糊，而上述种种时代变迁则进一步打破了实践中二者的分野。官员的才能日趋商业化；而那些既无真才实学又无（朝廷授予的）正式身份的人为了提高自身的社会地位，便混入了学者与官员的交际圈。在管志道看来，这些现象很可能会使得部分人妄图依凭儒学或官职以外的因素以求获得士的身份。这一要求严重威胁到了致仕官员独有的尊严与威望。其中，管志道最为担心的一类人即是那些以学者或文学家自居、态度放肆的"山人"（mountain men）——他们与那些深居简出、默默无闻的真正的学者截然不同。在管志道看来，对于这类人，就应当严格执行法令中有关"无官者"的规定，以实现对其权力的约束与限制。

---

[22] 《从先维俗议》卷1，页34a。

[23] 见 Craig Clunas: *Superfluous Things: Material Culture and Social Status in Early Modern China*, 第一章；Timothy Brook（卜正民）: *The Confusions of Pleasure: Commerce and Culture in Ming China*, pp.134-139。

据管志道说，自封文人或学者的人中最典型的，要数那些尚未获得为官资格的生员或官学中的学生了。他们并不是在任何地方都被视为社会精英：一般来说，某地的生员或官学学生越少，他们就越有可能获得更多的声望。然而，管志道指出，即便是在他的家乡苏州（此地出过许多的举人、进士和官员），也有许多生员自负地认为自己与官员、缙绅的地位是平等的。[24] 事实上，不仅是生员，许多社学中的学生也是一样的放肆傲慢、自命不凡。管志道对此更是十分不满。[25] 所有这些学生都属于"异姓无官者"。在一定程度上，他们也可以算作是士，但却完全比不上官员的地位。说得再具体一些，他们便是管志道所描述的那种"挟有一艺一能，辄责达尊以平交之体"的"无官者"。

综上所述，管志道一共列举出四类侵害致仕官员声望和权威的人，包括新考取的举人或进士，官学和社学中的学生，具有文人气的、自命不凡的"山人"和"处士"以及庶民（主要指富民）。在管志道所处的时代，商业经济迅猛发展，人们获得财富的机遇随之增多，接受教育的途径也不断增加，上述几类群体的势力也因此而壮大起来。在对明初法令进行诠释的过程中，管志道将讨论的焦点放在了"无官者"身上（这些人只能勉强算作是士，他们从根本上与真正的士人或致仕官员迥然不同），此举明显是对 16 世纪晚期的社会状况的一种直接回应。但上文提到的"处士"造成的那种身份混乱，却是由另外一些社会变革所造成的副效应。在管志道看来，处士之所以能够干涉地方事务，是因为那些本应领导一方的社会阶层（如县官与缙绅）玩忽职守，未能发挥其应有的作用。故较低级别的士绅与庶民的种种劣行，从根本上是任官员和致仕官员道德败坏的不良影响所致。

72

---

[24] 对于那些"告退之不第生员"，朝廷允许其终身着生员之装束并免除其徭役。对此，管志道表示同意（见《从先维俗议》卷 1，页 89a–b）。事实上，生员一般都不须服徭役（见 Ho Pingti: The Ladder of Success in Imperial China: Aspects of Social Mobility, 1368–1911, p.35）。因此，管志道对地方生员所受到的所有优待以及屡次落第的人所获得的永久性特权和荣誉没有提出任何的异议。这些荣誉和特权并不意味着生员僭越了身份，侵害了缙绅和官员的声誉。

[25] 《从先维俗议》卷 2，页 109b。

科举考试对身份僭越造成的多米诺效应

对于地位卑贱者侵及地位高贵者身份的问题，管志道进行了大量的讨论。他清醒地意识到，事实上，在地方社会礼制已有全面崩塌之势，身份的高低贵贱之分也随之变得混乱不清。这种现象是自上而下的，从官僚体制的最高层，到作为选官重要途径的科举制度皆是如此。柯丽德指出，在 15 世纪中叶以前，科举制度就已经成了最主要的选官途径。因此，在明代，科举制度对士阶层的观念与身份都起着重要的塑造作用。[26] 鉴于管志道在界定士的职业时重点强调了朝廷官员这一身份，有些人便会认为作为国家的选官机制——科举考试所带来的如此巨大的影响，管志道必然对其大加肯定。然而事实却正好相反：管志道认为，科举制度不仅没能令从政或为国效力成为所有社会精英的理想，还由其衍生出了一种风气，这种风气使得人们为了提升

73　社会地位而不断地激烈竞争。管志道担心这种流弊会最终导致科举制度变成个体寻求私利的工具，而不再能发挥其最初招募贤才的功能。但他进一步指出，领导阶层道德败坏的根本原因，其实是因为国家堵塞了其他所有选官渠道，只通过科举考试招录官员。

管志道在哀叹科举制度的负面影响时，也同其他理学家一样强调了"德"的重要性。他指出：科举考试注重的是才能而不是品德，其鼓励人们通过相互竞争提升自身的社会地位，而不需要在意老师或地方官员是否推荐。然而，管志道提出这类观点实在是颇具讽刺意味。在上文中我们已经看到，与孟子和理学家相反，管志道极力贬低"德"在决定身份贵贱方面的重要性。而管志道与理学家虽都对科举考试有所批评，但二者的立场却有着根本性的差别：理学家之所以批评科举制度，主要的理论依据是他们所提倡的"为己之学"（"learning for one's self"）。这种学问不是要学者拒绝入仕或是放弃官职，而是

---

[26]　见 Katherine Carlitz（柯丽德）："Shrines, Governing-Class Identity, and the Cult of Widow Fidelity in Mid-Ming Jiangnan", *Journal of Asian Studies* 56, no. 3 (August, 1997), pp.612-640 ; Benjamin Elman: *A Cultural History of the Examination System in Late Imperial China*, Berkeley and Los Angeles: University of California Press, 2000.

主张学者的尊严和自主权来源于自身的品德。[27] 相比之下，管志道所希望的则是重新建立官员爵位的重要性。管志道指出，在古代，君王在赐爵前会对候选人的年龄与品德进行考量。用他的话来说，即"古之所谓三达尊者合"。[28] 在管志道看来，齿与德的重要性应当通过爵的授予而得以体现，它们不具有独立于爵或与爵相同的重要性。对比孟子为齿、爵、德划分各自管辖范围的做法，三达尊之"合"进一步证明了管志道的思想体系是以国家为中心的。但在他所提出的要在当时的选官体制下重建三达尊统一性的具体措施中，其实还存在其他一些影响身份地位的因素，例如阶层与社群。

在对科举制度的批判中，管志道首先指出，明初以来选官制度上的变革是世风日下的根本原因：

> 古之所谓"三达尊"者合；而今之所谓"三达尊"者分也。盖古者爵人于朝，必兼论其齿德。故"三德"、"六德"、"九德"辨其等；而"强仕"、"服官"、"致政"[29] 当其年。是尊爵即所以尊齿德也。[30]

　　74

> 国初三途并用，实以荐举甄士德，以岁贡养士齿，以科举拔

---

[27] 见 Wm. Theodore de Bary（狄百瑞）：*Learning for One's Self: Essays on the Individual in Neo-Confucian Thought*. New York: Columbia University Press, 1991. "为己之学"出自《论语》。狄百瑞教授将"己"翻译成两个英文单词——"one's self"，以突显该词"修身养性"的含义。这一含义对于理学家而言尤是如此，他们用该词表明其为学的首要目的不在举业而在修身。另参 Peter K. Bol（包弼德）："Government, Society, and State: On the Political Visions of Ssu-ma Kuang and Wang An-shih"一文。

[28] 《从先维俗议》卷1，页5a。

[29] 这三个词语分别出自《礼记》的三篇文字。《曲礼》一章谓："四十曰强而仕"（《礼记注疏》第1卷，页14，见《四库全书》第115卷，页32；译文见 Legge, *Li Chi*, 1:65–66。《内则》一章曰："五十命为大夫，服官政。"（《礼记注疏》第28卷，页29，见《四库全书》第115，页584）。《王制》章曰："七十致政"（《礼记注疏》，第13卷，页26，见《四库全书》第115，页295）；译文见 Legge, *Li Chi*, 1:242。管志道根据《礼记》的这些叙述，推断出古人从初入仕途，到获得官职，再到特定年龄退休的整个次序。

[30] 在此，管志道使用了"尊德"（exalting virtue）一词，这似乎与他的一些论述相互矛盾。对管志道而言，"尊"通常只能指爵位低或年纪轻的人对上级或长辈的尊敬，而绝不可用以表达对某个下级或晚辈的德行的肯定（见上文有关孟子"友其德"的讨论）。但实际上，他是在据德授爵的语境中提到"尊德"一词的，因此他并没有赋予德以独立于爵或与爵相同的重要性。

士才……

自荐途塞、贡途淹，士皆以糊名易书进（"the concealment of names and copying over [of examination papers]"）[31]，而齿德俱在所略矣。[32]

据《礼记》所言，在周朝早期，为了表示对长者的尊敬，君王会将爵位赐予某些达到特定年龄的人。管志道在此指出，某些爵位或官阶实际上也是一种对美德的肯定与赞扬。德行高低不同，所获得的爵位高低也不同。同样，明朝开国前二十年所实行的岁贡和荐举制度也是在以赐爵的方式表示对齿与德的尊重。可到了后来，这两种制度均被取消，官方也不再对齿与德进行表彰。朝廷选官只剩下了科举考试这一条途径，而其考察的重点仅在考生的才能。由此选拔出的官员阶层在人格和品德上均存在着极大的缺陷：

今有贫士[33]家无半亩之官。一旦发迹贤科，又入清要之局，位及强艾，而家囊已赢钜万矣。附公廪之所入有限，私产之所出亦有限。是操何术而然？及夫伤于外而反于家。[34]

接着，管志道对这类人的精神寄托进行了分析：

其生平原无以自乐，而寄诸倘来之物，寄去则不乐，而身心卒不能以无寄。高者犹放情于山水，而卑者遂溺志于牙筹。[35]

---

[31] 糊名易书，"糊名"是指在科举考试结束后，试卷上的考生姓名会被弥封起来，以保证阅卷的公平性。而"易书"则是指相关工作人员重新抄写试卷，以防止阅卷人员认出自己熟悉的考生的笔迹从而作弊。

[32] 《从先维俗议》卷1，页5a-b。

[33] 很明显，这里的"士"也包括一些尚未通过科举考试的人。正如我们在上文所讨论的那样，尽管管志道强调士的职业应当是朝廷命官，士人身份的首要标志是获得了朝廷的认可，但他并不是在所有情况下都只在这一层面上使用一词"士"，有时候他所谓的"士"也并不都是那些已经获得了功名的人。在这段引文中，"士"便指的是那些尚未通过科举考试的儒生（当然，这些人显然也在备考）。

[34] 《从先维俗议》卷1，页5b。

[35] 《从先维俗议》卷1，页5b-6a。

按照儒家的构想,但凡具有强烈道德感的人,哪怕是位高如皇帝者都应该乐意接受他人批评。可事实却并非如此。例如上述这些一朝发迹的官员,因其缺点和嗜好为"后生"和"山人"所知,便要想办法压制批评言论。如上文所言,"山人"依凭自身在文人圈子中的声誉,也要求被纳入士的行列。他们虽被称为"山人"(recluses),却并没有避世或是远离政界,也没有停止对社会和政治发表个人评论。官员为了避免遭到这些人的抨击,便采取了以下手段:

> 以词色假人,以酒色结人。大要在醉后生可畏之肠,而缝山人横议之口。[36]

76

管志道指出,对官员的批评主要来自"后生"和"山人"。而上文所提到的两类侵及致仕官员在地方社会所特别享有的声望的,也恰恰也是这些人。在此,管志道虽将这两类人看作是致仕官员所受到的批评的主要来源,但他却认为最当受指责的应是官员自身。在他看来,官员之所以会招致这些傲慢无礼的批评,正是因为官员自己腐败堕落,自私自利。

尽管行为不端的官员试图拉拢、收买他们的批评者,或是竭力让这些人保持缄默,却无法阻止这些非议,最终导致"自是朝廷所尊之爵,遂不为乡评所重。爵不重而齿德从之。"最先是其爵不为人所尊,随之齿也失去了其权威地位。上文提到,管志道认为致仕官员一般年纪都比较大,在其乡完全可以算得上是长者。然而,这些堕落的、自私自利的致仕官员的所作所为却使得其作为年长者的威望也一并丢掉了,正所谓"显者齿日尊而德日卑,隐者复弁髦之也。齿安得重?"而当齿与爵都失去意义时,"德又无足凭也":

> 正人指邪人为邪;邪人亦指正人为邪。正人拙,邪人巧,拙必不能

---

[36] 《从先维俗议》卷1,页6a。

胜巧。故巧宦之浮誉常胜，而依中庸以"遁世者"每入于不见知之窟。衰世亦言重德，类重伪德耳。

"三尊"俱失其实，则此世界，遂成小人无忌惮之世界。后
77　　辈相率而侮前辈；下流相率而讪上流。殆不知其所底止矣。[37]

科举考试只注重考生（在应试文章中所表现出）的才能，而完全忽视齿与德两大因素，这导致被招录的年轻人大多尚未成熟或是品格卑下，由此而败坏了整个社会的道德风气：在任时，这些人贪污腐败，大肆敛财，抹黑了自己的宦海生涯；及其致仕归乡，又辱没了爵与齿之意义。他们声称自己始终对美德极为尊崇，故"三大尊"中的"德"的标准也因此而变得混乱不堪。致仕官员在地方社会的所作所为，使得科举考试重才能而轻齿德的倾向愈演愈烈。这种倾向的影响不只限于朝廷与政府之内，更发展成明代的一种社会风气。众人在此风气的驱动下纷纷相互竞争，以期获得权力与地位。

该社会风气的一大表现，即所有人——上至身处高位的官员，下至前途光明的举子——都汲汲于他人的举荐与庇护，以求在宦途上步步高升。这种现象最为管志道所深恶痛绝。然而，管志道的这一批评，却隐含着某种讽刺意味：相较举荐制度，明太祖最初其实更加认可科举这一选官途径，其目的正是为了避免形成官官相护的局面。至 15 世纪中期，举荐制度屡遭质疑，被视为官员相互庇护的根源，故最终被废止。而管志道在哀叹举荐与岁贡制度均被取消的同时，却几乎从未提到早在他批评科举制度之前，上述这两种选官途径其实也曾遭到过类似的指责：官员、尚未接到朝廷委派的缙绅、尚未获得功名但却胸怀抱负的士子以及久居乡里的致仕官员——恩施关系将所有这些人关联在一起，他们为了自身利益，常常相互庇护、拉帮结派。没有官职的士子为了获得认可、举荐和委任，往往会拜致仕官员为师或是成为其拥护者。其中，最主要的两种恩施关系，一是在乡试或会试中登第的考生与其考官的关系，一是在任官员与提

---

[37] 《从先维俗议》卷 1，页 6b~7a。此段引用了《中庸》中的词句，其英文为笔者所译。

拔他们的、更高级别的官员之间的关系。考官通常被尊称为“座主”
（examination masters）；而上级官员则被尊称为“举主”（recommendation
masters）。[38] 管志道指出，到了明代，这种风气更加兴盛：考生和下级
官员甚至将这些有恩于他们的“座主”和“举主”称为“老师”（还
有其他一些类似的说法，例如称考官为“座师”），谦称自己为“门
生”。在管志道看来，门生感激举主或座主，本无可厚非；倘使某位考
官或上级官员算得上是真正的道德楷模，抑或是对考生或下级官员有
所提点和启发，那么将之称为“老师”更是合情合理。但却绝不可只
为了谄媚考官或上级官员，表达自己的政治忠心就滥用这一称号。他
所指出的这种滥用“老师”称号的现象其实也是新近才产生的：虽然
会试的主考官最先被称作“老师”大约是在 1420 年或 1430 年，但举
主以及教育体制中的其他官员（如房考）被称为“老师”，却是从嘉
靖年间才开始的。[39]

　　在讨论考生与考官的关系时，管志道对士大夫之间的恩施关系表
现出了一种轻蔑的态度：

　　　当事，则行师之实以代君；谢事，则避师之名以还君？[40]

在此，管志道强调了君主的重要性，这也反映出了他在《从先维俗

---

[38]　贺凯教授（Hucker）将“座主”译为“Examination master”（见氏著 Dictionary of
　　　Official Titles, p.522）。他认为该词最早出现在唐代，其不是头衔，而是考生对于主
　　　考官的一种尊称。有关唐朝中举者对考官的谢恩仪式，可以参看 Oliver Moore, "The
　　　Ceremony of Gratitude" 一文。管志道也认为“座主”一词始于唐代。但他还指出，称
　　　座主为“老师”是明朝才有的现象（《从先维俗议》卷 2，页 113b－114a）。有关“举
　　　主”，贺凯的书中没有相应的条目。诸桥辙次将该词释为“被举荐为官的人对其推荐
　　　人的称呼”，见《大汉和辞典》第 5 卷，页 425，其中引用了《宋史·选举志六》的
　　　内容；《汉语大词典》对该词的解释与《大汉和辞典》几乎完全一致，见第 9 册，页
　　　1294。而管志道谈及二者时则谓：“座主，拔后进于糊名易书之中，既以师称。则举主
　　　拔下僚于循名责实之后”（此处的“举”不同于早期举荐制意义上的“举”），见《从
　　　先维俗议》卷 2，页 117b。
[39]　《从先维俗议》卷 2，页 113b－114a。管志道的论述与 Dreyer 的研究结果完全一致。
　　　Dreyer 认为，永乐时期结束后，一种强大的官僚文化才开始兴起。见 Edward L. Dreyer:
　　　Early Ming China: A Political History, 1355–1435, p.140。
[40]　《从先维俗议》，卷 2，页 118a。

议》一书中始终强调的一点：重要的国家制度不应当因为其他次要问题就有所改变，制度的实施者也不能为了扩张个人势力而滥用这一制度。具体而言，管志道是在担心，倘使一味强调考生要对考官的知遇之恩感激涕零，而不是报答君主，为君主服务，便会进一步促使党派的形成，并为其存在的合理性提供理由（因为那些蒙受恩惠的门生都成了座主的追随者）。用管志道的话来说，即是"不党臣而负君"。[41]

此外，管志道还进一步指出：过分重视恩施关系，损害的不仅是政府宏大的政治目标，更是那些最根本的社会关系：

业师[42]与座主孰重？父之至交与年伯[43]孰亲？

一个人同父亲真正的朋友之间的关系，自然要比其与同窗的关系更为亲近。同样，一个人与授业解惑的老师之间的关系也远比其与考官的关系更为重要。管志道的这一论述与他之前强调的官员应当尊重自己的"幼交"（friends from childhood）与"穷交"（friends from before their success）的立场极为相似。然而，管志道却十分担心举子们看重与这些名义上的老师——考官的关系要远远胜过与真正的老师的关系。身处晚明时局的他曾哀叹道："可师者，不师诸口；而称师者，不师诸心"。[44]概而言之，管志道认为，科举考试考官的地位日益重要，这不仅僭越君主之权，也侵及了老师的地位：

然而命座主者其谁也？君也。奉君命以取士，而居之以为功，又

---

[41] 《从先维俗议》卷 2，页 118a。

[42] "业师"，"业"通常指"学业"（见《汉语大词典》第 8 册，页 1297）。但在大多数情况下，"业师"专指那些辅导学生举业的老师，因此我将其翻译为 "the teacher who teaches one the curriculum"。关于业师，管志道曾曰："今之所谓师者，不但非古人之人师，亦非古之经师，不过以举子业相授耳。"（《从先维俗议》卷 1，页 53b）但比起那些名义上的"老师"——座主和举主，管志道更加看重这些业师。

[43] "年伯"，《大汉和辞典》的解释为："对与父亲同年进士及第者的称呼。后来也用来称呼与伯叔辈同年进士及第者，以及与自己同年进士及第者的父亲"。见《大汉和辞典》第 4 卷，页 518。

[44] 《从先维俗议》卷 1，页 41b。

树之以为党，上既嫌于攘君恩，下又嫌于侵师道。[45]

基于如上种种原因，管志道在座主或举主是否可以被称为"老师"的问题上显得犹疑不决。在他看来，对座主或举主表示感激是十分必要的，同时他也承认这些人中确有一些可以算得上是真正的老师。但有一点十分明显，那就是他坚决反对与科举考试相关的官员以师生关系的名义结党营私，也反对人们在恩施关系中使用"老师"这一称呼。他认为这种方式贬损了"老师"这一称号的意义。明代社会中所有这些丑恶的现象，都是因为国家只采取科举制度这一种选官制度所导致的。

然而，相比恩施关系，平交之人所结成的强大联盟对社会的负面影响更是巨大。管志道指出，当时的官员一旦致仕归乡，必定会"略先后辈之分而叙旧寅"。[46]上文曾经提到，为了在地方社会中确立爵的优先性地位，管志道限制了齿的重要意义。由此可以推知，他对致仕官员的批评，必然是指这些人在群体内部"略先后辈之分"——具体而言，即违背了1379年法令所规定的爵位相同的官员交往时当有辈分高低之分。管志道指责这些致仕官员只与先前在某个机构里供职的同僚相交往，却不顾官员阶层内部的爵位高低与年龄长幼之分。

如此一来，致仕官员便为士类中的无官者树立了"榜样"，后者 81 也像他们只重视朋辈之间的关系，而不尊重长辈。因此，根据管志道的观察，当时的道德与社会风气自上而下散播开来，对权力的渴望不再仅限于官僚阶层（在任官员和致仕官员），更进一步渗透在选官制度的每一个层面，包括那些刚刚考中举人或进士但却尚未获得官职的人，甚至还有贡生以及地方社会上的其他一些既没有功名也没有官职的人。这些人通过组建自己的党派，便可在地方社会上掌控大权。管志道在描述这些同党之人所结成的权力联盟时选用的词组，与他在描述由自私自利的座主或举主所操控的恩施人际网时所选用的是同一

---

[45] 《从先维俗议》卷2，页115a。
[46] 《从先维俗议》卷1，页14a。

个，即"党"（faction）。他在对地方社会上这些党派的描述里说道：

> 士气日骄，浸不可制……贤者无党，而不肖者多党。一呼，则数十成群，强府县以理外法外所不可从之事。稍拂其意，则攘臂奋袂，哄然而起。提调官[47]莫可谁何。于是"蓝袍大王"之号兴，而贤者且为不肖者所累矣。
>
> "风相扇，气相求。"于是乡榜中人，亦倚其同袍之众，而侮甲科之寡助者。会榜中人，又恃其新进之炎，而侮先达之失势者。事入公庭，彼此互夺，寡必不能胜众，冷必不能胜炎。[48]

82　这两段文字对"党"，或曰横向权力联盟（horizontal power alliances）在地方社会上的影响力进行了详尽的描述。

　　究竟是谁在操纵这些党派呢？文中的"蓝袍大王"（Great Blue-Robed Kings）一词为我们提供了线索。明清时期，蓝袍，或曰"蓝衫"、"青衫"，均指生员。[49]这就说明第一段中提到的那些在地方上惹是生非的士人正是地位卑微的生员，他们拉帮结派，称霸一方。生员属于没有官职的士人（他们其实连为官的正式资格都没有）。按照管志道以及明朝法令的标准，他们的地位显然应当在致仕官员之下。然而，上文的描述却清楚地表明他们操控着地方社会，甚至连府官和县官都要俯首听命。第二段文字则指出当时那些汲汲于寻求恩施关系或是个人升迁的新进进士对已经失势的致仕官员态度极为轻慢，有些新进举人甚至还欺辱地方上的进士。这些新获得功名的人为什么要如此而不是巴结这些步步高升的人呢？管志道的描述向我们表明，地方党争其实有一套自己的规则，因此不同于朝廷上的党争。在地方和朝廷上，党派人士均不会在意辈分资历这一因素。但在地方上，"爵"的影响力有时甚至也会被党派人数上的优势所取代。

---

[47]　官员在日常政务之外，还被委派负责某些特别事务，称为"提调官"，见 Hucker, *Dictionary of Official Titles*, p.497。

[48]　《从先维俗议》卷2，页98a-b。

[49]　参《汉语大词典》相关条目，见第9册，页589；第11册，页528。

　　但是，管志道仍然认为，地方党争是因朝廷党争而起，后者所导致的对爵位的不尊重直接导致了前者。"少可以陵长，则贱亦可以陵贵。"[50] 管志道所谓的"贵"，是指有官职的人。在此，管志道所描述的三大尊渐渐败落的先后次序，似乎与他在论述科举制度所导致社会衰微的种种现象时描述的有所颠倒。在前面的论述中，腐败堕落的致仕官员所造成的恶劣影响首先导致了爵的衰微，随后才是齿的衰微；而在这里，因为恩施关系，齿的权威逐渐被忽略，其次才有威胁爵的地位的权力联盟形成。相较人们对恩施关系的狂热追求，这些权力联盟的形成代表着一个社会衰败愈加严重的阶段：爵与齿的重要意义统统被无视了。那种一味追求个人社会地位提升的社会风气"渐染成俗，致令老者、尊者日诎，少者、卑者日肆。"[51]

83

　　更为严重的是，这种寻求恩施和组建权力联盟的现象不仅限于官员、新进缙绅和生员的圈子，就连那些不具有任何官方正式身份或是无意入仕的人也都如此。这些人（包括"山人"）虽无官职或功名，但却是地方层面权力政治的参与者。如上文所言，他们的议论和诽谤使得致仕官员大为不安。对于"山人""奔走高门"（他们通过这种办法参与到恩施关系的权力游戏中），甚至组建党派的现象，管志道予以了严厉的斥责。[52]

　　此外，上文还提到另一类对行为堕落的致仕官员大加议论的人，即所谓"后生"。管志道将"蓝袍大王"（作为一方霸主的生员群体）以及其他没有官方身份的年轻人都归入此类：

　　　　今有父兄所不可训之子弟，一隶籍于黉宫[53]而称"举子"（prospective examinee），辄嚣嚣然自负青云之客，而欲与先生居位并行。府县所不见收之狂童（Wild youths），一染指于文墨而称山人，辄诞诞

---

[50]　《从先维俗议》卷1，页18b–19a。

[51]　《从先维俗议》卷1，页11b。

[52]　见《从先维俗议》卷2，页90b以及卷5，页21a。

[53]　黉宫，即学宫，旧指各府县的孔庙，为儒学教官的衙署所在。见《汉语大词典》，第12册，页1015。

然自拟竹林之贤，而思与卿相分庭抗礼。之风也！之俗也！[54]

上述这些嚣张放肆的后生中，不仅有官学里的年轻学生，还包括了那些没能进入县学和府学的年轻人。此外，在《从先维俗议》其他一些章节中，管志道还提到了社学中的"可畏后生"，他将这类人也纳入"后生"的行列。虽然社学基本上只是初级学校，可多数社学类似书院，因此社学中学生的年龄很难被测算。[55]但上文部分语句表明，这些县学里的学生以及其他尚未入学的子弟，其实都只是刚刚开始接受正规的教育。这些人的真实年龄和社会地位如何尚且不论，但就其品行而言，管志道却有如下的论断：

> 未婚未冠之弱子，稍有文名，便分先达之席。不士不农之侠客，一联诗社，即躐大人之班。而异途亦且壤臂焉，以为下流既可混于上流，则杂流岂不可混于正流也。[56]

"弱子"（未冠，说明这些人未满 20 岁）侵及了长辈的地位，而"侠客"则僭越侵及了官员的爵位。"侠客"大致近似于先前提到的"山人"。他们所创办的诗社，为那些希望在科举制度之外确立个人地位的人相互结党提供了社会环境和制度上的便利。而所谓"异途"则主要指的是那些通过向政府捐献财物而获得功名或官职的人。上文曾提到，对于政府卖官的做法，管志道极为反对。[57]为了改变科举选官所导致的社会衰败，管志道提出致仕官员与其他缙绅应当采取一种新的社交礼仪。这种经过修正的礼仪，不仅在缙绅与生员以及没有官员身份的人之间划定出一个清晰的界限，更在买官者与考官之间划定了一

---

[54] 《从先维俗议》卷 1，页 11b。

[55] 《从先维俗议》卷 2，页 109b。见 Schneewind, *Community Schools and the State in Ming China*, p156。

[56] 《从先维俗议》卷 1，页 19a。

[57] 贺凯（Hucker）教授将"异途"释为："irregular paths of entry into officialdom, e.g., by purchase of a title or rank"（*Dictionary of Official Titles*, p.270）。在《从先维俗议》卷 3 中，管志道提到富民可以通过纳粟、纳马买到官职（《从先维俗议》卷 3，页 91a）。有关管志道对政府卖官鬻爵的批判，见《从先维俗议》卷 3，页 94a。

个清晰的界限。此举也极大地改变了社会威望的分配格局。

扬爵抑齿　以防僭越

管志道描绘出一副社会风俗整体衰败的黯淡景象。恩施关系模糊了民众与君主、学生与老师、晚辈与长辈的关系。地方社会上的地位等同之人组建起了各种团体，其他地位卑微或是毫无官职的人也结合成为权力联盟，他们之间激烈的党派纷争严重威胁着爵与齿两大价值的主导地位。对于改变时局，管志道并没有抱太大的希望。在他看来，采取任何直接、激进的措施或是利用政府的政令，都不可能达到任何实际的效果。他将自己的书命名为"从先维俗议"，也大量援引了明初的法令。不过他并不认为，仅仅通过援引法令或是采取强制措施，就能扭转他所描述的社会的诸种不良发展趋势。

管志道坦言，想要真正让人们尊奉他从明朝法令与儒家经典中提炼出的理想化的礼仪已经是完全不可能了。他预言道："狂子必以横议挠其间。"[58] 这里的"狂子"（wild people）既包括了"山人"，也包括了上文提到的放肆无礼的"后生"。在《从先维俗议》第一卷中，管志道反复强调了这一观点。例如，他曾指出，无论是试图通过学校的教育来改造这些后生，还是试图在学校之外，以法令来约束这些狂妄自大的年轻人，所有这些努力都将是徒劳的：

> 将以先王之教裁之，既自逃于教外；将以时王之法束之，又自逃于法外。[59]

管志道承认，《从先维俗议》的两大理论来源——儒家经典与明朝法令在阐发诠释以及具体实施的过程中都存在着一定的局限性。而他也在书中反复声明：他并不指望自己的著述能够极大地改变时代状

---

[58]　《从先维俗议》卷 1，页 25a。
[59]　《从先维俗议》卷 1，页 11b–12a。

86 况。他曾哀叹自己有关社会关系的构想其实根本无法落实在实际生活中。他只能寄希望于后来者——"学古入官之君子"[60]，期望这些人能够继承他的志业。

面对当时的境况，管志道提议：与其试图直接令"无官者"与庶民谨遵礼法，不如先在在位官员与致仕官员内部重新恢复起恰当的交往礼仪。他写道："吾侪之所当亟讲者，'居乡序爵，爵同序齿'之宪章也"。[61]管志道特别强调，致仕官员应当负起为地方社会树立良好典范的重要责任。而当再次提到放肆无礼的后生时，他指出"所以驱之至此，则吾侪与有过焉。"为此，他还引用了《大学》中的话作为佐证："君子有诸己而后求诸人，无诸己而后非诸人。"[62]致仕官员倘若想着手改变地方社会的状况，就必须首先对自身的行为进行审视。这种解决问题的方式与管志道对时代衰微的描述是极其一致的。在他看来，在当时的社会中，三大尊——贯穿于整个社会组织结构的重要纽带——的没落，正是肇始于自私自利的官员的不端行为。

那么，究竟致仕官员该如何改正自身行为以树立起地方社会所急需的典范呢？说来也怪，为了恢复爵、齿、德在士大夫阶层内部的平衡，管志道竟然更改了明初法令中所规定的对于爵位差异性的尊奉，
87 即所谓致仕官员在交往中应当"居乡序爵，爵同序齿"。联想至上文，在引用明初法令以突显致仕官员在地方社会中的地位时，管志道将该问题放置在某种传统架构中进行讨论，该传统通过古代规范的礼仪而得以留存下来（其相悖于朝廷所制定的礼法），其与地方社会中齿与爵的相对优先性密切相关。具体而言，他曾引用《孟子》中的"乡党莫如齿"以及《礼记》中某个与此颇为相似的论断作为佐证，并进一步

---

[60] 《从先维俗议》卷2，页15a。在此，管志道实际上扮演了一种与他所认为的、撰写《春秋》的孔子相类似的角色：自己虽然身不在实施改革之位，但却至少希望能够保护并继承古代所遗留下来的文化精髓，可参见《从先维俗议》卷2，第59b页中管志道的声明以及下文管志道有关孔子历史地位的讨论。

[61] 《从先维俗议》卷1，页25a。

[62] 《从先维俗议》卷1，页12a。此处引文出自《大学》"传"第九章，英文译文（The noble man seeks a quality in others only after he possesses it himself, and criticizes a quality in others only after he himself is free of it）出自笔者。（理雅各将此处的"君子"译为'ruler'，而管志道在这里所讨论的显然是致仕官员，因此我没有采用他的译文。）

阐明明初的这些法令是如何能够从根本上与齿在地方社会中的原有的优先性地位保持一致的。不仅如此，他还认为正是这些法令使得齿与爵达到了平衡，而这种平衡与古代经典中的价值也是完全一致的。乍看起来，管志道的这一论述似乎表明了他所做的只是努力调和他所支持的朝廷法令与经典规定而已——他将礼仪经典对爵、齿、德三者的平衡作为基础，以此证明明太祖对于爵尤为重视。然而，当管志道发现仅靠援引朝廷法令与礼仪经典不能解决问题时，他还提出了自己的创见，以扭转他所谓的时代之衰微。他在我们先前所分析的那些社会结构之外，成功构建了一个全新的、统合了爵与齿优先性地位的社会体系。他改变了明初法令所规定的官阶、爵位的重要性，甚至还将爵的重要性置于齿之下，从而最终把齿的优先性地位重新纳入到讨论中来。

管志道宣称，他对朝廷法令所做的修改，都只是为了实现法令的意图。可实际上，这些修改的数量却极为庞大。其中，他提出了如下一条建议：

> 爵者，朝廷之所尊也。居乡，且毋言尊爵，而先讲古人长长贤贤之道。
>
> 　德者待人而尊，己不得而自有也。亦且毋言"辅世长民"[63]之德，而先从贵贵（第二个"贵"指的就是那些有官阶的人——笔者注）之中，敦长长之节。
>
> 　其义则取裁于酌古准今 (assessing antiquity to set the standard for today)[64] 之间。

88

---

[63]　"辅世长民"一词出自《孟子》。参见上文有关"三大尊"的讨论。

[64]　虽然管志道没有给出"酌古准今"一词的出处，但该词显然取自明太祖的律令。其实，在律令颁布以前，"酌古准今"一词就已经出现在《礼仪定式》（该文主要阐明了与君主有关的礼仪规范）的前言中了："圣朝天子所以一，即命儒臣酌古准今'，'定礼交制，颁示中外'。"见朱元璋，《礼仪定式》（Fixed forms for rituals and ceremonies），《皇明制书》，第8卷，页1a，见《续修四库全书》卷788；《皇明制书》，Tokyo: Koden kenkyūkai，第1卷，页453。《汉语大词典》对"酌古准今"的注释为"择取古代之事，用来比照今天的情况"（见《汉语大词典》第九卷，页1371）。该条目所引用的例证虽完全没有提到明太祖，但最早的例句确是出自明代（其中包括一条张居正的上疏）。但在儒家经典，如《礼记》、《大戴礼记》《周礼》《仪礼》《孟子》《尚书大传》和《周易》的索引中则未见此词。

盖古人虽言"居乡尚齿"（ residents in the localities tak[ing] their places according to seniority ）[65]，而齿必从伦辈（ appropriate groupings ）[66]中叙也。伦辈中，当从二叙：一从天之所秩以为序，则年分之先后是已；一从君之所收以为序，则科分之先后是已。从天叙者，法孔子之先进礼乐；从君叙者，法孔子之宪章文武 [67]。二义当相参，而官阶之升沉、显晦弗论焉。何者？官阶论于朝廷，不论于乡党也。

唯伦辈不可不论，则必据出身资格以参之。[68]

89　在这段论述中，管志道首先阐明了儒家经典中有关齿在地方社会的优先性地位的基本原则。进而，他又将爵位与年龄的优先性地位关联起来，并把道德的重要性置于二者之下（在其他许多篇章中，他也是这么做的）。他指出，在自许己德之前，人必须先"从贵贵之中，敦长长之节"（ treating elders as elders while treating the noble as noble ）。最后，他提出了两种致仕官员在地方社会中所应遵循的资历标准：第一种是基于实际年龄，称作"年分"；第二种是"科分"，即通过科举考试的年份。[69] 在此，管志道将科举中第的先后次序视为年龄长幼之外的另一种资历类型。并且，他还明确指出，在地方社会中，人们不需要将爵视为最主要的资历标准。这里有一点非常值得我们注意：管志道声称，他所提出的这条建议，实际上是为了践行（明太祖的）"'居乡序爵，爵同序齿'之宪章"。在明太祖那里，爵位的差异是绝对的，是不可改变的。譬如，一个晚辈倘若获得了很高的官职，那么他很可能

---

[65] "居乡尚齿"一词出自《礼记》，且与原文几乎一字不差。我修改了理雅各的译文，其中最明显的变化，是用"seniority"来翻译"齿"，而不再用"age"。

[66] 在后面的讨论中，管志道有明确地说明：他所谓的伦辈，主要是指那些以同样的方式获得同级别官职的人，特别是进士。

[67] 该段论述中的两个关键词分别是"孔子之先进礼乐"和"孔子之宪章文武"（上文已经提及，这两个词组分别间接引用自《论语》和《中庸》）。

[68] 《从先维俗议》卷 1，页 7a-b。

[69] 《汉语大词典》对"科分"的释义为"科举中试之年分"，其所引用的相关例句也均与科举制度相关（见在《汉语大词典》第 8 卷，页 49）。这与管志道在此所要表达的含义完全一致。贺凯在 A Dictionary of Official Titles in Imperial China 一书中没有列出"科分"这一词条，在对"科"（与管志道这里所使用的同义）进行解释时也没有提到"科举考试"这一层含义。

完全不需要对一位十分年长但却官职卑微的人表示敬意。但到了管志道这,却说"官阶之升沉、显晦弗论焉"。他拒绝依据爵位的差异对地方社会关系进行等级的区分,哪怕这些差异只是暂时的。那么,他又是如何使得自己的观点与明朝法令的表述保持一致的呢?

在强调法令有关同等爵位的官员之间所应遵循的资历标准的规定时,管志道曾补充道:"此中大有权衡"[70]。他对朝廷爵位的繁复状况进行了详尽的考察,并列举了诸多先例,以说明即便是在法令所规定的那种十分严格的尊爵秩序中,也会有各种各样的例外出现。最终,他得出了自己的结论:地方社会所应遵循的爵位等级秩序必须被简化。对此,他说道:

> 大概爵叙于朝,故有九等。爵叙于乡,可约二等。从小京堂、大方面而上为一等。从众子部、小方面而下为一等。[71]

90

从九个等级化约为两个等级,着实是个重大的缩减。而这一点,其实在管志道讨论官员必须礼敬高龄的富民时就已经体现出来了。

但管志道最终所选定的资历标准却是科分。在他看来,科分不只是对同级官员之间以年龄为基础的资历标准的补充,其本身实际上便是一种等级。他的论述如下:

> 盖同入甲科,即可谓之同爵。仕后升沉不等,正如兄弟同授产于父母,而授后荣枯异齐,相聚则仍以同胞之长幼叙耳。[72]

在此,管志道显然是将人们通常所理解的爵位高低(那些用数字表达的"品级")搁置一旁。他指出,任何两个进士都可以被看作是"同级"的:他们中第之后的宦海生涯与他们的等级高下没有任何的关系。这一非同寻常的表述证明管志道实际上已经做出了让步(正如上文有

---

[70]　《从先维俗议》第 1 卷,页 25a。

[71]　《从先维俗议》第 1 卷,页 29b-30a。

[72]　《从先维俗议》第 1 卷,页 30a。

关科分的讨论中的第一段文字所表明的那样）：他认为"伦辈"之间必须同时遵循年分和科分这一双重资历标准。而所谓的"伦辈"则是根据"出身资格"来界定的。由此可见，管志道实际上是用以科举功名为界定标准的"伦辈"代替了以官职为界定标准的官员群体（以及地方派系势力盘踞的诸多团体）。或者，更进一步说，他实际上是以这些适用于官员候选人的标准对拥有爵位的群体进行了重新定位。[73]

91　　通过对以科分为基础的资历的强调，管志道决定对科举制度进行考察。在此之前，他始终对科举考试在官员选拔制度中所占据的统治性地位表示哀叹，但这也进一步凸显了该制度在当时社会中的真正意义。倘使说进士头衔算得上是当时评判某人是否获得完整从政资格的唯一标准，那么，管志道就会用这个头衔来实现他自己的目的——即强化士人阶层内部的种种分际。他希望该种身份的明确性可以像科举制度所产生不良的副作用一样，逐渐向社会其他阶层渗透并产生影响。根据管志道的建议，唯有进士在与进士交往时，才以科分论资排辈。哪怕对方是具有官职的举人，或是已经接受任命的贡生，或是通过武举入仕的武官，抑或是以吏员[74]身份进入官僚体制的官员，进士都不以科分与其论资排辈，更不要说是那些不具备官员身份的生员或是文人了。[75]

　　管志道将翰林院修撰（他将这些修撰统称为"史馆"）所遵循的礼仪，作为具体落实科分为资历标准的一个典范。他对这些礼仪的描述更进一步地表明，他实际上是用科分代替了官阶："只序科分，不许官阶。"他写道：

---

[73]　最初，管志道在列举有关以科分（order of graduation）为资历标准的例子时，还多多少少对这一标准进行了限定，以表明其与真正的爵位、真正的权威还是有差别的（见《从先维俗议》卷1，页29b）。然而，随着讨论的深入，管志道竟然将九个品级缩减为两个，以便其在地方社会中推广。由此可见，他最初所作出的那些限定变得越来越微不足道（这一点，也同样表现在他用以阐述科分与爵位关系的强调性语言中）。其他一些较为次要的具体的限定，参看《从先维俗议》卷1，页31a–b。

[74]　吏员（Sub-official clerks），这类人从事九年的文秘工作，即有机会获得正式的、较低级别的官职。见 Dardess, A Ming Society, p.146。

[75]　《从先维俗议》卷1，页29b。

国初，亦何必史馆（Historiography Institute）为然？别署皆然。特史馆不变而别署变耳。斯礼虽不入于令甲，而道揆相守以为当然，则亦宪章之遗式也。[76]

92

管志道宣称，以科分而不是官阶论资排辈，在明初法令上是有根据的。而这段文字中的"宪章"一词则表明：管志道又一次隐晦地将自己承继明太祖的作为，与孔子承继周文王、周武王的事迹进行了类比。[77]

可奇怪的是，在《从先维俗议》其他部分的讨论中，管志道又说"序科委非宪章之旧也。以乡党之齿、爵难兼叙，不得不以叙科之法通其穷耳"。由此可见，序科之法只是一种对明太祖的礼仪规范所进行的实践性的、必要的调整。[78] 而这样一种论证，与管志道《从先维俗议》的整个思想框架是一致的。正如我们所看到，他一直在试图平衡齿与爵的重要性和优先性，二者分别代表着"先进之礼乐"与"后进之礼乐"。在后面的讨论中，管志道对以科分为基础的资历优先性地位进行了更为详尽也更加明晰的论证。他假设存在着一种反对叙科之法的观点，这种观点认为官职与爵位其实都基于科举考试的成绩，

---

[76]　《从先维俗议》卷 1，页 8a–b。"史馆"是古代对修撰以及其他翰林院工作人员的总称。该机构本身早已不存在了，但"史官"这一头衔却沿用了下来，用来泛指那些编撰起居注和实录的官员。见 Hucker, *Dictionary of Official Titles*, p.426。管志道称翰林学士所遵行的礼仪为"史馆仪注"，该词既可以代指这种礼仪本身，又可以指记录这种礼仪的文书。"仪注"一词在"节行事例"（见 *HMZS* 卷 20，页 80a；*KMSS* 卷 2）的条目中出现过，例如"祀先仪注"。但我却没能找到任何与"史馆"有关的法令条文（倘使这些条文真的存在的话）。

[77]　参见《中庸》传第三十章，见 Legge: *Zhongyong*, 30:1。

[78]　《从先维俗议》卷 1，页 24–25。"通其穷"一词用典，典故出自《周易·系辞》（管志道也曾直接引用过这段文字，见《从先维俗议》卷 1，页 12b），原文谈到皇帝、尧、舜时说道："易穷则变，变则通，通则久（When one change had run its course, they altered. Through alteration they achieved continuity. Through continuity, they achieved duration）"（英译见 Wilhelm: "Xici, xia", The I Ching, or Book of Changes, pp.331–332）。事实上，管志道并没有完全沿用史馆的礼仪，他根据当时的实际情况对其进行了部分调整。例如，根据史馆仪注，两位进士之间倘使相隔七科，辈分低者就必须要对辈分高者行父事之礼（这与上文曾经讨论过的，《礼记》中所谓的对某些长辈以父事之的范例是一致的）。但管志道则认为在某些情况下，相隔十科以上才需行父事之礼（见《从先维俗议》卷 1，页 31a）。有关这部分内容，我在此不做深入讨论。

可管志道却声称根据经典中所描述的古代礼仪，在地方社会中不应序爵。那他又偏偏要强调以科分论资历高低，此举就真的是"于古礼尽当"了吗？管志道对此回应道：

93 岂谓于古礼尽当？生今之世，纯用"先进之礼乐"，必不行。故不得已而参之以"后进"也。

论"先进之礼乐"，则事亲从兄之外，唯有尚齿、尚德二义，为"野人"之所粗知而已。叙爵于朝廷之上，固"君子之礼乐"也。叙科于伦辈之中，亦"君子之礼乐"也。[79]"野人"恶乎知之？德亦非"野人"之所能辨。所辨者，齿耳。

果从先进，将遂如古人之年长以倍者必父事，十年以长者必兄事，而不论贵贱乎？据礼，"再命不齿于乡"[80]，而"致仕官
94 不与异姓无官者答礼"，则国朝之令甲也。士[81]既贵，亦安肯以"父事兄事"之礼，泛施于乡曲间。

然则纯以爵叙乎？乡党莫如齿，古人之不以爵夺齿也久矣。"三老五更"[82]之飨，天子且进乡髦而班之朝士之上，宁得纯以朝廷之爵叙诸乡？

然则将系叙？唯有科分之先后，与年分之先后可以相参。[83]

在这段文字中，管志道首先指出，在他所处的时代，人们已经无法只将"先进之礼乐"（指文明社会产生以前的上古礼乐）奉为圭臬了。

---

[79] 参看孔子有关"先进""野人"、"后进""君子"的说法，见 Legge: *Analects* 9:1, *Confucius*, p.237。

[80] 改述自《礼记》，见《礼记注疏·祭义》卷 48，第 17 页，《四库全书》第 116 册，页 287。原文为："再命齿于族"（英译见 Legge, *Li Chi*, 2:232），意思是说那些获得第二次委任的人不同于只获得一次委任的人，他们只需对自己家族内部的年长者表达敬意，而无须对所有同乡的长者都如此。本书第二章对这段文字有更为深入的讨论。

[81] 这里的"士"显然是特指地方社会中的官员阶层（例如已经通过正式考核的官员候选人以及致仕官员），而不是指包括贡生、私学老师、文人等在内的一个更为宽泛的阶层。

[82] 见《礼记注疏·乐记》卷 39，第 20 页，《四库全书》第 116 册，页 136。英译见 legge, *Li Chi*, 2:124，笔者将其译文中的"old"改为了"elderly"。

[83] 《从先维俗议》卷 21，页 21b～22b。

紧接着，他列举了一个例证，以说明文明社会对爵的重视应当与古代地方社会对齿的优先性地位的关注相平衡。在管志道看来，古代地方社群对"齿"的关注是持久性的，而且这种关注与文明社会的礼仪也是息息相关的。他将上文曾经分析过的那些经典文本，以及他对《论语》中有关"先进野人"文本的解读（《从先维俗议》这本书的标题正是由此而来）作为这一观点的理论基础进行了论证。与此同时，《论语》中的这段文字也表明：前文明社会的礼乐文化乃是孔子所传承的文化遗产中非常重要的一部分。在这部分论述中，管志道反复讨论到两个方面：一个是作为古代序齿的合法性基础的经典文本，另一个则是他所借鉴的、作为某种地方社会序爵制度基础的经典和朝廷法令。他指出，倘使这两个标准中的一个遭到忽视，则另一个也无法站得住脚，最终二者都将不能以其原始形式——即齿或爵本身——而得到很好的施行。因此，他得出结论说，唯有"爵缘科而叙"，齿和爵二者才能真正实现彼此的协调统一[84]。　95

士大夫阶层的优先性地位原本主要体现在政治权力与恩施关系上，而管志道却通过上述规定，将其一下子转移到了士大夫所在的地方社会与整个士大夫阶层中。管志道之所以反感同乡们对一个人仕途沉浮的关心，很可能是因为他个人的经历。毕竟，在《从先维俗议》撰成大约二十多年以前，管志道便遭张居正陷害，自那以后再没有入仕为官。[85]仕途受挫之后，管志道致仕归乡，度过了二十年的退休生

---

[84]　《从先维俗议》卷1，页30b。齿的优先性地位自上古之礼（即孔子本人所传承的"先进""野人"所尊奉的礼仪）一直传承下来。在对此进行讨论时，管志道意识到这样一种潜在的危险：他所引用的那些以齿作为资历标准的经典文字，很可能会被看作是对地方社会爵的差异性的全盘否定。因此，他特意提醒人们不要误解他的意思。他假设有人对他的理论提出质疑曰："乡党既以尚齿为道，曷不尽扫论科论格之议而蔽之以'野人之礼乐乎'？"（"格"即"出身资格"。当管志道首次提出以科分作为资历标准时，他运用了该词，以将其论述的重心从官员群体转移到"伦辈"）针对这种质疑，管志道回应道："今之狎大人、侮圣言者不少矣"，若再彻底废除地方社会的各种爵位等级（包括以科分为基础的资历等级），则意味着要"扫爵德二尊以应之（意思是说如果这么做，那就是与这些傲慢无礼的人同流合污）"（见《从先维俗议》卷1，页21a）。因此，正如先前所看到的那样，我们必须谨记：虽然管志道屡屡强调说那些正式获得为官资格的人必须严格遵循尊齿的原则，但他却并不认为这一原则同样适用于上述群体之外的人。在阐述缙绅与其他群体的社会交往时，管志道特别强调爵的重要性要高于齿。

[85]　焦竑：《广东按察司金事东溟管公墓志铭》，见《国朝献征录》卷99，页165a-b。

活。在他的家乡，汇聚着众多的缙绅和要员，也许正是这种环境才使得管志道特别强调要采用年分和科分双重标准以判断地位高下。因为唯有同时采用这两种标准，才能够使他与拥有最高级别及最大影响力的致仕官员平起平坐。此外，上文在讨论明初法令有关官员不应对"异姓无官者"答礼的条款时，曾经列出一系列管志道所认为的特例。其中，管志道指出，对于那些失宠或削籍的官员，致仕官员还应当像对待同僚一样对待他们。管志道的这一标准是对全体致仕官员尊严的维护，这种尊严甚至可以被看作是完全独立的，不受任何其他因素

96 影响。因此无论他们最后一任官职重要与否，他们卸职的时间远近与否，甚至也不管他们现在受宠与否（管志道在此没有专门强调是否受皇上恩宠这一因素，但在对恩施网进行批判时，他却特别指出了这一点），致仕官员都应当受到尊重。

上述管志道对于 1379 年法令过分牵强的解读，不仅赋予了地方社会上的致仕官员一种特殊的身份，还提出精英之间的社会交往不应当以官阶为标准，而是应当遵循一种年分与科分相结合的资历制度。该制度所适用的人群至少应该是拥有举人功名以上的人，而齿在这种制度中的重要性也起码要与国家授权的重要性齐平。如此一来，新上任的官员与缙绅便会安于其位，而位高权重的致仕官员的地位也被降至其他势力较弱的致仕官员（如管志道）之下。由此可见，年分的确是一种可以拉平地位等级的力量。

管志道的整个思想体系显然更加强调朝廷法令的重要地位。然而，出乎我们意料的是，他对地方社会官员身份的强调，最终却呈现出一种截然不同的意义。管志道对某些以国家为核心的价值和某些有关地位优先性的标准进行了贬抑（例如，致仕官员的官阶及先前所在职位的相对级别，他们所负责的国家事务的重要程度，以及他们是否受宠），而抬高了那些以社群及阶层为双重核心的价值。作为旁观者，我们可能会认为这些价值之所以被抬高，是受到了管志道自身社会地位的影响。然而，在管志道看来，这些价值却是挽救世道衰微的良药。

第五章

以帝国为中心的儒学

由于孔子和明太祖皆曾向古人学习，管志道遂将两者放到同一个 97 平台上讨论。管志道表达了他对于历史上的孔子和孔子所带来的启示的看法，以及两千年后孔子的形象和思想的发展方向。他严厉地批评时人对于经典的诠释及当中的政治意涵。因此，管志道重新定义和划定了"士"阶层的政治与社会领导活动，以及参与这些活动的条件。

孔子、孔子的遗教及道统

明确地说，管志道并不赞同宋代理学（或道学）的一个重要概念——"道统"。理学家认为，原先在上古圣王的统治下，治统和道统的合法性继承是相结合的。但随着春秋战国晚期政治秩序的崩解，以及孔子，身为一位保护着那岌岌可危的传统之人的诞生，这种继承却中断或分裂了。治统和道统的继承被分割开后，前者落在当时统治者的手里，后者则落入学士手中。更精确地说，理学学说中提到：其一，孔子在意识到当时没有统治者能按上古圣王之"道"治理国家后，即使他没有统治权也没在任何朝廷上担任高官要职，仍自行继承了此"道"；其二，紧继周文王与周公之后，孔子因此成了第一个没有拥有统治者或高官身份的继承者；其三，道统的继承已并非根据实际的统 98 治权来决定，而是按照是否具有此真正的统治之"道"来判断；其四，孟子步孔子的后尘，成了另一名非统治者的圣人；其五，斯道随着孟子的逝世而消失，直到将近一千五百年后，按朱熹最具有影响力的说法，再由几位宋代学者——主要为程颐（1033—1107）、程颢（1032—1085）兄弟重新承接了道统。[1]

所谓学士重新发现已经失去的道统的宣称，在历史上给予了学士及其追随者极大的重要地位。在某种意义上来说，学士肩负了此真"道"的未来发展。在极端的情况下，理学学说暗示了自周朝初期以降，就已经没有统治者赋有天命抑或按着道德权威进行统治。[2] "统"这一概念源自于朝代更替的合法性继承[3]，也突出了这理论内部的紧张氛围，即真正的统治之"道"已经脱离了政治空间。因此"道统"这一概念赋予了理学学者巨大政治影响力的潜能。这相对于当时的统治者而言，使他们具有一定的自主性：统治者需要向学士征求指导；如果统治者不这么做，学士也可以更有信心地认为是他们延续了上古的政治和礼仪传统，遂能在地方上执教与进行领导。

到了晚明，理学家对于这段历史的记述已经成了标准。"道统"的概念于13世纪晚期已获得广大流传，而当朱熹注的《四书》成为科举考试首要的读物时，此概念更是得到了官方的认可和推广。[4] 尽管阳明学派有着不同的诠释，即把南宋士人陆象山（1139—1193）抑或王阳明本人放置在道统的继任次序当中，继承权仍落入学士而并非统治者的手中。[5] 在明初，基于对学士的关注，国家在制定理学为官方的、

99

---

[1] 关于朱熹对于道统继承的看法，可详见《中庸章句·序》，《四书章句集注》，页3。狄百瑞译成 "Preface to the Mean by Chapter and Phrase."

[2] 包弼德，"Neo-Confucianism and Local Society," 8-11。

[3] 包弼德，*"This Culture of Ours,"* 28. 关于道统与正统的概念与关系，包弼德引了刘子健，"How did a Neo-Confucian School Become the State Orthodoxy?," 490-1, 当中的论述。"治统"往往用于表达统治者合法性的继承位置这一概念。明朝的统治者，如永乐皇帝，常直接把"道统"与"治统"并置。他们在回应"道统"对于私人学者道德权威的含义时，以及试图压倒这些说法的过程中，声称对于"道统"与"治统"的继承的权限。见艾尔曼，"The Formation of Dao Learning," 60，转引朱棣《圣学心法·序》，页 1a–28a。

[4] 关于理学如何在元代成为科举考试基本课程的两种论述，详见狄百瑞，Neo-Confucian Orthodoxy and the Learning of the Mind and Heart, 38-66，以及艾尔曼，Cultural History of the Civil Examinations, 29-37。关于科举原先在明初有限的复兴，详见 Dreyer, Early Ming China, 97-8，以及艾尔曼，Cultural History of the Civil Examinations, 4, 37-41, and 89-90。科举成为选官主要的标准，并深远地影响中华文化，均始于15世纪中期。

[5] 见魏韦森，Genealogy of the Way, 96, 167-78。

以科考为基础的正统学说时，将原本的"道统"纳入了国家体制。艾尔曼认为永乐皇帝将自己塑造成圣王的角色，再结合其学士集团，遂声称自己已经将道统和治统重新统一起来。[6]自中古时期以来，学士负责教导统治者；如今，学士的监督任务已经结束，学术教授的重任又回到了统治者的权力范围内。

艾尔曼所谓的皇权专制和宋代道学思想的合作关系，其实经历了长时期的酝酿。除了明朝开国皇帝有过类似的主张，欧阳玄（1283—1357）通过 1313 年，元朝皇帝忽必烈（1260—1294 年在位）把理学定为科举考试的主要内容并倡议理学教育，遂"得帝王不传之学，上接伏羲、神农、黄帝、尧、舜不传之统"的主张，间接地表明斯"道"已经重新回归皇帝所有。[7]然而明显的，欧阳玄在赞扬忽必烈的理学顾问许衡（1209—1281）的同时，也窜改了他对忽必烈的评价。欧阳玄以一项不忠实于道统说的策略性区分，区别了上古圣王以及圣臣、学士的学说，认为许衡"下接"后者而忽必烈则"上接"了前者。[8]因此，欧阳玄把君臣两者设定在同等地位，并重视两者之间的遇合。相反的，按艾尔曼的话，"明朝的皇帝虽借鉴了其道学追随者成圣的理想，但却以公开的言辞将文人所具有的道德正统性的核心地位给撤除"[9]。尽管如此，那些持异议的明代文人仍然或反复地坚持学术自主在文化生活中的合法性，甚至否认皇帝的圣贤，捍卫学士的道德自主性。[10]

又如包弼德与艾尔曼两位学者，便把拒绝当官的吴与弼（1391—1469）及其学生胡居仁（1434—1484）视为对无官职士人的道德权威给予肯定及质疑了皇权（两者皆是理学学说中经常反映出的旨趣）的

[6] 艾尔曼，"The Formation of Dao Learning"，60-3.

[7] 欧阳玄《圭斋文集》，卷 9 页 1a；狄百瑞译"Sage King and Sage Minister,"779。值得注意的是，忽必烈与其理学幕僚对于科举考试仍持矛盾的态度。见狄百瑞，*Neo-Confucian Orthodoxy*，38-50，以及狄百瑞与布鲁姆于"Xu Heng and Khubilai Khan"一文当中的论述。

[8] 欧阳玄《圭斋文集》，卷 9 页 1a；狄百瑞译"Sage King and Sage Minister,"779。

[9] 艾尔曼，*Cultural History of the Civil Examinations,* 111.

[10] 艾尔曼，*Cultural History of the Civil Examinations,* 111；包弼德，"Neo-Confucianism and Local Society," 269-73。包弼德认为"理学在金华的运动虽终止了"，但"理学的地位"在 15 世纪中期又开始浮现。见包弼德，"Neo-Confucianism and Local Society," 269-73。

100

代表学者。[11] 然而，戴彼得却怀疑在吴与弼的时代，道学是否是一个活跃且独立的社会或政治运动。到了 15 世纪晚期，随着王阳明与其学生和反对者的出现，戴彼得却看到了理学激进主义的回潮。这个回潮"引发了在 16 世纪时期就已经分裂的重新政治化话语的复合"，并且重新确认了士人的道德和政治权威。[12] 这样的观点正好解释了为何管志道会急切地批判阳明学派以道统作为当前历史视野的大胆表示。管志道的记述也强调了由王阳明所带动的理学复兴的另一要素。这个要素和道统说相关，但是却具有较少的政治含义，所以肯定是一个没有因为永乐皇帝宣称自己为圣人而消失的要素。这个要素即是在理学学说当中，人人皆可成圣的理念。

101

在《从先维俗议》，管志道对理学学说中的"道统"提出了以下的挑战：

> 且道统亦难言矣。朱子虽原道统之传，来自上古神圣，而遍及洙泗濂洛之间，义多疏略……
>
> 　以五常之世教 [13] 为道统耶？则汉祖唐宗之因时立政，岂外五常？而奚以独隶于儒师？
>
> 　以六经之删述为道统耶？则书契未兴，道统何在？删述后亦

---

[11]　包弼德，"Neo-Confucianism and Local Society," 269-73。另外，"加上国家在财力与力量上的支持，理学已越加成为主流的现象。然而在理学受到官方青睐的巅峰时期，我们发现一位显耀文艺世家的继承人，决意恢复其边缘性。我们不能将吴与弼成圣的决定与其对于宋明两代的皇帝都未能成圣的结论分割开。"（页 272）。艾尔曼，*Cultural History of the Civil Examinations,* 120。

[12]　戴彼得，"Contesting Authority," 282, 290-1。与艾尔曼关于永乐靖难时统治者与理学家的"权宜婚姻"论述（见艾尔曼，"The Formation of Dao Learning," 61）有着显著差异的是，戴彼得将永乐朝学士地位的提升视为道学谱系的挫败（见戴彼得，"Contesting Authority," 287）。另通过私下交谈，2000 年 3 月、2002 年 3 月，以及与编辑于 2006 年 7 月。

[13]　五常之世教，亦称五教。见《尚书》《书经》之《泰誓》与《舜典》。上述记载对五教做如下解释：（一）父义；（二）母慈；（三）兄友；（四）弟恭；（五）子孝。

有汉儒之传经，隋儒之续经。[14] 孰非述作？[15] 胡为乎轲死后，寥 102
寥千有余年，日君、日相、日师，无一与于道统者，直待河南程
氏两夫子出，而始续其传？[16]

管志道在此提出的问题是：二程兄弟据称所继承的一千五百年来没人
继承的道统，其实质究竟为何？如果包括了为了社会关系而进行的道德
说教，那为何排斥汉唐初期统治者的贡献？如果这包括对于经典的修
饰、保存和阐明，那为何排斥在宋代之前的经学家的贡献？管志道认
为"道统"的定义还有讨论的空间，并举出了一些关于该定义内部的
矛盾。管志道甚至进一步表明，若人们将道统视为传心性（即心学），
那也应当考虑把佛教包括在内：

以一贯之心宗为道统耶？则六祖、五宗之直指单传，岂离一贯？
而奚以独归于儒圣？[17]

尽管这像是开放式的提问，但管志道本身对于道统实有很清晰的认
识。为了重新定义此概念，他明确地划分了"道"或"斯道"与
"文"之间的关系。虽然"文"可以涵盖许多意思（如"图文"、"行
文"、"文学"与"文化"），但管志道却选择了一个精确且具技术性的 103

---

[14] 汉代的"传经"表面上指刘向（前77—前6），即魏韦森所谓"春秋谷梁学派的经学
家。"隋朝的"续经"指王通（文中子）的《续诗》与《续书》（见冯友兰《中国哲学
史》，页800）。按吴百益教授的论述，王通也尝试编写一部"新论语"（指《中说》）。
值得注意的是，王通于1530年同时与陆象山入祀孔庙（见魏韦森，*Genealogy of the
Way*, 284n137）。陆象山入祀孔庙也是嘉靖间大礼仪事件的因素之一，也激励了陈建
（1497—1567）写成具有争辩性的作品，《学蔀通编》。刘向于唐朝647年入祀孔庙。他
于1488年与数位自唐代入祀的人物，在程敏政的倡议下，因学说在某些方式上不完
全符合儒家学说，故被罢祀。程敏政认为刘向对《洪范》中关于五行的论述"最为舛
驳，使箕子经世之微言流为阴阳术家之小技"（见魏韦森，*Genealogy of the Way*, 56, 中
所引与翻译的原文）。

[15] 《论语·述而第七》，第一章，亦有提及。我非常感激吴百益教授的解释，即原本看
似矛盾的"述作"，实乃"述而不作"的简写。

[16] 《从先维俗议》卷2，页105a-b。

[17] 《从先维俗议》卷2，页105a。关于此引文所述道统继承概念的政治性因素，已超出
了本文的讨论范围以及管志道本身主要的顾虑。

意义。我将此表达为"成文遗教"。"成文遗教"是关于上古圣王的文字记载，即在他们统治期得到记载和传述的话语、行为及统治制度，并主要收录于传统上被认为是由孔子自周朝初期所流传下的《五经》当中。[18] 管志道在辨别了成文遗教和斯道以后，接着便对孔子所谓的"述而不作"做出如下诠释：

> 观《鲁论》中侍坐言志，诸子可验，其事则皆"述而不作"。遇桓魋之难，但曰"天生德于予"[19]，不曰"天以万世之道统属予也"。遇匡人之难，但曰"文不在兹乎？"[20] 不曰"天之将丧斯道也，后死者，不得与于斯道也"。何哉？道不以仲尼之生不生而有存亡。圣人不在天子之位，但可任文，不可任道也。此仲尼所以"述而不作"也。[21]

在引用了《论语》的情况下，管志道主要是为了强调"德"和"成文遗教"两个概念，以证明"道"这个字在其中的出现并不是针对这两个概念。除非士人同时也是一位统治者，否则他只能负责传承成文遗教而不是斯道。换言之，士人只能负荷有限的重任。管志道这是在间

104

---

[18] 我将"文"，在管志道的讨论语境中，翻译为"成文遗教"，与包弼德对唐宋话语中的"文"为"典籍传统"与"典籍遗教"的翻译与解释，有着共通之处。（见包弼德，*This Culture of Ours*，16, 20。）然而，包弼德所使用的术语大体上指在塑造一个以上古经典为中心的共同传统中，对于文本的书写、整理、编辑、注释以及阅读。我所使用的术语是狭义上指这整体传统中的一个具体概念，即对于早期统治者合乎礼制与道德准则的统治制度的传承，为其主要功能。

[19] 《论语·述而第七》，第二十三章；布鲁姆译，"Selections from the *Analects*," 53。按传统的解释，孔子在周游到该国时，受该国卿大夫的恐吓后，便以此语消除了其弟子的疑虑。

[20] 《论语·子罕第九》，第五章；引自布鲁姆译，"Selections from the *Analects*," 53。孔子乃因被误认，故受困于边境。孔子在此提及文王，标示着他将自己在某些方面，为周初圣王遗教的保存与延续负起了责任。然而按管志道的表示，孔子使用"文"而并非"道"，皆因孔子只能对成文遗教负起责任，不能完整地实行圣王之道。这是一个对于"文"在原文当中极其不寻常的界定，以及是与理学家对于此文的诠释，即将其视为"道"或"圣王之道"不一致的。（比照朱熹在《四书章句集注·论语集注》公冶长第五，页62当中将"文"注释为"道"的诠释。）

[21] 《从先维俗议》卷2，页101b-102a。末句引自《论语·述而第七》，第一章；布鲁姆译，"Selections from the *Analects*," 50。

接地驳斥理学家"自任于道"伟大理想的正确性。这个理想和道统密切相关，是理学家以历史认知为核心，自身"自任"于政府及社会的命运的憧憬。[22] 然而，管志道认为孔子并没作此主张。孔子是扛起了传承成文遗教而不是斯道的重任。另一段引文可以更明确地说明这一点：

> 世咸谓孔子以删述接千古帝王之道统。愚独阐其终身任文统，不任道统。道统必握于有三重之王者。[23]

最后一句话说透了管志道的中心论点：由于只有统治者可以为斯道或斯道的传承负责，故所谓道统将会落入常人之手，这一本应发生的历史性转变并没发生，而且这样的转变并不可取也并不可能发生。从未曾登上皇位的孔子只能负责传述（和阐明）前代圣王的成文遗教，即指其行为、学说及制度的文字记载。[24] 至今，在这些事务上，学士并没有做决策的权威。虽然他们能够凭借身为人师的地位而声称拥有这个权威，但是"师道必逊于作礼乐之天子"[25]。儒师也许会针对这些问

---

[22]　按狄百瑞的话，对于自任于斯道的"道德英雄主义"（moral heroism）是"与道统并存"的。另外，狄百瑞也注意到"自任"，这部分常被引证的章句，出自《孟子·万章下》，第一章。分别见 狄百瑞，*Learning for One's Self*, 29, 99。另见页29–37的延伸讨论。

[23]　《从先维俗议》卷4，页 5a–b。按《中庸》第二十九章："王天下有三重焉，其寡过矣乎！""三重"一般理解为德、位与时，即《中庸》第二十八章的前三句当中所指。理雅各根据这个解读，写成"那三重"，而我为了强调前章所指，故译作"这三重"。同时，理雅各表示朱熹（在《中庸章句》，第二十四章）反而认为这"三重"乃统治者独自权力范围当中的三件事，即同样在《中庸》第二十八章，所谓"车同轨、书同文，行同伦"。另外一种诠释为：此三重乃夏、商、周三代之礼；见理雅各译 *Four Books*, 413。

[24]　包弼德讨论宋代的"学"时对于"文"与"道"的区别比起这两个概念在此的划分有所不同。另外，戴彼得在其博士论文中讨论了明初理学家、政治家与殉道者——方孝孺对于"文"与"道"的观点，也引了一篇方孝孺使用"文统"（戴彼得于此语境中译成"文化传承"Transmission of culture）这一术语的文章。然而，方孝孺概念中的"文统"，按戴彼得的论述，貌似与理学术语当中的"道统"是不一样的。方孝孺表示，"文统"应当参照理学价值标准，即"道统"的价值标准来定义，但却又有别于"道统"，故"文统"涉及文字书写，"道统"则涉及实际行为（戴彼得，"Contesting Authority," 266-7）。相反的，管志道则挑战了道统由学士传承的观念，表示只能把这类传承称为文统。

[25]　《从先维俗议》，页 5a–b。

题进行详述和做出提议，但他们并不是能够决定大体上关于"礼乐"或"道"的政策的最后权威。[26]

在上述关于孔子"述而不作"的引文中，管志道把"成文遗教"和"述"以及"道"和"作"联系起来。管志道明显地假定参与"道统"必须牵涉到孔子本身所否认的"作"的行为，而且唯有统治者可以做出此行为。他紧接着阐明：

106 盖礼乐征伐之权自天子出，则道权亦自天子出。[27]

这段文字说明了"礼乐征伐之权"和"作"有关。管志道实际上是借鉴了《论语》中的一段论述：

孔子曰："天下有道，则礼乐征伐自天子出；天下无道，则礼乐征伐自诸侯出。自诸侯出，盖十世希不失矣；自大夫出，五世希不失矣；陪臣执国命，三世希不失矣。天下有道，则政不在大夫。天下有道，则庶人不议。"[28]

管志道一开始对于统治者独享君权的限定（即他所坚持主张的），构成了后文的基础逻辑。孔子首先描述了天下无道的情况：随着属于低

---

[26] 关于明太祖对孔子以及官员与"士"的看法，分别见范德，*Zhu Yuanzhang and Early Ming Legislation,* 51, 41-3。

[27] 《从先维俗议》卷2，页102a。引文源自《论语·季氏第十六》，第二章；见下注（我的译文）。

[28] 《论语·季氏第十六》，第二章；我译，其中引了理雅各，*Confucius,* 310 以及刘殿爵，*The Analects,* 139 的部分译文。关于此诠释的一个重点，即涉及谁会是失去权威的一方（臣抑或是他们所效劳的统治者）时，我采用了刘殿爵的诠释，但由于当中关于指向命令权威或命令本身的歧义，故也采用了理雅各 "subsidiary ministers"（陪臣）与 "hold in their grasp the orders of state"（执国命）更明确的英文翻译。我将"自天子出"译成 "issue from the Son of Heaven" 而非 "are initiated by"，是为了容纳原文语境中的意思（明指礼、乐、征伐）以及管志道的意译（指对于这些事情所拥有的掌控权）。使用权威自天子出这样的言语，而不是（权）仍由天子持有，是否在暗示统治者授权的可能性？管志道，如他所引《论语》的原文，明确地强调统治者不能转让他的权威，而必须得自己保持着。即便如此，通过下文的论述可看出，统治者仍会将另一种权威授出，而根据管志道的说法，这个权威最终仍在统治者手中：由统治者临时钦派，代理官学的师者的权威。

政治等级秩序的官员的上级（即上自天子，下达诸侯以及陪臣）在各
阶段中逐渐丧失了全部的权威之后，实际的权威逐渐地往这些更低等
级的官员转移。孔子接着提到，当天下有道时，士大夫从不商定国
政，庶民也不议论政府。按孔子对于社会没落的鲜明描述来判断，管
志道并不相信他当时身处"天下有道"的时代。虽然在《论语》的特
定情况中貌似证明了庶民会适宜地议论政府，也因此证明了私人学者
会如同南宋理学家所采取的方式，承担起抑或为"道"负责，但是管
志道并不会承认这一点。

　　管志道声称在明朝初期，斯道仍然盛行。他在越发具体地讨论皇
帝所拥有的礼仪权威的当儿，也把朝代创始人与其继承人做了区分：

> 但礼、乐、征伐之权，继世之天子皆出。而议礼、制度、考文
> 之道权，非创业之天子不出。故曰："作礼乐者，必圣人在天子
> 之位也。"[29]

我所强调的部分突出了两个问题。第一，"作礼乐"和《论语》中，关
于孔子"述而不作"的部分产生了强烈的共鸣。"作"，即管志道将其
与"道"（相对于成文遗教）联系上的行为，实际上和判定在某个时代
应当使用哪些礼、乐（及其相关的机构）的行为相关。第二，在解释
"创业之天子"所独享的创造权威时，管志道明确地说明，唯有圣人，
而并非任何一位皇位的掌权者，方能够制定礼、乐等等。

　　管志道直接引用了《中庸》当中相关部分的全文，来表明唯有
"创业之天子"能够"议礼、制度、考文"：

　　1. 子曰："愚而好自用，贱而好自专，生乎今之世，反古之
道。如此者，灾及其身者也。"

---

[29]　《从先维俗议》卷2，页102a。字体区别由我所加。"议礼"等源自《中庸》第
　　　二十八章；理雅各译 *Four Books*, 410（我将"ceremonies"改成"rites"。）管志道通常在
　　　自己的陈述前加上"曰"或"愚谓"的字眼，故末句可能是《中庸》第二十八章的意
　　　译，或管志道根据该文而做出自己的陈述。

2. 非天子，不礼仪，不制度，不考文。

3. 今天下车同轨，书同文，行同伦。

4. 虽有其位，苟无其德，不敢作礼乐焉；虽有其德，苟无其位，亦不敢作礼乐焉。

5. 子曰："吾说夏礼，杞不足征也；吾学殷礼，有宋存焉；吾学周礼，今用之，吾从周。"[30]

孔子选择了近代而非远古时代的标准，让管志道得以质疑理学学者把远古设定为标准，遂隐晦地提出一个拥有比当今皇帝更高权威的代表的举动。《中庸》的这段引文把近代的标准，以及统治者在礼仪和制度上所拥有的权威两者相提并重，貌似与理学的途径形成直接的对比。

即便如此，引文中的第四点却抵消了这个对比。制定礼仪的权威只能赋予一位拥有皇权的有德之人，证明了管志道"作礼乐者，必圣人在天子之位也"的说法是有据的。那些南宋的理学家，或那些在明代后期只字不提地忽略掉明初时期国家曾为他们的传统辩护的理学追随者，可能会接受管志道的推论。但是，他们肯定会进一步推断，认为两千年来并没有一个配得上"作礼乐"的统治者。既然近代没有可靠的模型及道德标准，那么古代的圣人，乃至诠释他们的思想学说的有学问之人，仍应该为当今制定适用的礼乐。相反，正如其《从先维俗议》的整体架构所表明，管志道把明朝的创建者视为"在天子之位"的"圣人"。明太祖既然已经符合了《中庸》所列举的条件，他就有权力"议礼"或"作礼乐"。可见与孔子"从周"相同，管志道也能回顾明初。[31]

简单地说，管志道"议礼、制度、考文之道权，非创业之天子不出"的说法，貌似在表明周朝之后，各朝代的创建者皆是圣人。对于

---

[30] 《中庸》第二十八章，理雅各译 *Four Books,* 410-12。我将理雅各所使用的"ceremonies"改为"rites"以及"make"（作）为"create"（这是为了带出这段文字与《论语》"述而不作"的部分之间的共鸣）。

[31] 比照前文关于管志道所谓"从先"的讨论。

这个在逻辑上的跳跃，管志道并没有直接地解释。或许管志道是依靠了理学家所坚决否认的朝代创建者在定义上已经获得了天命这一看法。当然，这一普遍上对于朝代创建者的认可和管志道给予理学家把汉唐创建者排除于"道统"之外的挑战是相匹配的。然而，管志道的论述并不一致。虽然在《从先维俗议》和其他文章中，管志道质疑除了统治权的合法性继承之外道统能否真正确立，但他却承认道权自周朝灭亡及明朝创立之前，曾出现一些断裂和分散。例如，管志道曾一度形容宋代的道统"分于下"。[32] 这种说法和管志道所坚决否认的当继承者并非统治者时道统的继承仍具有意义的看法相互矛盾。即便如此，管志道仍然不承认独立于国家体制之外的学者和教师继承了道统的说法。在明朝之前，斯道的断裂削弱了管志道对于朝代创建者的权威的普遍肯定，却起到了授予明朝创建者一个为统治者收复道统的独特角色的效应。

110

如达第斯和范德所注意到，管志道之所以赋予明太祖一个特别的历史地位，是为了阐述明太祖与其幕僚在他的统治期为他所制造的说辞：即声称自己已兼尽君师之道。[33] 管志道虽复原了明初帝国兼纳理学道统和取代学者道德权威的行动，但他并没有延伸到永乐皇帝所采取的途径，即明确地使用道统说以获取政治与道统的合法性继承。与其以理学的方式把明初的皇帝描述成二程兄弟与朱熹的继承者，管志道恢复了明太祖统治时期关于道德和政治权威的重新界定。这些界定虽然明显地使学士从属于统治者，却同时统一了佛、道两教与君师之

---

[32] 《从先维俗议》卷 2，页 107b。明代统治者对于继承了道统的强烈宣称，且主要与宋代的相对比，将会于后文讨论。

[33] 达第斯（Dardess），*Confucianism and Autocracy*, 224. 关于太祖对于师道的声称，见范德（Farmer），*Zhu Yuanzhang and Early Ming Legislation*, 41-4. 范德也在文中讨论了太祖对于身为学者与官员的儒者所应扮演的角色的看法。

道，以及强调了管志道对永乐皇帝排斥佛、道传统的反对。[34]

111

排除了"创业天子"（或至少主要为明太祖）制定礼仪的权威的推论，管志道依据他对于《中庸》的理解而产生了另一种逻辑的跳跃，即所谓掌握了制定礼仪的权威即是拥有了道权。这个推论并非得自《中庸》或《论语》。《论语》中所谓"天下有道"时天子方有制定礼仪的权威，和自行赋予统治者道权的观点并不完全等同。管志道在此论述中搬演了一个巧妙的"小戏法"。他以制度和行为（即礼、乐、征伐，或礼、度、文）为中心，来进行对于"道"的解释和朱熹在评注孔子所言"文不在兹乎"时，对于"道"的诠释非常相似。管志道大费周章地指出孔子并未提及"道"，主要是为了便于说明孔子本身不曾声称"自任于道"。然而，朱熹却恰恰将"文"诠释为"道"，并注解为："道之显者谓之文，盖礼乐制度之谓。不曰道而曰文，亦谦辞也。"[35] 朱熹将"文"与"道"两者和孔子联系在一

---

[34] 此三者原本为一体，但在上古晚期却出现了分裂。（管志道《师门求正牍》卷1，页37a；转引自荒木见悟《明末宗教思想研究：管东溟の生涯とその思想》，页160-1；另引《从先维俗议》卷5，页69b。）明太祖著名的《三教论》强调了三教教义在于维持社会与政治秩序的需要，也颁布了关于管制与协调三教的政策。有关太祖对于三教的态度，见荒木见悟《明末宗教思想研究：管东溟の生涯とその思想》，页161-3。另见达第斯与狄百瑞翻译的《三教论》于 "Ming Taizu: Discussion of the Three Teachings." 关于明太祖对佛教或整体宗教的管制，见酒井忠夫《中国善书の研究》，页227-33，以及戴乐，"Ming Taizu and the Gods of the Walls and Moats," 31-49。管志道于《从先维俗议》当中也明显的强调例如太祖将佛道两教，一并与儒家的制度，交由礼部管理的政策（《从先维俗议》卷5，页176b；引自荒木见悟《明末宗教思想研究：管东溟の生涯とその思想》，页161）。管志道认为佛教有助于增强社会与政治秩序的看法，与同时期一些著名僧人，如云栖袾宏对于道德的强调颇为相似。见于君方，*The Renewal of Buddhism in China*。然而，管志道对于16世纪理学无度的批评，也暗示着他与东林党的密切关系。管志道早前也与东林党领袖顾宪成有过大量的书信往来。既然东林党一向被认为具有反佛、抗融的特点，管志道与东林党以及那些属社会保守派佛教徒的接近，即引起了这个时期儒、佛之间关系的问题。有关东林党被视为反佛的说法，见周启荣，*The Rise of Confucian Ritualism,* 32-8，以及卜正民，*Praying for Power,* 75-6，80-1。管志道与顾宪成的书信往来主要辩论王阳明著名的"天泉证道"，以及讨论略带有佛教意味，关于"心体无善无恶"的问题。顾宪成质疑了王阳明对于这些问题所给予的肯定，但稀奇的是管志道却支持了王阳明的说法。他的支持，表明了对于两人之间答辩含义的重新思考的必要，因为管志道既不是王阳明的追随者，也不是一个凭借个人天赋才能而超越道德公约的提倡者。关于"天泉证道"，见王阳明《传习录》，第315节，另见陈荣捷译，*Instructions for Practical Living,* 241-5。关于管志道与顾宪成的往来，见管志道编《问辨牍》卷三，页724-779。

[35] 朱熹《四书章句集注·论语集注》卷五，页62。

起:"文"并非只是"成文遗教",而是通过礼乐制度传达出,一种更广泛的能够显现出"道"的文化模式。为了论证《中庸》当中赋予统治者制定礼仪的权威即等同于给予统治者道权,管志道同意了"道"可以从这些制度中得以显现的说法。朱熹最先用"文"来将"道"与其制度性的表现形式联系起来。管志道反对这种手段,并认为"文"的记载属于孔子的活动范围,并不同于"道"或其制度性的表现形式。而且,"文"仅存于古代模式中的提纲,单凭圣王一人即能对其做出创新并适用于当世。

在表达对于制定礼仪的权威以及道权的看法时,管志道明确且直接地批评南宋理学家的道统说。然而,管志道却将这种学说的根源追溯到赋予了孔子在历史上独特地位的孟子: 112

> 子思但言仲尼"祖述尧舜"[36],而孟子则以"生民未有"[37] 尊之,似断文王之前无孔子,将无难为古之"开天立极"[38] 如羲皇以上者?
>
> 　尼父但谓"继周百世可知"[39],而孟子则以"无有乎尔"[40] 伤之,似逆孔子之后无文王,将无难为后之振古重光,如我圣祖者?此孟子之不逮孔子处也。[41]

---

[36]　《中庸》第三十章,理雅各译,*Four Books*, 416。

[37]　《孟子·公孙丑上》,第二章;刘殿爵译,*Mencius*, 79。

[38]　"开天立极"与朱熹《中庸章句》序中的"继天立极"有略微的不同。狄百瑞将此译释成"继承上天的作业与建立了统治的最高标准"。见朱熹《四书章句集注·中庸章句》,页 1,以及 狄百瑞译,"Preface to the Mean by Chapter and Verse," 732。

[39]　《论语·为政第二》,第二十三章;此段为夫子回答子张关于预测未来发展的问题。孔子的答复为:"殷因于夏礼,所损益,可知也;周因于殷礼,所损益,可知也;其或继周者,虽百世可知也。"(英译详见阿瑟·韦利, *Analects of Confucius*, 93)。我于正文中对于此句的译释较简单,但在此引阿瑟·韦利的翻译乃是因为相对于理雅各或刘殿爵,他比较清楚地突显出此段的重点。

[40]　"无有乎尔",见于《孟子·尽心下》,第三十八章;此为我所译。为了反映出管志道将"尔"诠释为"贴近"(near),我与刘殿爵和理雅各的译释因此稍微有不同。刘殿爵与理雅各似乎将"尔"视为代词。例如刘殿爵翻译成:"圣人也就没有继承的人了"(见刘殿爵, *Mencius*, 204)。

[41]　《从先维俗议》卷 2,页 104b。

113 第一段重复了管志道对于理学家过度美化孔子的整体批评。管志道认为，理学家自《孟子》中发展出对孔子的过度美化，并以此对照出在理学学说当中，对于圣王因开创文明而有了重要的地位的适当认可。管志道指出，宣称孔子沿袭了尧、舜和暗示孔子超越了他们两者有所不同。[42] 接着，第二段指出孟子暗示性地将那些传道的古代统治者之间的继承，比作自己与孔子之间的关系，也同时伤悼自己于时空上虽与孔子十分接近，但其学说则面临中断的危机。[43] 管志道认为若其学说着实被终结（即符合了孟子的预言和理学家的断言），那么明太祖不可能通过仿古而治理天下。在总结陈述时，管志道认为孟子针对孔子而做出的主张，实际上侮辱和限制了上古圣王及后世所有的统治者。

在管志道看了，韩愈（768—824）是另一位继承了孔子学说的贡献者。韩愈著名的《原道》构成了理学学说所主张的道统继承过程中出现了断裂的立论基础。韩愈写道："尧以是传之舜，舜以是传之禹，禹以是传之汤，汤以是传之文、武、周公，文、武、周公传之孔子，孔子传之孟轲。轲之死，不得其传焉。"[44] 管志道认为韩愈是受到孟子的启发而描绘出了这个继承脉络。这个观点之后被宋代理学家用来充实他们认为"孟子既没之后，周程未生之先，天下乃无道统之世"的

114 看法，以及"道丧千载"与"及往圣继绝学"的说辞。[45] 这些即是日

---

[42] 基于其复杂性，我不涉及管志道对于引文中孟子第一个观点的驳斥。这是因为管志道的驳斥只是在一个比较具体的语境中，重申由于孔子并没拥有皇位因此本身并不能继承"圣人之道"的观点。见《从先维俗议》卷2，页103a。

[43] 虽然朱熹将此理解成孟子对于继承孔子的自谦表达，以及为自己之后道统即将中断的担心，但孟子貌似否认自己是孔子的继承者。见朱熹《四书章句集注·孟子集注》，页208-9。

[44] 韩愈《昌黎先生文集》卷2（《四部丛刊》版），《原道》，页3b。蔡涵墨译，"Essentials of the Moral Way," 573。

[45] 《从先维俗议》卷2，页103a-b。与管志道所引相近的说法可见朱熹《四书章句集注·中庸章句》序，页2-3。例如，朱熹记载了孔子"继往圣、开来学"，且明确地说孔子对于此的贡献"其功反有贤于尧舜者"（见狄百瑞译，"Preface to the Mean by Chapter and Phrase," 733）。虽然这段话的最后部分有助于支持他的论点，但管志道却不引用。然而，关于朱熹的角色，他却注意到："门人复以集诸儒之大成推朱子，而曰：'朱子其太极乎。'"（《从先维俗议》卷2，页103b。）同样在这段记述中，管志道也简略的涉及程颐对于程颢在道统继承中的地位的看法，以及朱熹定位程颢与周敦颐（1017—1073）的细节。

后理学学说失误的萌芽。

接着，管志道辨认出了明代理学中，继承这些学说的极端流派。他认为"姚江（指王阳明）虽以'致良知'振朱子之衰，而张皇复过于朱子"。但是，若王阳明较朱熹更"张皇"，那他在根本上也没有什么不同：虽然朱熹所主张的通过修身来学习的方式十分困难及充满了陷阱，但这已经汲取了个人在普遍原则上不受地位限制的道德潜能。修身的普遍潜能也是儒者负责传道的个人责任的一个次要方面。理学为两者的竞争关系增加新局面的同时，着实也强化了文人（相对于统治者）所持有的力量。[46] 然而，这一修身成圣的主张也能够给予那些处于士人阶层边缘抑或完全超出此范围的人一定的力量。明初时期，帝王对于继承道统的声称虽然暂时使到学者自己继承了道统的话语受到妥协，但对于个人追求成圣和修身的话语并没受到影响。相反，这方是到了明代才得到空前的详述。[47]

按狄百瑞的说法，王阳明与一部分学生通过相当具激进思想的阐述方式，简化了理学观念，"为儒学理想的实现，打开了一个涉及更多、更具常人参与潜能的'民间'运动的道路"[48]。王阳明所传达的这可达性，即"道"潜在于个人的"良知"当中，而"学"基本上是为了发掘此天生的能力，自然触怒了维护统治者的道权的管志道。在管志道看来，王阳明的修身方式将道统说的政治含义带向新的极端，赋予了在更广泛的范围内，没有正式政治权力及包括各种社会背景的人一定的力量。王艮便是很好的代表。身为盐商，王艮虽从未追求科举功名，但却以自学的方式，为其学说做了伟大的声称。[49] 管志道认为王艮自以为是地声称自己继承了，甚至是超越了圣人，因而在"张皇"的程度上胜过了王阳明：

115

[46] 包弼德，"Neo-Confucianism and Local Society," 272-3。

[47] 详见狄百瑞，*Self and Society in Ming Thought*, 14, 的引言。

[48] 狄百瑞，"Individualism and Humanitarianism in Late Ming Thought," 150。关于王阳明的论述，可另见狄百瑞，*Learning for One's Self*, 126-9。

[49] 关于王艮，见狄百瑞，*Self and Society in Ming Thought*, 155-202。另见 DMB, 2:1382-85。

其徒泰州王氏艮，益从而标榜之，曰："吾学孔子，达则兼善天下，穷则兼善万世。尧舜不为贤，而伊尹不足由也。"[50]

管志道针对王艮而做出的论述，已达到他的争论的高潮。管志道所引用的"尧舜不为贤"这一悖论是王艮最明显的极端主张。所谓常人有能够行道的能力，这一与道统相关的主题，且直接从王艮兼善万世的允诺中所表达出，实际上源自于他把自己塑造成孟子给宋人留下的"超级孔子"的形象：一个活在自己的时代，不能以君、相之职（虽然王艮明显地没排除自己成为君、相的可能）"兼善天下"的"孔子"，却承担起了管志道认为在王艮看来是一个更崇高和贤圣的任务：以授道者的身份"兼善万世"。

116　　管志道简要地批评了提升学者的地位并使其超越统治者这一对于社会有害的趋势。在他看来，这一趋势和理学道统相关：

奈何以"千古绝学"？借孔子为桓、文，而抬之为尧、舜、汤、文之盟主也。尧、舜、汤、文之圣主尚不有，而何有于当代之君乎哉？此即无父无君之隐机。何可不察？[51]

这段引文的重点在于处理政治的合法性与不法性。"盟主"一词强化了误认为孔子是公元前7世纪那些成为霸主的公爵的讽刺。在孟子看来，这些"盟主"不法地领导着名义上受周朝统治的诸侯联盟。孟子曾说"仲尼之徒无道桓、文之事者"，故对以上所述的表示不同意。[52]因此管志道表明，若认为孔子较古代圣王更为贤圣，就如同那些篡夺了周天子地位的公爵。如此一来，则分别削弱和危及到了古代和现代统治者的权威。

管志道认为道统说挑战了统治权威。为了抵制那些从士人活动体

----

[50]　《从先维俗议》卷2，页103a-104a。关于王艮的另一段话，即与管志道所引相近，则见于下文。我尚未查出管志道认为出自王艮的两段话的原文。

[51]　《从先维俗议》卷2，页106a。

[52]　《孟子·梁惠王上》，第七章；见刘殿爵译，*Mencius*, 54。

现出的思想挑战的实际影响，管志道给了许多提议。首先，是各种教师的角色的问题。私人学者主要通过教师的身份，把自己设定在道统中的重要位置。况且，管志道引自王艮的关于王艮本人及常人可能拥有道权的极端表达方式，也和教师拥有权力及影响力的潜能的观念紧密相关。例如，王艮因效法孔子而拥有所谓"兼善万世"的雄心，便意味着他成了"万世师"[53]。

君与师 117

理学学说中关于道统和治统的分歧，也经常被描述为师道和君道的分裂。[54]为"道"辩护的权力是由孔子以下的学者而非统治者所继承。因为学者主要以师者的身份出现，所以这个转移也被理解成师道自君道的分割，而古代圣王也曾经教授过。地位提升后的孔子，成了理学师道的典范。

然而，对于管志道而言，孔子的教育事业并不是使得他在历史上具有重要意义的主要原因。管志道并不接受"世咸谓孔子以讲学树天下万世之师道"的说法。相反，管志道认为孔子"终身居臣道"[55]。相较于王艮，管志道更加谦逊，并没有把自己视为"万世师"或"天下师"。管志道补充道：

如以天下师自居，则作而不述矣[56]。故（孔子）曰："大道之行也，

---

[53] 王艮《王心斋全集》卷二，页14b–15a。

[54] 见狄百瑞翻译朱熹《中庸章句序》的导言部分。

[55] "臣"，由于代表了明确的服务职责，故必须理解成"minister"而非"subject"。管志道在此所用的"道"也许会令人困惑，因为他向来坚持"道"是统治者一人的责任。然而，管志道明显是在一个寻常且有限的意义上使用这个字：师与臣各有其"道（路）"、职业、任务与行为准则，但统治者所负责的"道"，是全天下或至少相对于宇宙秩序而言，人间的"道"。

[56] 指《论语·述而第七》，第一章。

与三代之英。丘未之逮也，而有志焉。"[57]

若孔子将自己视为至高无上的教师，那意味着他同样与"三代之英"（指夏、商、周的创建者）有作礼乐之权。但是，孔子却明确地否认
118 他能够达到早期圣王的水平。

孔子并非一位贤圣的教师。但管志道认为他是，也是最后一位对于"道"的深入了解能堪比尧、舜的"辅天子"之"圣臣"。针对《孟子》当中所谓的"辅世长民莫如德"，管志道解释道："辅世云者，辅有道之天子以统道权者也。"[58] 孟子极力强调德的超群地位，而管志道在此再次刻意将其理解成从属于帝国政治等级制度的德。即使是孔子，更不必说当今士人，都不能直接"辅世"。有德之人所给予世界的援助也得经由统治者的调节。另外，管志道更明确地说道："名世之士，特以议道辅天子耳"[59]。

将"辅世"重新严格定义为"辅天子"后，管志道接着说："语辅世长民之圣德，则周公而后，孔子一人而已矣"[60]。这句话主要说明了三个重点：首先，管志道肯定孔子的圣人地位。但是，他接着便解释孔子本身的贤圣并没赋予他任何圣王所拥有的能力、权威与责任。因此，孔子并不可能规范礼仪或继承道统。[61] 第三，后世并没有非统治者，即包括孟子、朱熹、王阳明或王艮，能及孔子"辅民"和辅君的圣德。管志道因此为那些以"圣师"的继承作为脱离统治者合法性继承的主张立起了阻碍。

当管志道把孔子记述为"终身居臣道"而非终身为师者时，他已深知孔子的典范对于那些扮演着教师身份的在野士人的意涵。他提议
119 收回因为此模式而得赋予这些人一定权力的保证，并挑战了任何将教

---

[57] 此引《礼记注疏》，《礼运》，页 115–442（21 / 1）。另见理雅各十分不同的译法于，*Li Chi*, 1:364-5。

[58] 《孟子·公孙丑下》，第二章；稍微改写了刘殿爵译，*Mencius*, 87。《从先维俗议》卷2，页 102b。

[59] 《从先维俗议》卷2，页 102a-b。

[60] 同上。

[61] 《从先维俗议》卷4，页 59a-b。

师的权力独立于统治者之外的宏伟主张。然而，即使批评了理学家关于教师的说法，管志道并不忽略教师的重要性和尊严。例如，对于科举考官因为能够给予考生恩惠而被尊奉为"老师"，但考生真正的老师却因此而被轻视的现象，管志道表示出了痛惜。其完整的论述为：

> 今天下，虽谓无师之世可也。"心丧"之师绝于野，而"老师"之称满于朝。可师者不师诸口，而称师者不师诸心。[62]

有些个别的考官和升官的提携者确实是真正意义上的老师。但很多时候，一些自吹自擂的青年一旦成为举子，便礼敬这些官员为师，而未能够以适当的礼仪形式和称谓来尊敬他们真正的教育者，以便维持一个更具实质的关系。[63]这貌似在为学宫里地位较低的教师辩护。但是，相较于另外两位在本质上看似完全不同的人物，管志道实际上不认为他们具有真正教师的重要性：掌握师道权的统治者及（令人难以理解的）独立的私人教师。管志道赋予了后者一种不同于以理学道统为基础的重要性。

　　管志道不将教师视为古代圣王之道的继承者，而通过强调教师被列入《礼记》中"五大"的概念来赞颂他们：

> 《记》曰："天生时而地生材。人其父生而师教之。四者，君以正用之。"此儒家之所谓五大也。其归重在君。故曰："君者，立于无过之地者也。"[64]

120

虽然《礼记》当中并无"五大"一词，但天、地、亲、师与君之间的关系隐含了人类存在的基础。将统治者放置在一个"无过之地"貌似是在赞扬他，但唐代经学家孔颖达对这段话的注疏则表明统治者之所

---

[62]　《从先维俗议》卷 1，页 41b。

[63]　《从先维俗议》卷 2，页 122b。

[64]　《从先维俗议》卷 1，页 36a。引《礼记注疏》，《礼运》，页 115–461（22 / 1）；见理雅各译，*Li Chi*, 1：378。

以能免于过错，乃是基于认识到自己对于其他"四大"的依靠："若天不生时，地不生财，父不生子，师不教训，直欲令人君教之。不可教诲，则君多有过。今人君顺天时以养财，尊师傅以教民，因自然之性，其功易成，故人君得立于无过之地。"[65] 故统治者得依靠天、地、亲与师。《礼记》的另外一段记载则声称，一个人一生以同样的精力事父、事君与事师，却以不同的方式为他们服丧。管志道引此以说明，尽管他给予了统治者特有的指导性角色，君、父与师的"重（要性）"却是"相等"的：

> 均（指君、父、师三者）曰：服勤至死，而君、父方丧三年，师亦心丧三年。其重相等。[66]

121   不出所料，管志道接着便进一步为双方面定位——"五大"之间地位的平等，以及统治者地位的首要性。他对当时一个明显普遍的惯例，即把"百拜"作为一个以示尊敬的启告语展开了分析。管志道认为，"百拜"的运用虽无任何明文规定，但却十分适当。这是因为，相对应于君、父或师抑或是所给予他们的标识，"百拜"一词和他们身为"大（者）"的重要身份是相称的。但是，管志道却按照涉及礼仪的经典以及朝廷典章当中，对于实际向他人行数次拜礼的条例进行了分类：

---

[65]   孔颖达编《礼记注疏》，《礼运》，页 115–461（21 / 1）；理雅各译, *Li Chi,* 1:378, n.1. 理雅各在译文的附注引了孔颖达的诠释。

[66]   《从先维俗议》卷 1，页 37a。引《礼记注疏》，《檀弓》，115–128（6 / 3）；理雅各译，*Li Chi,* 1:121。在其他问题当中，《礼记》也涵盖了是否以及如何为这些人物表示哀悼的说明。《礼记》谓为父则"致丧三年"，为君则"方丧三年"，而理雅各将此诠释为臣子"应当按照规定为君服丧三年"（理雅各, *Li Chi,* 1:121）。因此理雅各将"方"，如同在其他处出现的语境相同，皆解释为"规定"（rule）。然而，孔颖达则将"方丧"中的"方"注疏为"比方"（similarly, by analogy），故表明即便服饰与时间相符，但为君与为父服丧之间存在着些许不同的可能性（孔颖达编《礼记注疏》，页 115–128（6 / 3））。（理雅各的措辞实际上亦有相似的含义。）无论如何，管志道同时使用了"方丧"一词于君与父之丧，则表明为两者服丧皆能应用同样的"规定"。另外，他也以"方丧"与为师服丧的"心丧"（在同样的时间内）作了对比。

四拜，为儒家之重礼，即具百拜之体。四拜之外，又加一拜，而
继之以叩首，即当百拜之实。但可议诸君臣间，不可议诸父子、
师徒间矣。[67]

为了强调五拜之礼是专属于臣向君行的礼节，管志道引用了一道明初
的法令，说明当臣朝见君时，必须行三叩五拜之礼，而当官员晋见皇
亲或向父母致敬时，则必须行二叩四拜之礼。管志道随后也注意到
"其余官长，及亲戚朋友，相见，止行两拜礼"[68]的条例说明。因此，
虽然在书面礼貌上使用的"百拜"一词能够相等地运用于君、父与
师，但实际上对明朝皇帝所行之礼则胜过对于父或师所行之礼。[69] 正
如管志道对于统治者在原本皆属同等地位的"五大"中的领导角色的
强调，他也在行礼的形式上为统治者保留了一定的优势。

122

然而，管志道略将教师的地位提升，并谨慎地以统治者作为标准
为教师们定位，仍比他之前所传出的双重信息更为复杂。管志道为
不同的教师作细致的区分，得出了令人惊讶的判断。任教于国子监和
府、州、县学的教师乃"从君所假之师道仍挈而还之君者也"[70]。由于
管志道用了几乎相同的话语来讨论他们，所以他们像是那些身处于或
与官学体制有关联的提调官。[71] 尽管君与师，皆身为"大（者）"，也

[67] 《从先维俗议》卷1，页38a。字体区别由我所加。

[68] 《从先维俗议》卷1，页38a；引朱元璋《皇明制书·诸司职掌》卷四《礼部职掌》，
页11b–12a（《续修四库全书》版）、页225（东京藏版）。关于"三叩五拜"的部分，
原文为"稽首顿首五拜"，并没注明叩首的数量。我按《诸司职掌》之后的详细描述，
以及周绍明，"Emperors, Elites, and Commoners," 309，n.35的解释，加入了数目"三"。
关于向皇亲敬礼的礼仪，我是按五拜之礼推断。"臣"基本上指直接从属于统治者的
官员，并非指一般官员，而管志道所引的典章，由于出自《诸司职掌》（《百官朝见礼
仪》的子目之下），故专用于官员身上。应当注意的是，周绍明之后关于五拜礼的讨
论，在晚明乡约的语境中，同样的也能应用于庶民与精英身上。管志道也留意到在一
些例外的情况下，主要为牵涉到与皇帝或皇亲的互动时，八拜或十二拜之礼的使用。
见《从先维俗议》卷1，页38a–b。

[69] 周绍明注意到，明朝是第一个给予君，相对于父更多拜礼的汉族统治王朝。之前的
汉族统治王朝定下了四拜礼作为个人向自己父亲行礼的最崇高形式，甚至超越了对于
统治者的待遇（见"Emperors, Elites and Commoners," 309）。

[70] 《从先维俗议》卷2，页119a。

[71] 指被派往省分为学宫筛选教师与学生，以及为省试挑选考生的督学使；翰林学士；
甚至是科举考官，或"座主"。见《从先维俗议》卷2，页123。

有相称的重要性，但管志道再一次把师道权归于统治者。这完全否认了理学的观点，即将君道与师道分开并认为是由教师继承了道统，故而授予教师更加显赫的地位。虽然如此，管志道的声明在某个方面却是异常且有悖常理的。然而，按理学的学说，师道的自主性虽特别地授予了国家势力范围之外的教师一定权力，但管志道在此所强调，即君与师的主从关系，只是针对官方教师而言。管志道并没有暗示，如我们所期待他做的那样，把唯有统治者能授予师者权威这一原则应用在私人教师身上。

管志道认为，学宫里的教师是从属于统治者的"经师"，而官学体制之外的私人教师、学士、贤者则应为"人师"。"人师"得负责行为举止的塑造及书本上的知识的传承，"经师"则只讲授经典。[72] 管志道以《礼记》当中关于古代统治者和周人"宪老乞言"[73]的态度为123 依据，确证了这样的区别。古代的统治者和周人将"人师"安置于某种学校以示尊敬，却以不同于对待周代官学内的"经师"的方式对待他们。虽然有些官方教师或许具有智慧和道德，而能够被视为"经师中之人师"，但后者也和那些天子所"宪"所"乞（言）"者属于不太一样的类别。[74] 管志道总结道，既然当今官学里的教师（包括国子监祭酒）和周朝的教师都具有同等的公职身份，那他们应当被视为"经师"而非"人师"。[75]

随着上述的推理思路，管志道提出了这个问题："士由乡学入国学（即在明代相同于周朝的太学），所遇莫非经师。安得人师而事之？"另按《礼记·学记》的记述，（进入周代的太学后）"五年视博

---

[72] 《汉语大词典》将"人师"解释为"指德行、学问等方面可以为人表率的人"（页1047）。词典注明"人师"最早且具权威性的典故，出自《荀子·儒效》。这一术语并没出现在管志道下文所引的《礼记》原文。《汉语大词典》对于"经师"的第一个解释为"汉代讲授经书的学官"，之后又补充为"泛指传授经书的大师或师长"（页864）。

[73] 《礼记注疏》，《内则》，页115–574（28／9）；见理雅各译，*Li Chi*, 1:468。我于此将"老"放入引号乃是因为"宪"与"老"在《礼记》当中并非（如管志道所记述的方式）连续出现。

[74] 《从先维俗议》卷2，页119a-b。《礼记注疏》，《内则》，页115–574（28／9）；见理雅各译，*Li Chi*, 1:468。

[75] 《从先维俗议》卷2，页120a-b。

习亲师"[76]。管志道将此理解成除了太学正式指定的教师，程度高的学生则被批准及得到鼓励去寻找自己的老师。他们能够从那些同时即受尊敬并被天子安置在某种学校的年长的"人师"中挑选。接着，九年后，当学生完成了太学的学程，但仍未达入仕的年龄时，天子便会免除"出疆"的限制，允许毕业自太学的学生到四方寻找自己的老师。[77]这些学生得到了所追求的自主权，明显地挑中了不一定享有统治者给予任何认可的私人教师。管志道认为，皇帝的鼓励以及对于旅行限制的免除，是"（子）游、（子）夏之所以不远千里而趋孔坛"[78]的缘故。

　　如果周朝早期的学生需要到官学之外寻找"人师"，那当今的"人师"又是谁呢？为了回答这个问题，管志道再次提及明太祖所认为的"圣祖意在山林隐逸，怀才抱德之士中也"[79]的观点。这应当是一个熟悉的说法：管志道早前用于指那些既非致仕官员又没考获科举，却因其德行而获得认可为"士"的地方人士。这种说法不仅认定一些私人学者能够被视为士人阶层之一，而且也说明撇开管志道把"道"托付于统治者的权威之下这一反理学学说的举动，他仍希望为私人学者保留着身为私人教师的一定尊严——一个高于统治者正式教育官员的尊严。[80]

　　对管志道而言，"人师"而非"经师"，是《礼记》中所谓当"服

124

125

---

[76]　《礼记注疏》，《学记》，页 116—82（36／4）；见理雅各译，*Li Chi*, 1:468。

[77]　《礼记注疏》，《曲礼》，页 115—97（4／24）；关键词"出疆"的英译"going beyond the boundaries（of his state）"见于理雅各译，*Li Chi*, 1:106。

[78]　《从先维俗议》卷 2，页 120a。这些弟子因朝体制的崩裂而游走。理学学者或许会关注孔子时代的"天下无道"，私人学者方得以异常的措施保存"道"，并以个人力量尝试复兴。管志道的观点反而认为孔子与其弟子能代表周代早期的体制。这是因为他们致力于臣道而并非独立的师道，所以即使在社会崩溃的危急时刻，也不会做出背离体制的事。

[79]　《从先维俗议》卷 2，页 120b。

[80]　山林隐逸之师获得了一种比官员更优先的礼仪对待：管志道注意到明太祖规定学生向他们的老师行礼的次数（四拜），甚至多过下属向地位最高的上级官僚行礼的指定次数。见《从先维俗议》卷 2，页 120b。这也表明，在具体实践中，学生同样向他们地方社区中的致仕官员行较少于向自己的老师所行的拜礼次数。有关应用于主从关系官员的相关规定，请见上文。关于师生之间的礼仪，管志道则指一套名为《庶人常见礼仪》中的规定。在管志道提问中所涉及的明确规定，以及他所举的那套规定，皆没记载于《明会典·庶人礼》。（见申时行等编《明会典》卷四，页 1455）

勤至死”而后为之“心丧”者。“人师”也正是包括在“五大”当中的“以配君父之严而称百拜”[81]者。这样的老师是由学生自己所求得的。按管志道的说法，“经师”和学生则没有相同的个人关系，因为“经师”是能够由学生的父兄所求得的。[82]学师与督学师则能够被视为处于私人“经师”的下一个等级。这是因为他们并不是由学生本身或其亲人所求得，而是由统治者所授命的（这不应该是管志道做出的推断！）。[83]

按普遍上教师和统治者的重要性相比，官方教师的二等或甚至是三等地位到底意味着什么？对于士阶层与统治者的关系，这又意味着什么？虽对于私人教师有所偏护，管志道并没授予他们和官员一样的权力，或者像尊敬官员的方式一样的尊敬他们。相反，他强烈反对这些私人教师因理学对师道的颂扬，而获得权力和荣誉。管志道仍担心所谓“上师圣人”这一大胆的主张。这是因为如此一来人们就会越过

126　　真正的教师及统治者，并声称独立于任何干涉性的权威、制度或已建立的模型。[84]管志道的回应主要是对于教师与学生的个人关系的关注，即学生服侍和哀悼身为“五大”之一的教师的重要性。管志道虽秉持着，甚至是加强了士从事私人教学的合法性和尊严，但却将其重

---

[81]　《从先维俗议》卷2，页119a。有趣的是，尽管他坚决否定孔子（按理学家的言语）“树天下万世之师道”，管志道却补充说孔子乃为“人师”的最高典范（卷2，页119a）。因此，我们发现，当管志道挑战孔子“树（天下万世之）师道”的观念时，他表示出异议的并不是孔子花了大部分的生命于教育上这明显的一点，而只是这个教学的意义是什么。

[82]　《从先维俗议》卷2，页125b。

[83]　《从先维俗议》卷2，页126a。基本上，在将“人师”编入于非官方圈子中，管志道绝非在摒弃官学体制。管志道表明，其实即便明朝创建者强调私人学者身为教师的重要性，他也树立起国子监祭酒作为领域内，公共与官方的“人师”典范的地位。管志道甚至接受了，在理想中，所有官方教师应当力争为学生树立个人典范，以及教授经典；真若如此，那么个别任此职务的教师若实际上实现了这个理想，那进一步尊他们为“人师”也于仅注上没有矛盾（《从先维俗议》卷2，页120b）。然而，管志道则表明这些实属例外，尤其是在他自己的时代，当很多官方教师甚至未能实现他们身为“经师”最基本任务的时候。

[84]　《从先维俗议》卷1，页42b。我们可以把这里的联系，看作管志道或许会认为的，即王艮极端主义的另一例子（虽然管志道没直接提到）：王艮，以《礼记》为根据，因设计与使用了分别仿效自尧帝和孔子的深衣与蒲轮车而出名。见狄百瑞，*Learning for One's Self,* 157, 160.

要性限制于个人范围内。他更进一步地为实行这个角色而制定了一套道德标准：谦逊、真诚与专心地对待圣人的教诲，以及意识到教师与社会和政府之间所扮演的适当角色的局限性。管志道认可的正是那些"山林隐逸，怀才抱德之士"，而正如我在下一章所分析的，他所反对的是私人学者更具组织性的公共活动。

第六章

皇权及士在朝野的政治功能

127   按前章所述，管志道挑战了理学学说所认定的师道独立于治统和君道的观念。他重新定义了师道，将其区别于宇宙性和政治性两种在更大意义上的"道"。另外，在师生关系的私人层面，管志道把师道以及实行此道的私人和独立学士的尊严置于重要的地位。在政治领域方面，管志道则认为"师道必逊于作礼乐之天子"[1]。管志道认为孔子为士阶层所树立的榜样，主要是让他们沿袭臣道而非师道（即使管志道承认孔子为"人师"的最高典范）。对于管志道而言，孟子所谓的需要以德"辅世"意味着具有道德的幕僚，即指士阶层，得"辅有道之天子以统道权"。士的社会和政治角色只是"以议道辅天子"。

既然管志道在理论上果断地把肩负起了臣子和教师角色的士的功能，附属在统治者的权威之下，那么士到底在什么程度和语境下，承担起商讨治理国家问题的责任？另外，又有什么样的士可以承担这个

128   责任：只有在职官员？或包括致仕官员？在野之士又如何？"辅有道之天子以统道权"所具有的实际含义都出现在管志道的提议及其评论性的文章中。这些文章主要是关于直谏和针对一般国家政策问题的商讨，另外也涉及教学，尤其是讲学这一既隐性却又明确的政治性理学教育实践。

---

[1] 《从先维俗议》卷 4，页 5a–b。

上奏章和议公事：明初的先例

管志道在《从先维俗议》当中用了两篇文章来判定何人适于谈论政务。虽以明初给皇帝上奏章的规程为基础，但是其讨论却不限于奏章的范围。管志道也直接探讨了在儒学语境中对于统治方法的讨论，并在政事言论方面得出了更广泛的结论。明朝的创建者一方面授权让全国百姓将刻不容缓的事上奏朝廷，另一方面则打压毫无根据的搅和，以及为了满足个人利益的言论。对管志道而言，这两方面相辅相成，达到了监管政治言论的理想平衡点。

皇帝求言和士的自我审查

在第一篇文章当中，管志道表明明太祖在言论方面达到了一定程度上的平衡。这是因为在一方面"其开言路甚广"，而在另一方面"其戒妄言甚严"。一方面，《皇明祖训》如此记载了人民受招进言的条例："今后大小官员，并百工技艺之人，应有可言之事，许直至御前开奏。"[2] 另一方面，卧碑，一个明太祖敕令置于学宫的石碑，其铭文也明确规定："一切军民利病之事，许当该有司、在野贤人、有志壮士、质朴农人、商贾技艺，皆可言之，诸人毋得阻当。"[3] 管志道注意到在所有群体当中，卧碑只明确地拒绝了一组人发表看法的权限——生员。然而，他即刻指出，在生员当中"有学优才赡，深明治体，年及三十愿出仕者，亦许敷陈王道，赴京奏闻"[4]。

管志道为了说明哪种政策能够避免虚妄或利己的言论，引用了一则明初的条例：

---

[2]　《从先维俗议》卷 2，页 80b-81a；引《皇明祖训》，"慎国政"第一条，见朱元璋《皇明制书》（《续修四库全书》版），以及东京藏版，卷二，页 6。

[3]　这套禁例颁布于洪武十五年（1382），管志道引了卧碑中的第三条。见朱元璋卧碑。译文为笔者所译。达第斯对于此碑文的部分翻译，似乎用了《明太祖实录》（卷六，页 2302-2303）前八条记载的缩简版（达第斯译，"The Horizontal Stele"）。

[4]　《从先维俗议》卷 2，页 81a，引石碑原文。

> 凡学术不正之徒，上书陈言，变乱成宪，希求进用；或才德无可
> 称，挺身自拔者，随即纠劾以戒奔兢。[5]

另外，管志道也引了《大明律》："若纵横之徒，假以上书，巧言令色，
希求进用者，杖一百。"[6]

130　　这些典章皆能够被广泛地应用。各阶层人士与职业群体都能够针
对迫切的问题发表看法，尤其是那些关系到大众福利之事。所谓的所
有阶层与群体，并不包括那些年少、愚昧、无才，且理解能力肤浅
又不愿意为官的生员，或者基本上指未满三十岁的全部生员。[7]第一
个起到平衡作用的条例似乎是因为当中提到了对于在职官员的"纠
（劾）"，因而制止了那些固执己见者与不正之徒。[8]第二个起到平衡作
用的条例则针对"百工技艺之人"与各级官员。管志道所引关于言论
的条例，一方面准许了来自各阶层本意良好者发表政治言论，另一方
面为了保持平衡，则禁止妄言及为谋得私利的胡言乱语。

　　管志道认为明太祖对于言论的双重政策，实际上借鉴了史上的两
个例子，故而使他从两方面为其政权的不稳定性担心。元朝虽以"壅
隔下情亡天下"，但周朝末期却"以处士之横议亡六国"。[9]管志道似乎
认为明太祖信任庶人及其言论，却不信任在野之士的论述。他也赞同
了明太祖的做法。的确，明太祖经常在文字和制度中表现出信任农人
而不信任士人的态度。然而，管志道本身并没有提倡庶民参与政治活

---

[5]　《从先维俗议》卷2，页81a，引朱元璋《皇明制书·诸司职掌》，《都察院职掌·十二
　　道监察御史职掌》，"纠劾百司"当中的第六条。见《续修四库全书》版，卷六，页
　　4a-5b；东京藏版，卷一，页392-3。

[6]　"纵横之徒"指战国时期，事无定主的纵横家。"巧言令色"出自《论语·学而第一》，
　　第三章。见姚思仁编《大明律附例注解》卷12，页4b（1993年影印版，见页484）。这
　　里说注明的刑罚甚为严重：这种鞭打方式，或用杖，或用带节的棍棒，很可能导致严重
　　的皮肉损伤，甚至是死亡。见黄仁宇，1587: A Year of No Significance, 17 当中的简述。

[7]　那些非官员者，到底多频繁地响应了明太祖的号召而上奏朝廷？贺凯在 The Censorial
　　System of Ming China（页8）说明这种现象貌似并不异常。此外，管志道明确地表明这种
　　现象发生过很多次。然而，他是通过引入普遍上在非政府圈子中言论政事的课题，来
　　提出关于庶民上奏的议题。

[8]　按《皇明制书·诸司职掌》当中"纠劾百司"一节，"百司"乃是御史所纠劾的对象。

[9]　《从先维俗议》卷2，页80b。此所谓"处士之横议"的含义等同于管志道用于形容地
　　方领导，即自地方长官与缙绅以下的权力的下放。

动。他主要关心的反而是限制"处士"，这些干预着地方领导事务的闹事者。因此，"处士"一词的使用说明管志道认为明太祖也有同样的顾虑。管志道在较小的程度上想要制止那些为了谋升迁而哗众取宠的在职官员。然而，最终为了达到他再次肯定士人入仕的使命这一更广的目标（即尽臣道），管志道依然试图为整体区别于庶民的士阶层，保留了些许议论公事的一般义务。但是，他仍然面对为在野之士的身份做出界定的困难。

管志道在他第一篇关于政治言论的奏议当中，经常含糊地运用身份的表达方式，实际上反映了他主要针对的身份群体，即法定的"无官者"在身份上真正的含糊性。这些群体当中有些也被管志道视为属于"士类"或"宾于士类"者。在这个群体边缘的成员，则被管志道称为布衣或韦布者。他们都没有正式的身份，严格来说只不过是庶民。但是，由于其所学及其他情况，方使他们的身份位于士阶层的边缘。[10] 在许多例子中，当管志道明确地针对一些缺乏官方承认的身份之人（即庶人，布衣或韦布）发表看法时，他会突然在没有解释的情况下，将对象转回士的类别。这似乎把针对庶民的论点也应用到了士的身上。管志道在讨论如何以孔子为典范而树立个人榜样时，含蓄地认可布衣亦应当如此。我相信，这些在修辞上的手段反映出了管志道在观念上承认有些庶民实际上也是士。

管志道使用身份表达方式的细微差别，立即出现在他提出这些法令并对法令的原则做出解释之后：

> 吾见近世布衣中，委不无学优才赡，明治体而愿陈言者。又多有纵横奔兢，假上书以博名高者。在道揆自有操纵之权，而在野之贤人壮士，则何以自处？此当裁诸孔门之矩也。孔子之志，曷尝一日不在天下国家？然其自道，则深戒夫"行怪有述"者，又深

[10]　韩明士与吴百益皆强调这些表达方式的使用表明他们处于普通庶民身份之上（1998与2000年，和我私下交流）。《汉语大词典》把这两个表达方式以及一些相关的变式，解释为"未仕者或平民的寒素服装"，并借指寒素之士或平民。但是《汉语大词典》也解释布衣为老百姓的服装。（编者按：这是一个常用法，如明太祖也如此使用。）

羡夫"依中庸以遁世"者。[11]且有感于礼、乐、征伐之下移，而曰："天下有道，则庶人不议。"[12]然则士当有道之世，殆以"养晦席珍"[13]为道，而无取于言高者也。子思又发为下不倍之义，而曰："国无道，其默足以容。"[14]然则士当无道之世，复以"危行言逊"[15]为道，而不尚夫愤激者也。[16]

133　可见官员若发表失当的言论时，即可交由适当的政府机构处理（主要为监察制度）。管志道在此主要关心的是那些"在野之贤人壮士"，或更确切地说是引文开头所提到的布衣。这些布衣并无官方承认的身份，所以只能穿麻布衣服。但是，管志道却将儒家对于士发表言论的标准，应用到了他们身上。管志道在讨论中对于"士"、"布衣"，甚至是"庶人"这些用来指称不同身份之人的措辞的转移，虽显示出他认可了布衣希望提升身份为士的野心，也承认他们可以视孔子及其弟子为楷模，但却同时正好利用这些典范来约束他们对于政事的直言不讳。管志道举了许多出现在经典中的例子，用以说明真正的士应当缄默。特别是当他把《论语·季氏第十六》的第二章和《中庸》的第二十七章并置，用以证明无论天下是否有道，真正的士一般都应避免

---

[11]　《中庸》第十一章；见理雅各译，*Four Books*, 360。相关部分的原文为：子曰："素隐行怪，后世有述焉，吾弗为之矣。君子遵道而行，半涂而废，吾弗能已矣。君子依乎中庸，遁世不见知而不悔，唯圣者能之。"

[12]　引自《论语·季氏第十六》，第二章；见理雅各译，*Confucius*, 310。"下移"：指那些在政府与社会上居上位者，并没为这些传统负起适当的责任。

[13]　"养晦"出自《诗经》第二百九十三篇（《周颂·酌》）；"席珍"则出自《礼记》第四十一章（《儒行》）。"席珍"中的"珍"指君子因等待正式招聘授官而保存着的德与才。"席珍"一词通常与"待品"，即指"等待招聘授官"，一并使用，故而为"席珍待品"。"席珍待品"四个字在《礼记注疏》，《奔丧》一章中不按照顺序出现。

[14]　《中庸》第二十七章。笔者引自理雅各，*Confucius*, 423，并在几处作了明显的修改。

[15]　《从先维俗议》卷2，页81b-82a。此引自《论语·宪问第十四》，第四章。译释引自理雅各，*Confucius*, 276。相关原文为："子曰：'邦有道，危言危行；邦无道，危行言孙。'"管志道在此引用这段文字实属异常：以上几处引文看似在表明彻底地从公共圈子中抽离出，而按此处的阐述方式则只在排除"危言"并认可"危行"，但管志道似乎是在建议对于言词与行为的警惕与谦逊。

[16]　《从先维俗议》卷2，页81b-82a。

对政府的问题表态。[17]

因此，按照孔子的处理方式，当天下无道时士人必须退出政界，进行无声抗议。但是，"然使人人依中庸以遁世也，将无虚圣祖求言之旨乎"？管志道这样回应了这个假设性的异议：

古者"蒙诵瞽箴，士传民语"[18]，盛王之世皆然。圣祖正以三代之直道待天下也。乃人士，既度其德，又度其时，其自待则不可以不严矣。[19]

134

管志道首先通过《左传》中的一段记述，为明朝创建者授予言论权的阔度做出解释。《左传》提到，庶人公开谤议和士例行传达民声于朝两件事，是古代圣王统治下的社会和政府的内在元素。但是，若这个古代统治方式的想象和管志道从《论语·季氏第十六》第二章中所引，即当天下无道时庶民才议论政府的论述有着潜在的矛盾，管志道并没有对此做回应。

相反地，管志道立即限定了公开发言的理想，表明无论是由古代统治者或明太祖求言，人们都应该更加约束自己，以免发表出不合时宜或不负责任的言论。管志道总结道："进言固自有时也。然则今之

---

[17] 《论语·季氏第十六》第二章是指庶人而不是士对于政府的议论。但看似奇怪的是，管志道竟引之来为士的行为作结论。然而，管志道是在讨论普遍上没有正式身份者，即包括普通庶民至处于士阶层边缘者的范围内，且所引的文章也为无官的理学学者对于统治方式的讨论提供了合理的解释。其实，朱熹把《论语·季氏第十六》第二章的相关部分，注释为："上无失政，则下无私议"（朱熹《四书章句集注·论语集注》，页122）。我认为，通过对于"私议"的指定，朱熹是在表明议论的重点并不是参与者的社会地位，而是进行着这些议论的私人圈子。朱熹通过对这段话的理解，表明失政的后果必定促成，或甚至在某些方面给予这些在私人圈子中的议论以正当性与合法性。

[18] 此为《左传·襄公二十四年》相关部分的意译；见理雅各，*The Tso Commentary*, 462。原文中所提及的瞽者，或许会使人引起对于明太祖晚期《教民榜文》当中所规定，瞽者在于宣讲"圣谕六言"的角色的联系。

[19] 《从先维俗议》卷2，页82a-b。字体区别显示由笔者所加。此关于进言的"德"与"时"的论述，管志道似乎是间接地指向《中庸》第二十八章，三个分别关于德、位与时的从句。此章的其中一种诠释方法，则将"德、位与时"视为统治者主要必须具有的"三重"（见于《中庸》第二十九章）。既然管志道在此是讨论士，他显然没把《中庸》第二十八章诠释为只专门应用到统治者身上，即便他在它处指向了"有三重之王者"。

布衣上书，岂不谓之无事生事耶？且天子之求言，以图治也。试令韦布之流，人人望风献策，国是鸱张，天下亦可治乎？仲尼之门无是也。"[20] 因此，在运用他们合法的发言特权之前，类似士的庶民需要三思而后行。至于那些针对时事上奏而闻名史上的布衣，以及后来以布衣的身份上奏者，管志道一般并不予以认可。管志道在列举了一些历史人物之后，便注意到"末世布衣上书者不少。果有如武侯、邺侯之迫而后起，量而后入者乎？大都以衔玉求售之心，行越俎代庖之事。即其言凿凿可采，君子犹羞称之"[21]。

相较于儒家传统对直谏行为的赞扬，管志道在讨论他的次要顾虑时，即关于官员在朝中进言一事，便透露出了他对于皇权的基本支持：

> 我朝虽不专设言官，而台省终以言责为重，各衙门终以官守为重也。官非言责，而言天下事，则必言台省之所不敢言、不能言者，而后有辞于天下。[22]
>
> ……言路果皆若人，何必更言"默足以容"？而亦何虞于"庶人之议"哉？[23]

第一句话间接地表达出了明朝已经采取重新配置的措施，让谏官监督官僚而不是监督皇帝。[24] 管志道表明，台省有进言的主要责任，而其他衙门只需要管理日常事务。唯有当御史未能做到这点时，其他人方可进言。管志道也断定，如果御史实行了自己的职责，其他官员，当然也包括非官员，则无须把自己抑制在无声抗议中，因为一切事情的运

---

[20]　《从先维俗议》卷 2，页 83a。

[21]　《从先维俗议》卷 2，页 83b–84a；指《庄子·逍遥游》，尧让天下于许由，许由拒之的典故。见钱穆《庄子纂笺》，页 4。译释引自华兹生，*Complete Works of Zhuangzi*, 32-3。许由的部分回答为："予无所用天下为。庖人虽不治庖，尸祝不越樽俎而代之矣。"

[22]　《从先维俗议》卷 2，页 84b。

[23]　《从先维俗议》卷 2，页 86b，指《论语·季氏第十六》，第二章。

[24]　如艾尔曼所谓，"明清时期……统治者时常封闭这条提出异议的途径，或将其转移成为一种对于官僚的监视"（艾尔曼，"Formation of Dao Learning," 74；引贺凯，"Confucianism and the Chinese Censorial System," 181-208 当中的论述）。关于台省的职责，另见贺凯，*Dictionary of Official Titles*, 481。

作将会是良好的。为了帮助御史实行进谏的任务，管志道提供了一部 136
由某位"江西甘中丞"所汇编的《言责要览》的内容概要。[25]

管志道在反省自己为官时曾言语失误的实例，以及重申他对一些
具有发言潜力者（指言官，普通官员以及无官者）的结论之后，便为
他第一篇关于言论的提议做出总结：

> 愚也以此自省，不觉惕然内沂焉。在部司，既有不度德之言；
> 在外台，复有不中机之言。何敢自谓于要览——打得对同也？
> 故特表而出之，以寓自忏之意，亦为有言责者作指南，无言者
> 进药石焉。
>
> 　　在韦布，则与其"行怪有述"，毋宁学《中庸》而"遁世不
> 见知"也。[26]

管志道后悔在担任中央官员以及（因呈上第一封奏折而）被调往广东
之后，所呈上的那不负责任且不合时宜的奏章。[27] 他之所以推荐《言
责要览》，一方面是为了提醒自己关于以往的失误，另一方面是作为
以发言为己任的御史的"指南"。另外，对于其他无须负此责任的官
员，则是作为他们的"良方"：在见证了对于御史的严格要求后，他 137
们会对自己更加严谨，从而起到告诫或遏制的作用。至于非官员者，
这些要求相对更高。尽管或甚至是因为明太祖广开言路，官员和非官
员应有的这种谨慎态度只是关系到个人的自律问题。然而，当中没
言明的是，这些态度亦是高压政治所带来的结果：即如管志道所提
到，朝廷那相互抵消的法令所警告，进言者需要担心，以免他们的说

---

[25] 这部文献，按管志道的概括判断，必定对于进言、不进言、运用何种谨慎度进言
等条件，提供了一个真正详尽的分类。我并没找出其他对于这部文献或作者的引用。
"中丞"一定是官名。《明人传记资料索引》只列了一位万历年间方声名鹊起的江西甘
姓人士，并未曾提及这部文献。我也查了《四库全书总目提要》以及《丛书集成》的
索引，但都没找到此书名。原文中的异体字，我推断为"甘"，该字在《康熙字典》
与《大汉和辞典》也未曾出现。

[26] 《从先维俗议》卷2，页86b-87a。最后两则引文，再一次指的是《中庸》第十一章；
见理雅各译，*Four Books*, 360-1。

[27] 见第一章的略传。

辞被理解成"妄言"。

管志道所传达的是一个双重信息。一方面，当他含蓄地批评言官没有达到"言路果皆若人"的理想时，管志道实际上是在把他人不负责任的言论归咎于那些正式握有"言责"者身上。管志道是否是在说明，如果御史没有失职，那他就不需要进言，以至于牺牲了自己的事业呢？这样的推理思路相同于他在指责由于被授予权力的社区领袖留下了空缺，方让那些不完全具有士身份者多事地急忙去填补的情况；也同于他在解释由于致仕官员私自贪污以及希望得到奉承，方鼓励年少者说长道短。另一方面，就如管志道在这篇奏议的前半部分及最后一句洪亮的结语所表明的那样，撇开他对明太祖授予的言论权阔度的坚持，管志道却明显地反对那些具有野心且没有官方承认身份者的自由言论，正如他憎恨这些人在地方社会不受到礼仪的制约。

庶民之间的政治言论

"各安生理"，这是明太祖著名的"六谕"中的一则。[28] 对管志道而言，这和卧碑当中所谓的广招"在野贤人、有志壮士、质朴农人、商贾技艺"进言，实际上有潜在的分歧：

> 如"言军民利病"乎，岂无妨于"生理"？如"各安生理"乎，何暇及于"军民利病"之图？二义若相违也者。[29]

此外，虽然士有资格商酌政事，"乃质朴农人，商贾技艺何知，而亦许之进言？无乃率天下而路以荒其生理也"[30]。那么太祖的想法究竟为何？管志道的解答基本上指明要效仿古时贤明的统治者阔度地征求意

---

[28] 引自《教民榜文》。见朱元璋，《皇明制书》(《续修四库全书》版见于卷九，页 8a-9a ; 东京藏版见于卷一，页 470-1)；译文引自范德，"Ming Taizu: Placard for the Instruction of the People," 790.

[29] 《从先维俗议》卷 2，页 87a-b。

[30] 《从先维俗议》卷 2，页 87b。

见的做法，只适用于建朝初期，当制度还在建立中的时候。[31] 但如今，正如那使人安分的圣谕所表明的，"士民，则以素位而行，不愿乎外为道耳"[32]。按照程颐对于《易经》的解说，管志道认为士所应"安"于的"生理"是学习抑或读书，并不是通过积极地寻求升迁的机会来表现出自我的安分。士唯有等到被赐予了升迁的机会方可接受。[33] 既然管志道于此讨论的是关于明初言论的条例，那么此含义则貌似是指在尚未受到统治者对于其"学"的认可而赐予他们官职之前，士不应当针对政事而进言。管志道总结道："是故有道之世，不问士农工商，并以各安生理为正义。"[34]

　　然而，管志道之后稍微改变了自己的论述，将"各安生理"这法定用语，明确地应用到庶民身上。他写道：

> 而士则难与农工商贾并论。此义又在《戴记》中，《太学》一篇。《太学》一篇，教太学之士者也。故言"明明德"，即言"亲民"，而究其极曰"止于至善"，扩其量曰"欲明明德于天下"，然太学

139

---

[31] 自古以来，圣帝明王"立贤无方，求言亦无方"。管志道因此将明太祖的"广开言路"与上古圣王"立贤"和"求言"的传统相互联系。他补充道："而况开国初，又议礼制度，考文之日，采纳安得不广？"《从先维俗议》卷2，页87a-b。这句指《中庸》第二十八章，见理雅各，*Confucius*, 424，但理雅各将"礼"译成"ceremonies"而不是"rites"。关于管志道对《中庸》这段话的诠释，即皇帝，尤其是开国皇帝对于礼仪与制度的权力，请见第四章。

[32] 《从先维俗议》卷2，页87b，引《中庸》。我把"士民"一词诠译为"士与民"。按何炳棣的解释，"士民"一词能指区别于"官方学士"的"庶民学士"。何炳棣坚称这两者，即政府内外的士的区别，能在"诸多儒家经典"中找到，且"持续在两千多年的后封建中国存在着"。他进一步表明，"四民"当中的士，专指"庶民学士"，而并非担任官职的士（见 *The Ladder of Success in Imperial China*, 35；引瞿同祖《中国封建社会》，页193-196）。我将对这一分析，尤其之后的两点，提出质疑。我尚未见过其他文献资料表明，四民当中的士应当如此理解，尤其是对于帝国晚期的语境而言。无论如何，按上述管志道《从先维俗议》当中，关于明太祖对于言论广泛的规定的文章，当前"士民"一词看似明确地指士与普通庶民的统称。

[33] 管志道完整地引用了程颐对于"履"卦《象》当中"定民志"的诠释。该象传曰："上天下泽，履。君子以辨上下，定民志。"程颐把"定民志"诠释为所有人民，上至大夫公卿，下达"农工商贾"，全部都应当有"定志"。关于士，程颐认为："士修其学，学至而君求之，皆非有预于己也。"（程颐编传《易程传》，页96–97，笔者英译）管志道修改了原文当中的一个字，但并不影响该句意思，见《从先维俗议》卷2，页88a。

[34] 《从先维俗议》卷2，页88a-b。

之外，岂无农工商贾之俦乎？亦责之"明明德于天下"，则逃生理而越分生事者必众矣。故又约其本曰"自天子以至于庶人，一是皆以修身为本"。盖不问卿士庶人，靡有不以修身立本者。[35]

140　理学家将原本在《礼记》的讨论语境中出现的《太学》抽出，合成理学核心经典——《四书》当中的一部。管志道也许是受王阳明的启发，方以此文献最早的名字称之。如此一来，管志道便强调它是用于"教太学之士"，故称之为《太学》而并非《大学》。为了用作太学的教材，管志道把"修身"和"明明德于天下"两者区分开。后者的学习程度，同时和"亲民"及"止于至善"，乃是太学生抑或如管志道所称，即那些特地被教育成为政府领导的"太学之士"的理想与责任。比较基本的"修身"，则是上至君王，下达百姓，所有人的理想与责任。这样的二分法让管志道得以证明，即使安于自己的生理，有别于一般庶民的士本身仍需关心国家的治理，因为其所学主要是为了达到"明明德于天下"。这样的区分正是《易经》所谓，圣王"辨上下，定民志"的方法。士不应当比庶民做出更多的表现，但这两组人的角色是有区别的：士必须更主动地参与国家治理。

　　在管志道的模式当中，这些角色都有所区别。但在实际运作上，却是模糊的。这是因为有些人无法被归入士或庶人阶层当中。尽管管志道给了官方承认身份（即爵位或中举）特殊的对待，他在言语中也承认了某些没有这些正式身份的人对于自己具有士身份的声称：好干预事务的"处士"，可敬的"山林隐逸，怀才抱德之士"，以及博学的布衣，即管志道引卧碑的原文而称之为"贤人壮士"者。在管志道关于言论的第二篇奏议中，当他在提到士的时候，仿佛认为使士区别于庶民的特征是显而易见的。然而，这个区别却又不是学习本身，因为即使是庶民也可以致力于修身。唯有士需要更进一步地把自己所学的关注到天下事。但是，我们又该如何判断哪些致力于修身的是士，哪些又是庶民呢？

---

[35] 《从先维俗议》卷 2，页 88b。

管志道直接回应了这个问题。针对他所谓出身卑微的几位明朝著名儒者，管志道提出了以下使士区别于庶民的假设性异议："国朝倡道布衣，若吴与弼、胡居仁、陈真晟、[36] 王艮诸名贤，亦皆四民之杰。可一一局以生理，而不与其明明德于天下乎？"管志道把这个假设性异议所涉及的对象，扩大到一些皆属于"农工商贾中人"的孔门弟子，并进一步提问他们怎么能够被局限于修身，而不许进一步去关心天下事？[37] 这些问题实能抓住在明朝阶级不公等的问题的核心，以及儒家的保守倾向和儒家对于个人道德及努力的关注之间的矛盾。

141

为了回应上述所提出的异议，管志道便主张实际上所有的明朝儒者（除了王艮之外）就如同所有孔门弟子一样，皆是士：

> 孔门之诸贤，皆士也。周制，士起于农。[38] 不废"生理"[39]，而乐群于先觉之门，[40] 正"三物（六德、六行、六艺）教万民"[41]

142

---

[36] 关于吴与弼（1391—1469）与胡居仁（1434—1484），可见陈荣捷，"The Ch'eng-Chu School of the Early Ming,"主要见于页 31-32 以及 38-46，以及李弘祺，Education in Traditional China, 628-69, 631-3。关于吴与弼，也可参考：戴彼得，"Contesting Authority," 278-80, 289; 房兆楹、秦家懿与 Huang P'ei，"Wu Yü-pi,"于 Dictionary of Ming Biography, 1497-1501。吴与弼的父亲乃一官员，但他不肯入仕，遂过着农人卑微的生活。关于陈真晟（1410—1473），见《明人传记资料索引》，页 588。

[37] 《从先维俗议》卷 2，页 89a。见《四库全书存目丛书》版（《太昆先哲遗书》当中此页缺）。

[38] 这句话并没有在《周礼》当中出现；因此也没有在《礼记》《论语》或《孟子》当中出现。然而，我相信管志道是按接下来从《周礼》当中所引，关于教育的制度与惯例为基础，而做出的论述。

[39] 即指他们边躬耕边学习。此处间接地指明太祖"各安生理"的圣谕（见朱元璋，《皇明制书》（《续修四库全书》版见于卷九，页 8a-9a；东京藏版见于卷一，页 470-471）；译文引自范德，"Ming Taizu: Placard for the Instruction of the People," 790）。

[40] "先觉"一词分别见于《孟子》万章上第七章，与万章下第一章。当中，孟子引了伊尹以这一词形容了自己，以及自己"使先觉觉后觉"的责任的原文。（见刘殿爵译，Mencius, 146, 149-50.）然而，在当前的语境中，这常被引证的术语并没有任何直接的适用性，加上这个词并不泛指学校或对于人民的教育。（更确切地说，在《孟子》原文当中，伊尹是在给出他决定为商汤效力的理由。）

[41] 指《周礼·地官司徒·大司徒》当中原文。该原文为："以乡三物教万民，而宾兴之。一曰六德：知、仁、圣、义、忠、和。二曰六行：孝、友、睦、姻、任、恤。三曰六艺：礼、乐、射、御、书、数。"同样按《周礼·地官司徒·党正》，将民"兴"为"宾"的仪式，当于行社群的祭酒仪式时候进行。

之遗法。若吴、若胡、若陈，可当古者"以贤得民之儒"[42]，亦可当今社学中之师儒，山林中之隐逸。何谓非士？唯王氏出自泰州一灶丁，正在农工商贾之列，而于道则不可谓无闻矣。阳子野，岂非晋中一布衣哉？晋之鄙人，熏其德而善良者几千人。王氏庶其近之。[43]

虽然管志道方才表明孔门弟子包括了"农工商贾中人"，但他现在却说他们全都是士。为了做出这一主张，管志道假定了"周制，士起于农"。在周朝的体制下，存在着如此的假设或期望：即某些来自农家的德才兼备之人，皆会自然地提升到士的身份。至于他们将如何提升，或甚至是否会被授予爵位，则不明白。无疑地，他们所拥有的士

143 身份并非来自任何这样的爵位，而是因为他们曾教育了一般平民。同样地，管志道把被标为"布衣"的明儒（除了王艮），比为那些或许能被视为准官员的明代社学教师，以及地位肯定不取决于国家认可的"山林隐逸"。周代的农人并非因为有了爵位而成为士，而是因为他们"不废'生理'[44]，而乐群于先觉之门"。管志道唤起了"生理"，这一明太祖在圣谕中敕命人们得安分于之的概念，主要是为了表明周代的农人即使在开始学习和教授之后，他们仍继续躬耕。他们只不过是像明代社学教师与那些博学的隐逸，在地方社会上兼任了基础教育者的身份，并没为追求荣耀而离弃自己的社会岗位。这些被束缚在地方上和社区内的教师谦卑地为社会服务，而那些隐逸者（指真正的隐逸，而非那些讥讽致仕贪官的假"隐逸"者）则只关心自己的生计，并声明完全放弃了在政治上的参与以及对于社会声望的追求。[45] 要辨认出那些从农人阶级兴起的真正的士，就得找出其对于学习的真诚和谦逊

---

[42]　这明显地指《周礼·天官冢宰·大宰》当中原文，却是一个不准确的引用：《周礼》原文是指师"以先得民"，而儒"以道得民"。鉴于管志道对于把"（传）道"视为儒者的责任的强烈反对，那么在此对于原文的不准确引用或许是适当的。

[43]　《从先维俗议》卷 2，页 89b。

[44]　即指他们边躬耕边学习。此处间接指明太祖"各安生理"的圣谕（见朱元璋，《皇明制书》《续修四库全书》版见于卷九，页 8a-9a；东京藏版见于卷一，页 470-471）；译文引自范德，"Ming Taizu: Placard for the Instruction of the People," 790 ）。

[45]　依照惯例，管志道把明朝的社学与周朝的乡校联系起来。

的态度，以及在地方社会的扎根。

按照这些标准，王艮的案例便成了问题。和周代"士起于农"的情况不同，王艮乃"出自泰州一灶丁"。[46]管志道并非唯一一个指出王艮出身商贾的人：在众多晚明和清初的记述及 20 世纪的研究当中，关于王艮的观察之一即是他与许多弟子皆是商贾技艺之人。[47]管志道自大的态度一方面表明了当时人面对一个正在扩大的商业经济时，便普遍上保守地希望把农业保留做首要的经济作业。另外，更有趣的是，管志道渴望将无官职但有学问的人，尤其是那些任教者，束缚在他们自己的社区及他们所劳动的土地上。身为一名盐商的儿子，王艮生来想必就是一个无根的四海为家者。无疑地，他也正是管志道特别厌恶的江湖学者。不仅如此，与其如管志道所强调的谦逊地致力于自己的"生理"，且当其他在管志道的讨论中所提到的儒者都能做到时，王艮竟极端地声称求得了所学的庶民实际上具有道德潜能和领导权威。在管志道看来，王艮鼓励来自各种不同背景的人不要仅是教育乡童，而要为自己争取远超越任何被授权的士人所有的声望和领导权威的做法，间接地挑战了当时的统治者。对此，管志道便给予了谴责。

书院、学宫与讲学：挑战儒学合法行为的界限

管志道评价王艮的身份时所做出的详尽论证，指出了他按《大学》中的模式来区分晚明社会上的士学和庶民之学时，所面对的困难。这个模式源自周代。当时太学是士学的核心，乡学则是庶民学习修身的场所。在乡学接受基础教育的庶人当中，只有少数人能够学

---

[46]　既然管志道总结了王艮"正在农工商贾之列"（字体区别为我所加），他的用词会浑淆这一论述。然而，上述引文的整体意义在于说明，即使"农工商贾"皆是"庶民"，农人实际上与后两者有所区别，因为农人代表了一群有资格提升到士身份的人。

[47]　是否因为王艮有商贾百工阶级的弟子，方使他成了在众多著名的明代理学教师当中较独特的一名；抑或是他的独特之处，只在于他由教导这些职业群而得出的显著学说，则皆不明。鉴于晚明社会的流动性（以及管志道本身所观察到，社会界限的模糊），我怀疑后者方为真正的理由，但我尚未能针对像是王阳明其他著名的弟子做出具有条理性的调查。

145 习成为既在教书又在躬耕的士。但是，明朝的官学体制以及该体制所部分汲取的理学学说当中对于《大学》的诠释，实际上把京城中央学府的士学方式扩大到地方上的学校。[48]然而，在 16 世纪，县级和府级的官方儒学（Confucian schools）除了作为生员的登籍中心，已经没有任何作用，也被书院所取代。[49]士学的授受大部分在这些本质上非官方的地方机构进行。因此，在为谁以及在怎样的语境下应该去追求更高的士学（即相对于仅仅的基础教育）下定义和划定界限时，便显得格外的困难。在管志道看来，寻求一位私人教师对周代的士学而言是一个重要的阶段，而这只有在毕业于太学，并正式被准许接受士学之后方可进行。尽管管志道采取中央集权的方式，他却不愿意承认唯有国家能够指派士，或者将士学和士的政治活动仅仅局限在国家机构内。然而，管志道确实希望限制一个非国家机构以及一个在他看来，状态、作用及听众身份皆格外含糊的活动——书院以及在此进行的讲学聚会。[50]

有许多史学家已经关注过晚明那具有政治意义的讲学聚会及主持这些聚会的书院。内阁首辅严嵩与张居正（分别于 1538 年与 1579 年上任）对于书院的禁毁，以及之后（1625 年）对于东林改革运动及相关书院的压制已经向史学家说明讲学涉及了政治性的内容，也具有政治含义。[51]在现存的讲学聚会记录中，很难找到毫不隐讳的具政治性

146 内容。但是，管志道却将讲学和上奏章两件事作了联系。他把讲学看成一个或多或少在处理和政治直接相关的问题的论坛，也把这个活动与呈上涉及政策的奏议联系在一起。奏议并非只是积极的官员在朝廷

---

[48] 关于明代的县、府、州与社学，见李弘祺，*Education in Traditional China,* 96-9。有关蒙古先例与理学概念模式下的乡学，则见页 91-92。另关于明代社学的研究，可见施珊珊，*Community Schools and the State in Ming China*。有关理学概念中，下至地方上的学校教育，可见朱熹《四书章句集注·大学章句序》。

[49] 李弘祺，*Education in Traditional China,* 100。

[50] 在明代的语境中，我按郝康笛的做法，把"讲学"翻译为"lecture-discussion"，以体现出明代的惯例。见郝康笛，"The Jiang-yu Group," 96。

[51] 关于明代书院的一般讨论，可见李弘祺，*Education in Traditional China,* 99-103，以及，穆四基，*Academics in Ming China*。（有关官方压制方面的论述，分别见于李弘祺，100-102，以及穆四基，138。）关于东林书院的讨论，可见卜恩礼，"The Tung-lin Shu-yuan," 1-163。

上发起关于政事的讨论的主要媒介，也是在明代典章的准许下，属于一般平民的媒介之一。正如管志道所解释，明太祖对政治言论有一套双重政策，认为元朝是因为阻隔了民情表达而灭亡的，而其他的政权则是因为"处士之横议"而灭亡。这些条件已经能够充分地在概念上把直谏和讲学联系在一起。

管志道除了简要地暗示讲学的内容或许涉及当前制度的实施问题，甚至涉及对重要官员的批评，并没针对当时讲学的具体政治内容加以记述。但是，他对于讲学和朝廷政策讨论之间的关联的理解，则透露出了讲学更加根本的政治意义。这当中涉及教学和进行领导两者之间的关系，以及更精确而言，儒家话语当中对领导权的讨论及正式的帝王统治两者之间的关系。按我之前的讨论，即管志道所持的对于历史上的儒学和师道的概念，以及他把政治言论与士学两者之间所做的联系，我将会通过管志道针对书院和讲学聚会的评论，提出从中所能得到的关于他的实际教育活动和教育机构的信息。

由于管志道不愿意仅根据士的官方地位来判断他们的合法性，他们所追求的目标，以及他们就学的机构，他遂以经典当中的模式而不是以相关的明初典章来展开他对于书院的讨论。在《追求国学、乡学、社学、家塾本来正额以订书院旁额议》一文当中，管志道一开始便把古代的教育机构跟明代的学校作了联系（见于表 1）。[52] 虽然这些并不全是政府机构，管志道却解释说这些机构皆属于学校"正额"的范围。

147

---

[52] 《从先维俗议》卷 2，页 99b–111a。管志道在页 99b–100a 辨认出了哪一些明代的学校是与经典当中所列出的几种学校相对应。关于天子之国学与诸侯之国学，见《礼记注疏》，《王制》，页 115–262（12/4），译文引自理雅各，*Li Chi*, 1:33。至于与社学相对应的（并不单对管志道而言，也适用于大部分明代作家），见《礼记注疏》，《学记》，页 116–82（36/4）。该文当中注明了"家有塾"；理雅各的译文当中（*Li Chi*, 2:83），在括号内添加了"a hamlet"（村庄）一词，并且说明一个村庄应当有二十五户。我并不知"五家之塾"的出处。《左传·襄公》则似乎是"乡校"一词最常被引证的经典。（编者按：另见理雅各，*Li Chi*, 1:219; 1:232, 1:242。）

表1 古代与明代学校对应表

古代模式	明代相对应的机构（按管志道分类）
辟雍或天子之国学	国子监
泮宫或诸侯之国学	府州县学
校（乡级） 庠（党级） 序（术级）	社学
五家之塾	富贵家延师之馆；各乡村训蒙之馆

相比之下，在所有机构当中，"先贤义起讲学书院，似学宫而非学宫，似义塾而非义塾，则属旁额，"[53] 故显得格外突出。作为在官方及非官方的倡议下所产生的一种异常且含糊的混合体，书院虽"近私创之条"，却侵犯了帝国政府的权力。首先，对管志道而言，"书院"一词本身就侵犯了当时普遍用语上也称之为"院"的提刑按察使司和承宣布政使司的地位。[54] 接着，本应归入学宫的资金却流入了书院：

> 而学士大夫，膺民社之责者，有公羡，不以缮治学宫，而以广辟书院，似鄙学宫不足谋道，而别设一贤关然者，不无稍违于"为下不倍之道"。[55]

为了纠正这个疏忽且不安分的情况，管志道竭力主张：

> 在当道则于学宫相近之墟，曷不修复射圃原额，构一讲堂于其

[53] 《从先维俗议》卷2，页100a。我尚未在明初的法律中，找到管志道的讨论当中各种学校的实际数额的引证。有关其他明朝作家对于这类学校体制的分析，可见施珊珊，*Community Schools and the State in Ming China*, 65。

[54] 穆四基注意到，在管志道的时代，"三吴间，竟呼书院为中丞行台"（穆四基，"Academies and Politics in the Ming Dynasty," 162；引沈德符《万历野获编》卷二十四，页608）。

[55] 《从先维俗议》卷2，页100b。指《中庸》第二十七章，见理雅各译，*Four Books*, 410。

中，以待诸生之向道者？[56]

　　管志道通过斥责并呼吁那些"学士大夫"而不单只是县令和知府，强调了大夫在更广大的士阶层当中的成员身份，并提出他对于士阶层的角色和适当活动的定义的根本顾虑。管志道或许也打算把住在该区的致仕官员及其他中举的地方人士包括在内。这是因为书院通常是经由官员与地方精英的特别合作而成立的：这也是跨越官、私界限的另一表象。

　　在书院的准官方、半私人的表面下，管志道之所以将书院排除在学校"正额"之外，实际上存在一个更危急的根本问题。虽然明代的塾馆并非政府机构，但是在经典中，它们的相对应模式却是由古代圣王所成立的。毫无疑问，它们属于明太祖所建立的圣明统治下的制度。书院并没有类似的来历，而是近来同时由官员与地方人士所创建的。管志道坚持主张"自孔子以来，至于有宋盛时，并不闻有民间私起书院，亦不闻天子有特诏建立书院。书院起于宋室南渡之后"[57]。管志道忽视了北宋时期，由著名的私人教师，如胡瑗，所建立的书院。但是，管志道认为真正是到了南宋时期，书院和讲学方开始兴盛，并以此作为当时理学学者创建来推广"道学"（即脱离了国家以及其导向科举的教育）的空间的看法却是正确的。[58]

　　在史学家看来，在明代复兴的书院也提供了类似的功能。管志道大致上把当时书院的迅速发展归因于王阳明。[59]真实情况的确如此，因为在王阳明的影响下，书院兴起并作为推广及追求一种偏离国家课

149

---

[56]　《从先维俗议》卷2，页108a。

[57]　《从先维俗议》卷2，页100a。

[58]　关于胡瑗身为一名私人教师的重要性，见狄百瑞，"The Confucian Revival in the Sung," 588。有关书院在北宋初期最初兴起的记述，见万安玲，*Academies and Society in Southern Sung China*, 25-30。关于南宋书院与道学的关联，见万安玲，6，32。万安玲以"True Way Learning"而并非"Neo-Confucianism"来翻译"理学"。在对比南宋时期，理学以书院为基础的教育以及以科举为中心的教育时，贾志扬论述道："科举是受皇帝与其官员所控制的帝国制度。相比之下，理学教育则直接求助于经典与当代大师们对于经义的阐释，从而完全越过了皇帝。"（*Thorny Gates of Learning*, 186）

[59]　《从先维俗议》卷2，页101a。

程下的儒学的空间，即使相比宋代，明代的课程已经以理学的文本和读物为基础。[60] 书院为私人学者表达自己声称继承的"道统"责任提供了一个制度化的基础。但与此同时，明朝的书院却助长了时人提升社会地位的疯狂追求。即使没有直接为学生准备科举考试，书院却能促进最终有助于仕途升迁的关系网的建立，或者仅仅作为学生赢得声望及影响力的另一圈子。相对于宋代书院的领导，明代书院的领导或许也比较不直接地反对科举考试。[61]

明代书院既独立于国家之外又以自己的方式参与国家事务的特征，给管志道造成了难题。管志道为了提防讲学活动被滥用来追求社会声望，或者被用来宣传在他看来不正当的"道统"继承的主张，便提议向书院实施大量的限制。但是，像往常一样，管志道并没完全屏除书院的功能。这就如同他以国家为中心的模式为私人教师保留了重要的地位一样，他也看到了书院潜在的有益角色。

管志道把一般的讲学活动（即区别于书院本身）的先例追溯到"以学之不讲为忧"[62] 的孔子，以及更进一步回到当"后觉必就正于先觉"的"成周"时期的"王制"。[63] 然而，明代的讲学活动和孔子的做法并不相同。管志道注意到，孔坛"从授受间，发明六德、六行、六艺（即"三物"）之蕴……无一毫'素隐行怪'之习"。[64] 管志道在此首先把孔子的"讲学"和他之前所注意到的古代以"三物教万民"的基础教育（即《周礼》当中的记载），做了密切的联系。[65] 接

---

[60] 王阳明和其他推广书院的人一样，主张真正的儒学跟为了科举考试而做准备并不一定是互斥的。见王阳明《传习录》，第103与241节，陈荣捷，*Instructions for Practical Living*, 66, 207-8。然而，王阳明提倡了一种不再重视读书的哲学讨论，且当他关注文本时，有时偏离了朱熹正式认可的读本，即如同他选择回到古本《大学》的例子。见陈荣捷，*Instructions for Practical Living*, 31-3 的导言部分。

[61] 穆四基留意到与对于科举考试的嫌恶相同的"充分证据"，在明朝书院的复兴起到了作用。然而，他也观察到那些提倡复兴的人，"并没提倡如此简单与完全的反对"，且同样注意到了学生或许会秉持着进行哲学探究与为科考作准备的双目标而进入书院（*Academies in Ming China*, 25）。

[62] 引《论语·述而第七》，第三章。

[63] 《从先维俗议》卷2，页101b。

[64] 《从先维俗议》卷2，页101b；引《中庸》第十一章，译文见理雅各，*Four Books*, 360。

[65] 《从先维俗议》卷2，页89b，引《周礼·地官司徒·大司徒》。

着，他再次引用了《中庸》所表达的孔子针对政事发言时的谨慎和犹豫态度的相关记述。如此一来，管志道进一步把他之前关于政治言论与书院的相继讨论联系了起来。此举也解释了管志道之所以对当代以书院为基础的讲学活动存有不满，是因为其参与者不只是通过这一活动来追求名誉，更甚的是在过程中，即使是在"素隐"，却干预或声称自己必须对政务负责任。

管志道认为，"后世之弘敞书院"在规模上以及讲学的内容，明显不同于孔子的讲学之处——杏坛。[66] 事实上，管志道并没有把杏坛视为书院的先导而是"孔子之家塾"，故也属于学校"正额"。[67] 尽管16世纪晚期的讲学聚会通常引来广大的江湖听众群，管志道却认为杏坛的"规模未必大于五家之塾。虽'有朋自远方来'[68]，群居常不蒲数人"。他之后补充道：

> 且洙泗濂洛之讲堂，不以泛集聚谈为贵，而以慎交密薰为贵。今之千百成群，龙蛇混杂。[69]

这不仅仅是数量的问题。在杏坛以及早期的书院，社会关系是有纪律、有秩序并且是实质的。由于学生人数较少且经过精挑细选，教师在讲课时方能够强调应用在日常社会互动的仪注的细节和细微差别。具有大、小德行之人都聚集在那里。这一模式和管志道时代的"弘敞书院"何等的不同！这是因为在传道方面，为了吸引更广的听众，讲师自然会强调斯道的简易和普遍适用性，即按照王阳明与王艮的模式，特别是后者。

管志道在讨论讲学聚会的规模以及讲学聚会所提倡的各种互动和社会关系的问题时，对当代书院聚会参与人数的周游性和流动性表示特别关注。他写道：

152

---

[66]　《从先维俗议》卷2，页101b。

[67]　《从先维俗议》卷2，页100a。

[68]　指《论语·学而第一》，第一章；英译引自布鲁姆，"Selections from the Analects," 45。

[69]　《从先维俗议》卷2，页108b。

先王之世，士非载贽求仕不出疆，非裹粮寻师不出疆。庶民非避地远害不出疆，非行贷四方不出疆。并未有担道统，聚游徒，侵司徒、乐正之教权以出疆者。[70]

管志道使周朝的两个教育官扮演了和明代督学使类似的角色。这一角色主要通过政府学校的登籍体制，承担了监督全体学生的责任，遂意味着对于学生的控制是在圣明统治下的一个规范。管志道于此再次提及卧碑禁止学生针对政事发言的条例："各学中原有卧碑，令学生勿干外事。"[71]学生登籍体制和卧碑两者皆表明明太祖十分警惕学生的政治活动，即使是普遍上在受准许的课室环境之外进行学生活动。[72]但是，相较于上古和明初，如今著名的讲师已"聚徒出疆"[73]。当管志道首次提及周朝往来于诸侯国之间的禁令时，他强调的是周朝统治者对于这一禁令的解除，准许新近的毕业生出外寻求自己的私人教师。相比之下，这里间接谈到的则强调了在管志道时代的流动学生的总数，并非只是简单地对个别合法地在寻求老师的学生做出统计。更确切地说，明代著名的教师正在"聚徒"，并且引导着学生穿梭于书院与书院之间的讲学路径。因此，周朝的旅行禁令应当维持下去。

管志道从明代大量的讲学聚会中，看到了"战国游士之余风"[74]。他在讨论中将这些"游士"与战国时代以"横议"而使六国灭亡的"处士"，以及那些声称具有一定士身份，且未经统治者的授权和委任的尝试达成些英雄事迹的"侠客"（或"游侠"）画上了等号。[75]管志道也用了"侠客"一词称呼某些为了得到声誉并提高社会地位，故而在当时结诗社的人。在把"游士"一词与另一更不可取的群体做了联系后，管志道写道：

---

[70] 《从先维俗议》卷2，页89b–90a。

[71] 《从先维俗议》卷2，页109b–110a。

[72] 明初政府在调控学生，尤其是学生政治活动的尝试，皆无疑受到北宋时期积极与激烈的学生抗议的影响。见李弘祺，*Education in Traditional China,* 96, 624-7, 643-56。

[73] 引《礼记注疏》,《曲礼》,页115–97（4/24）。

[74] 《从先维俗议》卷2，页108b。

[75] 《从先维俗议》卷2，页104a。

昔人谓"三游"，国之蠹也。为其荡民风而坏士习也。六国之亡
亡于此；元末之乱乱于此。君子可无防其渐欤？[76]

基于其"（漫）游"的举动，或从住所旅行"出疆"，并且同时引诱其
他来自社会各阶级的人离开家园和岗位，这些在身份上和士一样的人
所造成的威胁已经十分明显。管志道也说明这种风气"实自泰州始，
流而又流"[77]。

在管志道看来，一旦王艮"高揭道标，遨游郡邑，倡言匹夫'明
明德于天下'"，问题就已经开始。这是因为"庶人不以修身为本，而
争言'明明德于天下'"。[78]领导着弟子并遨游于"郡邑"之间，以及
鼓励"匹夫"或普遍上的"庶民"任于道两者之间有着直接的联系。
根据管志道的看法，王艮做到了以上两点，而且在两方面都使社会上
各阶层的人违反了明太祖"各安生理"[79]的圣谕。管志道的忧虑是明
显的：他称王艮为当代理学之"侠客"。王艮及其弟子皆聚徒自"一切
农工商贾之子，文艺不能入有司之选，词翰不得跨山人之群"[80]。如果
所谓"有司之选"在管志道看来已经属于最低水平，王艮甚至受到了
非生员者的欢迎。若果真如此，王艮的举动对于国家教育官员的权威
的侵犯，主要不是因为干预了在他们管辖之下的登籍学生，而是颠覆
了这些官员控制学生群体的成员人数以及举动的权威。

这些庶人之子也被排除于那些没有，或没在追求任何官职，但却
因其文才和声誉而声称为士，以及能够针对致仕官员说长道短来施加
压力的"山人之群"之外。然而，管志道却在这群假文艺"山人"当
中找到了其他仿效王艮的之人。"退位文豪，下第举子，亦多煽此风
声气习……以为讲学之士犹然，吾胡为不然也？"[81]在他自己的家
乡，王艮的例子所造成的最令人担忧的反响，实际上是那些文艺圈子

154

155

---

[76]　《从先维俗议》卷 2，页 90b。

[77]　《从先维俗议》卷 2，页 90a。

[78]　《从先维俗议》卷 2，页 89b–90a，引《大学》第一章，第四句。

[79]　引自《教民榜文》中的"圣谕六言"。

[80]　《从先维俗议》卷 2，页 90a。

[81]　《从先维俗议》卷 2，页 90a–b。

中人。管志道写道："吴越间之不安生理者，又不在讲学中，而在词人墨客中。"[82] 鉴于此，我们能够把管志道对于当时某些诗社创建者的描述，理解为"不士不农之侠客"[83]。

王艮在这群不负责任之人当中的影响，已经侵犯了社会和地理／行政的界限划分。即使王艮实际上并没引起吴越之间文艺山人的政治行为，管志道的假设至少表明了关于谁能够被当作士的问题和以下三个较广泛的历史趋势两者之间的普遍联系：（一）科举制度的扩充（当中包括以科举为导向的教育）；（二）讲学的增长，伴随着书院的繁盛；（三）一种强调"道"的简易性及可达性的新型儒学的兴起。阳明学派对于机械式读书方式的反对，通常被理解成反对以科举为导向的教育，以及在该教育体系之下为了文章习作而产生的文艺圈子。[84] 然而，王阳明扩张性的吸引力及王艮更大胆的学说在书院、讲学以及文艺社团当中的制度化，则受到了处于正在扩展的社会精英阶层的边缘之人的极大欢迎。文艺社团毕竟为考生做好文章写作的准备，并同时如同讲学般提供了他们一个在科考之外，能够获得名誉和威望的机会。除了对王艮的谴责，管志道通过《从先维俗议》当中的一些篇章强调了科举制度给社会秩序造成的破坏，以及在其他的文章中强调了明代地方书院的不良影响，敏锐地将这些现象联系了起来。

随着宦官魏忠贤于 1625 年对东林书院和其他相关书院的压制，有些书院也压制了讲学活动，并重申对于学生的管制及学生之间的纪律。[85] 管志道对于明代书院提倡了大规模的流动性聚会，且忽视了学生之间的素质、数额和礼仪秩序的抱怨，似乎成了这些变化的预兆。然而，管志道却见证了早在 1579 年，由内阁首辅张居正（即终止了管志道的仕途者）执行对于书院的压制。在关于书院的讨论当中，管

156

---

[82] 《从先维俗议》卷 2，页 90b。

[83] 《从先维俗议》卷 1，页 19a。

[84] 关于范文的流通与使用，尤其是在明朝时期，见李弘祺，*Education in Traditional China*, 398-9。

[85] 见穆四基，*Academies in Ming China*, 155-7。

志道把王阳明的负面影响，认作是张居正废除书院的理由。管志道认为张居正最直接的动机是不良的：他是"激于讲良知者之督其过"[86]，并没有"真正拒跛放荡之心"。然而，管志道却认可了张居正的行为："而其毙霸学之梁汝元于杖下，拆私创之书院于江浙间，亦未可谓之过举。"[87]

　　正如管志道在论述中提及江浙地区时所表明，张居正主要是集中针对处在或靠近南方城市区的书院进行压制，以及这一举动所造成的直接影响（即使这些影响在 1582 年，当张居正逝世后曾受到了很大程度的逆转）。[88] 然而，细微的差别仍继续存留着。张居正以一个统一的教育体制反对了书院所带来的干扰性。在 1579 年之后，书院的教育和仅为科举考试做准备的学习两者之间的区别已经没有那么明显。而且，书院的捍卫者表明书院应当作为官学体制的辅助机构。[89] 当在这个时代写作的管志道指向了王艮和书院运动对于其家乡的文艺圈子所造成的影响时，或许正会因此而批评了书院。管志道不仅没有把书院视为官学和政府机构的辅助，反而认为是对这些机构的侵犯。

　　然而，或许与张居正不同，管志道在反对明代的书院时并没有普遍针对私人学校或机构。他写道：

> 国制固有不禁人之新建者：品官家之祠堂、讲舍，士庶间之社学、塾馆是也。苟有志于联密切之友，接远方之朋，随地可以营构，亦随义可以起名，而不必滥书院之额。[90]

管志道明显地反对书院（甚至认可对于它们的压制）并非因为它们大部分是在私人倡议下建立，而是因为管志道在它们不明确的地位中看

---

[86] 《从先维俗议》卷 2，页 107a。

[87] 《从先维俗议》卷 2，页 101a。管志道虽作了"特有非所嫉而嫉者，非所毁而毁者"的补充，但并未说出细节。

[88] 穆四基, *Academies in Ming China,* 138。

[89] 穆四基, *Academies in Ming China,* 138, 142-3。

[90] 《从先维俗议》卷 2，页 108a。

到了一个特别容易受到滥用之处。按管志道的说法，"书院"这一名字已经代表着一个平台，一个用来坚称拥有士的身份，以及拥有独立于能够控制这些主张的制度和规范（包括当朝和在经典中的）之外的权威的平台。管志道并不是提议废止书院，而是通过成立"旁额"[91]来调控书院运动。更确切地说，"存先贤之旧额则可，创今日之新额则不可"[92]。尽管根本不应该建立新的书院，管志道却提议维修一些著名的、存在已久的且大概是指那些由宋代或甚至是元代，但绝非是明代的学者所创办的书院。

管志道为何会有如此的提议？为解答这一问题，那得回顾管志道曾认可了早期宋代书院的规模和教学方式。除此之外，管志道认为明代统治下的新书院是不合法的。这是因为在明代，而不是在明代之前，道统和治统是统一的。然而，管志道的论述并非完全一致。如前文所述，虽然管志道彻底贬低理学家对于道统已经移交到了孔子与学者的身上的学说，但是他也记述道："宋元之道统分于下，而法纲且疏。我朝之道统握于上，而法纪且密也。"[93]管志道实际上把实行保存和尊重宋元时期的书院的基本政策之功，归于明太祖："太祖定天下，既建诸学，而亦不革先贤之遗下书院。景德也。"[94]明太祖不可能预先考虑到（也不会批准）书院将接踵而来和无限制地激增，以及把这些机构滥用成为那些"遨游传食于江湖朝市之间，以左右望而罔市利"的"侠客"的"邮亭"和"渊薮"。因此，管志道认为"何必又为之添一传舍"[95]。管志道在考虑到这些应当是在圣明统治下被创办的学校的典范模式之后，再加上他对于明代政策的细查及通过更进一步的追溯宋至明代书院和讲学的演变，便确定了多数首次在明代所创建的书

---

[91]　《从先维俗议》卷 2，页 106a-b。

[92]　《从先维俗议》卷 2，页 108a。

[93]　《从先维俗议》卷 2，页 107b。

[94]　《从先维俗议》卷 2，页 100b。管志道并没引用关于这一政策的特定条例或注明其年份。李弘祺在他针对明初政府与学校的论述时，并没提及这一政策，却相反地说明"新的明朝政府，在明太祖的领导下，并没提倡书院的复兴或修复，"而且这个新政府更进一步地，"在实际上接管了许多书院，并把它们改造成地方上的政府学校"（*Education in Traditional China*, 99）。

[95]　《从先维俗议》卷 2，页 108b。

院皆代表着与所有早期的书院（包括那些由宋代理学前辈所首创）的背离。这一背离是具危险性的。他提议废除这些近代的书院，并禁止之后书院的创建。[96]

---

[96] 虽然管志道会活着看到1604年东林书院的兴起，且尽管他认识也曾与之后会成为东林书院第一位领导的顾宪成（1550—1612）通过信，但当管志道正在完成《从先维俗议》时，东林书院的修复根本尚未到筹划的阶段。因此，我们只能推测他的想法。在一方面，东林书院一部代表了反对王阳明弟子中的极端派别的回应；而在另一方面，则代表了回到一个管志道本身想提倡的，更加有纪律与结构的学习方式。然而，对于其激烈的政治批评与所动员的规模，即包括大规模的讲学聚会（见卜恩礼，"The Tung-lin Shu-yuan and Its Political an Philosophical Significance," 70，与李弘祺，*Education in Traditional China*, 101-2），则可视为管志道所哀叹的那些极端派别的极盛期。无论如何，既然东林书院原先是在宋代创建，以及在明代修复，它就能在管志道所概述的，即对于"先贤之书院"的保存的条件之下，豁免于受到压制。关于管志道与顾宪成大部分的长篇通信（即在东林书院的创建，甚至是管志道《从先维俗议》出版之前），见管志道编《问辨牍》卷三（《四库全书存目丛书》卷八十七，页724-779）。有关管志道与顾宪成之间哲学思想异同的全面讨论，见荒木见悟《明末宗教思想研究：管东溟の生涯とその思想》，页179–214。

结　语

　　我在当初为此研究作构思时，怀着使晚明儒学学说的争议以及更具体或更切实的社会问题相互联系的目的。管志道的《从先维俗议》明确地把管志道时代的社会关系和阶级区分，与儒家思想和制度的历史发展及政治含义联系了起来。管志道的讨论中的两个元素，反映了他在晚明社会，特别是在苏州地区的精英社会当中的地位和经验。管志道的文章也阐明了在帝国晚期的政治文化中，经典的权威和皇朝的权威之间的复杂关系。这是因为他试图重申朝廷的最高决策权，以及授予朝廷对于社会，一个正在被其他力量（如商业、文化和教育）从多方面控制着的社会，所应享有的权力。

　　管志道为了把经典中的礼仪模式和皇朝的礼仪模式应用于当时的社会关系上，便通过礼仪在历史发展过程中对于年龄、爵位和德行的平衡做对比，建立了一个用来理解这些模式的理论框架。本研究的前四章先考察管志道的立论框架，再探讨他如何通过对某一明代制诰的诠释，坚称士拥有一种官方阶级的身份，并与此同时重新定义在这个阶级当中的各个等级的区别。接着，管志道为了判定士阶级适当的社会和政治功能，并挑战儒者跟皇权之间的关系，便把注意力转移到了理学学说中的"道统"说，也同时给予了"道统"说彻底的批评。在这个礼仪传统的历史中，理学学说中的"道统"说是一个相当不同的说法。因此，在第五章，我们知道管志道对于皇朝礼制的调用，和他对于官员身份是由皇帝所授予的强调一起，最终成了对皇帝拥有"道统"权的极力主张。管志道通过对这一主张的坚持，反对了南宋理学家拥有独立的学术权威的声称，以及某些明代理学家对于个人实现斯道的自恃和英雄气概的大胆坚称。到了第六章，沿着大致上相同的论述，我们发现伴随着管志道对于致仕官员所享有的崇高社会地位的强调，是一种对于那些干涉政务且没有正式地位之人的戒心。我们也发现，管志道之所以排斥明代理学书院，大致上是因为他认为这些书院在政府的控制范围及更广泛的社会秩序规范之外，自行给予特许和在制度上的授权。

　　管志道试图在一个历史性的讨论框架内证明及支持受国家认可之士的社会地位。在这一框架内，他把年龄的优先权和上古时期那已过时的礼仪秩序（属于那些比早期建国纪元更先前的远古"野人"）做了联系。与此同时，管志道也把古代周朝初期那更完善的礼仪秩序，以及明初的情况视为一种将较古老的年龄优先权及对于等级适宜的和必要的关注的结合。管志道以明初时期颁布的某个制诰，作为平衡年龄及等级优先权的模范。这道制诰呼应了并详尽阐述《礼记》，这一被推定为描述周朝制度的经典中的内容。管志道以他所处的时代相对于明初，与孔子所处的时代相对于周初的关系作类比，来表明他当时的任务是保存及唤起人们对明初的模式的注意，就如孔子支持周朝的模式一样。

　　虽然管志道所引用的明初礼仪模式确实在某些方面附和了《礼记》，但他也自《孟子》当中，提出了和其他两个模式有不同要旨的另一经典范式。管志道在他的分析中给予孟子的模式一个显著的地位。但是，管志道也按照《礼记》和明初的典章，为这个模式对于地方社会中的年龄优先权的更大强调做出限定。《孟子》强调了德行（作为一种特质）甚至能够抵消或中和最极端的等级差异，而管志道也针对这一强调做了限定。尽管管志道通过诠释他所讨论的文章以证明儒家传统和他自己的立场并没有重大的分歧，但他用于反对那些和《孟子》有所矛盾的解读方式的论点，则为我们肯定了在晚明时期，对于《孟子》的这种解读方式是能被接受且具影响力的。与这种解读方式并行的是理学讲学活动强调友谊作为一种横向及抵消阶级的实际倾向：即一种把等级和年龄放置一旁，以德为基础的关系。管志道对

163

于这一倾向所做出的反面回应，则能从他反对在他看来不适宜的且被过度使用的主宾礼仪时看出。

尽管管志道纯粹只按自己的观点解读《孟子》当中关于仪注的论述，但是他针对这一经典的其他论点，特别是关于孔子在历史上的重要性时，则更直接地提出异议。通过第五章的论述，我们发现管志道驳斥了孟子夸大孔子在历史上的重要性的做法。对管志道而言，这种不适宜地提升孔子地位的倾向，根源于那夺取了统治者道德和礼仪权威的理学道统说。管志道认为，虽有孟子的主张以及后来理学家的说辞，孔子并没有在德行或重要性方面，把自己展现为等同于或甚至是超越了古代圣王的人。相反地，孔子仅仅尝试以谦逊的方式，尽其所能地保存古代圣王的遗教。作为一个在理论上能够替代理学道统说，用于理解管志道所处时代的道德和政治权威的方式，管志道进一步主张明朝的创建者和周朝的创建者一样，皆属于同一脉络下的圣王。因此，特别是明代的学者，人们更加不能声称拥有独立的道德权威，而是得遵从当时这位圣王所立下的制度，就如孔子遵从于周朝的统治者一样。

虽然我们可能不会接受管志道对于明朝创建者所做的诠释，也可能没有像管志道一样把道统说看得如此具有颠覆性，但是管志道对于这个学说的批判却有助于证实理学在政治上的重要影响。这方面的影响主要由近期的学术研究所表明，而相关的学者则是根据理学家的文本而归纳出。正如包弼德所论证，理学家把自己视为站在圣王道德上或政治上的继承者行列当中，强烈地暗示他们当时的统治者并不是完全合法的继承者。诚然，儒家想象中的社会和政府，普遍上集中于一个一统的理想，并由一位道德感染力能够恢复一个适当、和谐及等级森严的社会秩序的圣王来达成。然而，理学学说所想象的在历史上的道，则表明了任何当前的统治者若想治理得当，就得依靠理学之士，即那些一千五百年以来唯一理解失去已久的古代圣王之道的人。况且，与这一看法一致的是南宋理学家试图在官方框架内外——地方上——提倡教育及礼仪。这样一来，即使没有圣王，他们也能够尽其所能恢复社会道德。管志道对于明代理学的记述证实了尽管明初国家声称重新拥有了道统（即管志道在某种程度上试图重申的主张），但道统说与其必然的结果仍继续给予明代的理学家权力，甚至给予来自日益广泛的社会背景之人一定的权力。

相比之下，为了代替道统说，管志道在其学说中所做的提议，则可以避免士声称自己拥有比统治者更高的道德权威。管志道建议限制士在地方上通过直接引用经典中的礼仪传统进行开拓创新，从而绕过令人不满的帝国政权而享有的自由范围。管志道看待明太祖的态度，以及处理关于道德权威问题的方式，明确地把士阶层放置在一个涵盖面较广的政治框架当中，证明了他调用明初礼仪典章的合理性。然而，与此同时，即使管志道批评理学家把经典中的标准间接或直接地提高并超越当朝的标准，在仔细地解读了他自己对于经典和王朝史料的阐释之后，我们可以看出他实际上也利用经典中的标准来限定王朝的标准。纵然管志道所提倡的儒学类型给予了王法某种理论上的优先级，但是他的判断（正如第四章所论）的实际效果则是强调以阶级和社区，而不是以国家本身为中心的价值观。

许多学者认为早在明代抑或到了清中叶，商贾与士绅的圈子界限已经分不明。[1] 各时各地的保守主义者都抱怨社会等级区分的崩裂，敬老之风的衰退，以及年轻一代的习俗。管志道在《从先维俗议》中以变化的形式重复地出现的一些抱怨，开始接受这些陈腐的比喻和陈词滥调的挑战。然而，管志道对于士的模糊地位界限的明晰记述，则证实了特别是在 16 世纪，为提升社会地位而竞争的常见真实景象。他对于文艺"山人"，讲学和文艺圈子当中的"侠客"，以及"处士"和生员如何侵犯在职与退休官员的声望和权威的抱怨，是以分析具体的制度改革为基础，特别是 15 世纪中期之后的科举制度及相关的教育活动，以及 16 世纪与书院相关的讲学运动的快速发展。即使管志道，包括我们，可能遇到了为这些现象相较于早期类似的发展（例如南宋时期）的规模和程度作估计的困难，但是这些细节却表明了，管

165

---

[1] 见如斯蒂芬·罗蒂，*Literati Identity and its Fictional Representation in Late Imperial China*, 4 ；卜正民，*The Confusions of Pleasure*, 135。

志道其实是在观察实际的社会现象。管志道把科举考试的发展和讲学的兴起做了联系，并进一步将两者和他当时士阶层界限的含糊情况关联起来。这些联系在一方面强调了，就从仕而言，对于士的永恒理想定义，以及在另一方面，以下这些实际情形之间的矛盾：（一）让有学问和有资格的人达到这一理想的机会非常有限；（二）晚明的社会和思想文化给予士的无数的职业选择；（三）以科考为中心的教育以及讲学，即皆是相当独立于实际仕途之外的活动，所给予的地位提升机会。管志道认为，在一方面的理学书院和文艺社团，以及在另一方面与科考和当官有关联的资助网络，于当时给来自不同背景以及没有正式地位的人与在职和退休官员以及其他缙绅交际，干预政治，为自己寻求权力与声望，并且在肉体和精神上能够离开家园提供了一个制度化的环境。

　　管志道所关注的是那些没有正式地位却越过自己的岗位而承担起一个具威望及社会领导角色之人给士的官方职业身份所带来的威胁。然而，那些有权力的官员（即使是退休了回到自己的地方社会以后）对全部没有或尚未担任过相等职位者，或是针对同样在他们之前所办公的衙门中任职者的傲慢蔑视，也令管志道感到困惑。因此，在为社会互动制定一套按位次优先的规章时，管志道为古代的"爵"重新定义，使其主要指拥有进士的地位而不是品级，以及把众进士当中的及第日期作为地位区分的主要影响因素。通过这种方式，管志道可以强调国家的授权及从仕的经验，与此同时减轻受任命官员的权力和等级或流通性。事实上，管志道是根据官方的授权（即防范那些处于边缘的士的任意行为）来重新定义地方精英的，同时以资历作为官员阶级中的矫直力，使地方精英的地位集中保持在地方社会当中所扮演的角色及担任的职务。管志道因此改造了明初的礼仪典章和经典上的礼制，以支持他自己复杂的价值观。

　　沿着类似的思路，在针对政务发言的权力的问题方面，管志道经常会强调官方认可的资格。在一定程度上，这些资格较有局限性：管志道把主要的责任配给了台省，并强调所有其他官员若也选择发言，就得以最谨慎的态度遵守这一规则。然而，我们不能完全接受管志道

166

在表面上对于言官的敬重。管志道强调他们的独特性，也是把进言的责任给了他们，而不将此责任留给其他人。除此之外，他也让言官们负起当他自己身为朝廷官员与县官时，因为谏言而遭到不幸的一份（明确的）责任。况且，管志道讨论政治言论的要旨，实际上在于针对那些主要在讲学的语境中没有正式地位者所作出的不恰当言论。

虽然管志道强调朝廷的授权作为议论公事的最基本资格，但他并不准备降低士在地方社会中的地位以至受制于官方的支配。管志道在他的讨论中的某些部分重提了道德、文化及教育的标准，并主要强调士所应学习的本质和背景，以及他们应当如何追求这种学习的方式。然而，当管志道试图限定评价这些标准的准则时，他却遇到了难题：如何判定什么方能算作是合法的士学？士学应当在哪里 167 进行？谁可以参与呢？在帝国晚期的语境中，依据他们之所学的质量及可能造成的影响来区分士与庶民并不容易。明代书院地位的模糊性及其所吸引到的听众的周游性和流动性使管志道最终提出反对。但是，管志道却断然不接受在普遍上禁止建造用来学习的私人场所。因此，管志道最终没有以正式的爵位或中举的身份两者作为能够从事于士学的先决条件。

管志道实际上虽强调私人与独立教师的价值，但只在限定于个人而不是公共或政治语境中的师生关系做如此明确的强调。正如我们所知，既然管志道轻视，或甚至否认统治者应该谦逊地服从于指示的看法，他显然没有将这样的方式应用于他对师生关系的强调，以致声称教师拥有对于统治者的道德权威。与此相反，由于当时学者对于"师道"的道德权威及政治功能的过分主张，管志道便认为理想中的儒师已被人滥用。正是对于这些政治主张的回应，以及在他看来"老师"一词在考试制度当中因考生为了要受到恩惠而被轻率地使用的情况，使他强调士的师生关系所应代表的促进道德形成的密切个人关系。令人惊讶的是，管志道貌似找到了方法来调解或平衡自明代初期以来所延续的皇帝对于拥有道统的主张（即艾尔曼所强调），以及理学学说所坚称的士的独立道德和政治权威（即包弼德所强调）。对于斯道，管志道所明显地表现出的英勇自任感（即狄百瑞所强调），在某种程度上也和他反对的理学概念中的"传道"（"transmission of the Way"）共存着。这种传述（即如魏韦森所研究）体现在道统的谱系中，并在管志道对于其礼仪、道德及教育权威有所维护的国家的支持下被神圣化。

后　记

　　在对管志道《从先维俗议》中的部分篇章进行诠释时，我力求阐明如下一系列问题：儒家治国之道中经典权威与帝国权威之间的关系；诉诸明朝创建者的作用（特别是在晚明时期）；理学"道统论"与社会、政治权威之间的关系；士人身份、官职、科举功名、学识、文化素质、财富、地方名望以及儒者身份之间的关系；在更为抽象的层面上，还涉及儒家教义与社会问题之间的关系。我希望自己对于《从先维俗议》一书的分析，为理解上述问题提供了一些颇有助益的视角。但除此之外，还有很多研究工作有待于开展。

　　面对种种有关儒家与明朝之间的关系以及二者历史地位的假设与判断，我们若想对其进行深入的考察，最具参考性与启发意义的可能就当属现存的 16 世纪的文本了，尤其是那些同管志道的《从先维俗议》一样，对明初皇帝予以特别关注的著述。本书在第一章中已经列举了若干这类文本。只要我们更加全面而深入地进行研究和整理，必然会有更多文本被发掘出来。而我所举出的那些文本，它们每一个对于明朝早期统治的态度都不尽相同。当然，就目前学界的研究成果而言，这一发现似乎并不值得惊讶。例如施珊珊有关社学的研究就曾指出，明太祖所建立的机构的选择权，在明朝后期转移到了官员手中。对比这些 16 世纪的文本所呈现出来的不同图景，以及它们所凸显出的明初政治权威与意识形态的不同方面，将有助于我们对管志道将明太祖树为权威的做法进行合理的定位与评价。同时，这种比较研究也有助于我们更加细致入微了解管志道在《从先维俗议》一书中对晚明

170　儒学与政治话语所采取的不同态度之间的关系。

　　正如前文所言，管志道认为，明太祖集道德权威、礼法权威和政治权威于一身，使得君道与师道甚至"三教"（儒释道）都重新恢复到统一状态。在他看来，佛教不仅不会破坏社会与政治秩序，抑或与之完全脱节，反而对维持秩序起着重要作用。管志道极力为宗教的正面意义辩护，这与晚明其他社会名士的做法也基本是一致的，例如云栖袾宏。这些人都认为佛教与儒家的社会、政治关系是相辅相成的。

　　但在其他一些方面，管志道却与当时东林党领袖的主张更为相近。一般而言，人们都将东林运动看作是对儒家对于佛教的宽容、开放立场的一种反动。但事实上，管志道的确与东林党的领袖顾宪成互通过书信（虽然在管志道撰写《从先维俗议》一书时，东林运动还未开始）。周启荣曾指出，"三教合一"是16世纪晚期中国社会的主流思想，但东林运动却偏离了这种思潮，转而提倡儒家"纯粹主义"。该转向对17、18世纪的思想产生了深远影响。[1] 然而，管志道的例子却表明，这一时期佛教与儒家之间的关系似乎并不像我们认为的那样简单。对于周启荣所谓的由"三教合一"到"纯粹主义"的转向而言，管志道笔下的佛教究竟意味着什么？如果说管志道对16世纪社会衰微的论述在很大程度上符合周启荣有关"儒家社会秩序危机"的描述，那管志道在《从先维俗议》一书中对礼仪的强调为何与周启荣所提出的另一个转向——为了应对社会秩序危机，儒家内部从重视"清议"转向重视"礼学"——也密切相关呢？[2] 或许，东溟应当被看作是周所描述的这两种转向之间的一个过渡人物。又或者，东溟的案例恰恰表明周的范式尚有待于修正。若要确证这些问题的答案，我们须寄希望于未来更为深入的研究。

171　　　此外，诸多有关其他方面的考察也有助于我们更加全面地理解管志道的思想背景。例如，既然《从先维俗议》特别关注士人阶层在地

---

[1]　见 Kai-wing Chow, *The Rise of Confucian Ritualism in Late Imperial China*, p21-36。

[2]　见 Kai-wing Chow, *The Rise of Confucian Ritualism in Late Imperial China* 第15–21页中有关"crisis of the Confucian order"的内容以及第12–14页中有关从"清议主义"到"礼学"转向的内容。

方社会中的领导地位以及对这种领导地位的种种挑战和威胁，那么，如果我们能够通过进一步的研究，对管志道本人及其家族在他们所在地方社会中的地位有一个更加准确的把握的话，那么势必将使我们对他在书中所提出的种种问题有一个更加清楚的认识。在管志道生命的最后二十六年中，他一直过着退休生活。除了教学与著书，他也曾在其宗族中担任过某种领导角色，并试图将家族中的两个分支重新统一或是联合起来。对此，他在《从先维俗议》中只进行了极为简要的记录。在书中，他还对子孙提出了一系列家训。这些家训对士人家族在地方社会中所应起到的典范作用进行了讨论，例如应当遵循政府的禁奢规定，应当建立某些地方性的慈善机构（例如谷仓），而不是购买土地去接济贫穷的家庭成员，等等。如果能结合管志道所描述的种种社会变化以及其他材料，如家谱、地方志，对这些家训进行深入考察，必然能够清晰地呈现管志道写作《从先维俗议》一书时所处的宗族状况与家庭背景。

在本书中，我力图以管志道当时所处的社会与思想潮流为背景，去理解他对地方社会各种关系所采取的措施，并且也指出了作为重要地域的苏州的一些主要特征：它是众多文人汇聚的地方（管志道的《从先维俗议》直接针对的正是这个圈子），也是无数科举及第者以及朝廷高官的诞生地（这是管志道间接针对的一个方面）。如果我们能够对管志道的家乡太仓州与昆山县中的宗族组织和社会组织进行更为深入的考察，势必将加深我们对于他有关地方社会的看法的理解。最后，如果能够借助管志道的朋友、通信者、亲属以及学生的现存文本中对其著作的引用状况，对管志道的主要著述在其身前身后的流通情况进行一个彻底的调查，我们或许会发现，管志道虽非传统理学家，但其观点却比我们所预计的还要流行，其影响力也远远比我们猜测的要深远得多。

参考文献

Abbreviations:

DMB Goodrich, L. Carrington, and Chaoying Fang, eds. *Dictionary of Ming Biography*. New York: Columbia University Press, 1976.

HMZS *Huang Ming zhishu* 皇明制書 (Administrative documents of the august Ming). Ming ed. Reprinted as vol. 788 of *Xu xiu Si ku quan shu* 續修四庫全書. Shanghai: Shanghai guji chubanshe, 1995. Also reprinted in *KMSS*.

KMSS *Kō Min Seisho* 皇明制書 (Administrative documents of the august Ming; Japanese photofacsimile of the Ming edition of *HMZS* in the collection of the Tōyō bunko). Tokyo: Koden kenkyūkai, 1966.

Works Cited:

Araki Kengo 荒木見悟. *Minmatsu shūkyō shisō kenkyū: Kan Tōmin no seigai to sono shisō* 明末宗教思想研究：管東溟の生涯とその思想 (Research on late Ming religion and thought: The life and thought of Guan Dongyan). Tokyo: Sobunsha, 1979.

Bloom, Irene. "The Record of Rites and the Ritual Tradition." In *Sources of Chinese Tradition, Volume I: From Earliest Times to 1600*, ed. Wm. Theodore de Bary and Irene Bloom, 329–30. 2nd ed. New York: Columbia University Press, 1999.

———. "Selections from the *Analects*." In *Sources of Chinese Tradition, Volume I: From Earliest Times to 1600*, ed. Wm. Theodore de Bary and Irene Bloom, 44–63. 2nd ed. New York: Columbia University Press, 1999.

Bol, Peter K. "Government, Society, and State: On the Political Visions of Ssu-ma Kuang and Wang An-shih." In *Ordering the World: Approaches to State and Society in Sung Dynasty China*, ed. Robert P. Hymes and Conrad Schirokauer, 128–92. Berkeley and Los Angeles: University of California Press, 1993.

———. "Neo-Confucianism and Local Society, Twelfth to Sixteenth Century: A Case Study." In *The Song-Yuan-Ming Transition in Chinese History*, ed. Paul Jakov Smith and Richard von Glahn, 241–83. Harvard East Asian Monographs 221. Cambridge, Mass.: Harvard University Asia Center, 2003.

———. *"This Culture of Ours": Intellectual Transitions in T'ang and Sung China*. Stanford: Stanford University Press, 1992.

Bossler, Beverly. *Powerful Relations: Kinship, Status, and the State in Sung China (960–1279)*. Harvard-Yenching Institute monograph series, no. 43. Cambridge, Mass.: Council on East Asian Studies, Harvard University; Harvard University Press, 1998.

Brook, Timothy. *The Confusions of Pleasure: Commerce and Culture in Ming China.* Berkeley and Los Angeles: University of California Press, 1998.

———. "Gentry Dominance in Chinese Society: Monasteries and Lineages in the Structuring of Local Society, 1500–1700." Ph.D. diss., Harvard University, 1984.

———. *Praying for Power: Buddhism and the Formation of Gentry Society in Late-Ming China.* Cambridge, Mass., and London: Council on East Asian Studies, Harvard University, and Harvard University Press, 1993.

Busch, Heinrich. "The Tung-lin Shu-yüan and Its Political and Philosophical Significance." *Monumenta Serica* 14(1949–55): 1–163.

Cang Lihe 臧勵龢, Fu Yunsheng, et. al., *Zhongguo gujin diming da cidian* 中國古今地名大辭典. Shanghai: Commercial Press, 1931.

Carlitz, Katherine. "Shrines, Governing-Class Identity, and the Cult of Widow Fidelity in Mid-Ming Jiangnan." *Journal of Asian Studies* 56, no. 3 (August, 1997): 612–40.

Chaffee, John. *The Thorny Gates of Learning in Sung China: A Social History of Examinations.* Orig. pub. Cambridge and New York: Cambridge University Press, 1985. Albany: State University of New York Press, 1995.

Chan, Wing-tsit. "The Ch'eng-Chu School of the Early Ming." In *Self and Society in Ming Thought*, ed. Wm. Theodore de Bary, 29–52. New York: Columbia University Press, 1970.

———. *A Source Book in Chinese Philosophy.* Princeton: Princeton University Press, 1963.

Chen Hao 陳澔 (1261–1341). *Li ji jishuo* 禮記集說 (Collected explications of the *Record of Rites*). In a photofacsimile of the Ming Yi fu cang ban ed. Chengdu: Bashu shushe, 1987.

Cheng Yi 程頤 (1033–1107), ed. and commentator. *Yi Cheng zhuan* 易程傳 (Cheng's Commentary on the [Classic of] Changes). Taipei: Wenjin chubanshe, 1987.

Ch'ien, Edward T. *Chiao Hung and the Restructuring of Neo-Confucianism in the Late Ming.* New York: Columbia University Press, 1986.

Chow, Kai-wing. *The Rise of Confucian Ritualism in Late Imperial China: Ethics, Classics, and Lineage Discourse.* Stanford: Stanford University Press, 1994.

Ci hai 辭海 (Dictionary). Ed. Ci hai bianji weiyuan hui. Shanghai: Shanghai tushu chubanshe, 1989.

Clunas, Craig. *Superfluous Things: Material Culture and Social Status in Early Modern China.* Cambridge: Polity, 1991.

Dai Kanwa jiten 大漢和辭典 (Great Chinese dictionary). Ed. Morohashi Tetsuji 諸橋轍次. Tokyo : Taishukan Shoten, 1955–60.

Dardess, John. *Confucianism and Autocracy: Professional Elites in the Founding of the Ming Dynasty.* Berkeley and Los Angeles: University of California Press, 1983.

———. *A Ming Society: T'ai-ho County, Kiangsi, in the Fourteenth to Seventeenth Centuries.* Berkeley and Los Angeles: University of California Press, 1996.

———, trans. "The Horizontal Stele (Disciplinary Rules for Students)." In *Sources of Chinese Tradition, Volume I: From Earliest Times to 1600*, ed. Wm. Theodore de Bary and Irene Bloom, 787–8. 2nd ed. New York: Columbia University Press, 1999.

Dardess, John W., and Wm. Theodore de Bary, trans. "Ming Taizu: Discussion of the Three Teachings." In *Sources of Chinese Tradition, Volume I: From Earliest Times to 1600*, ed. Wm. Theodore de Bary and Irene Bloom, 791–3. 2nd ed. New York: Columbia University Press, 1999.

de Bary, Wm. Theodore. *Asian Values and Human Rights*. Cambridge: Harvard University Press, 1998.

————. "The Confucian Revival in the Sung." In *Sources of Chinese Tradition, Volume I: From Earliest Times to 1600*, ed. Wm. Theodore de Bary and Irene Bloom, 587–90. 2nd ed. New York: Columbia University Press, 1999.

————, trans. "Excerpts from the *Classic of Filiality (Xiao jing)*." In *Sources of Chinese Tradition, Volume I: From Earliest Times to 1600*, ed. Wm. Theodore de Bary and Irene Bloom, 326–9. 2nd ed. New York: Columbia University Press, 1999.

————. "Heaven, Earth, and the Human in the *Classic of Filiality (Xiaojing)*." In *Sources of Chinese Tradition, Volume I: From Earliest Times to 1600*, ed. Wm. Theodore de Bary and Irene Bloom, 325–9. 2nd ed. New York: Columbia University Press, 1999.

————. "Individualism and Humanitarianism in Late Ming Thought." In *Self and Society in Ming Thought*, ed. Wm. Theodore de Bary, 145–247. New York: Columbia University Press, 1970.

————. *Learning for One's Self: Essays on the Individual in Neo-Confucian Thought*. New York: Columbia University Press, 1991.

————. *Neo-Confucian Orthodoxy and the Learning of the Mind-and-Heart*. New York: Columbia University Press, 1981.

————. "Preface to the *Great Learning by Chapter and Phrase*." In *Sources of Chinese Tradition, Volume I: From Earliest Times to 1600*, ed. Wm. Theodore de Bary and Irene Bloom, 721–5. 2nd ed. New York: Columbia University Press, 1999.

————, trans. "Preface to the *Mean by Chapter and Verse*." In *Sources of Chinese Tradition, Volume I: From Earliest Times to 1600*, ed. Wm. Theodore de Bary and Irene Bloom, 731–4. 2nd ed. New York: Columbia University Press, 1999.

————, trans. "Sage King and Sage Minister: Ouyang Xuan on Khubilai and Xu Heng." In *Sources of Chinese Tradition, Volume I: From Earliest Times to 1600*, ed. Wm. Theodore de Bary and Irene Bloom, 778–9. 2nd ed. New York: Columbia University Press, 1999.

————, ed. *Self and Society in Ming Thought*. New York: Columbia University Press, 1970.

de Bary, Wm. Theodore, and Irene Bloom. "Xu Heng and Khubilai Khan." In *Sources of Chinese Tradition, Volume I: From Earliest Times to 1600*, ed. Wm. Theodore de Bary and Irene Bloom, 764–78. 2nd ed. New York: Columbia University Press, 1999.

Ditmanson, Peter Brian. "Contesting Authority: Intellectual Lineages and the Chinese Imperial Court from the Twelfth to the Fifteenth Centuries." Ph.D. diss., Harvard University, 1999.

Dreyer, Edward L. *Early Ming China: A Political History, 1355–1435*. Stanford: Stanford University Press, 1982.

Ebrey, Patricia Buckley. *Confucianism and Family Rituals in Imperial China: A Social History of Writing about Rites*. Princeton: Princeton University Press, 1991.

Elman, Benjamin. *A Cultural History of the Examination System in Late Imperial China*. Berkeley and Los Angeles: University of California Press, 2000.

————. "The Formation of Dao Learning as Imperial Ideology During the Early Ming Dynasty." In *Culture and State in Chinese History: Conventions, Accommodations, and Critiques*, ed. Theodore Huters, Pauline Yu, and R. Bin Wong, 58–82. Stanford: Stanford University Press, 1997.

Farmer, Edward. "Ming Taizu: Placard for the Instruction of the People." In *Sources of*

Chinese Tradition, Volume I: From Earliest Times to 1600, ed. Wm. Theodore de Bary and Irene Bloom, 788–790. 2nd ed. New York: Columbia University Press, 1999.

———. "Social Regulations of the First Ming Emperor: Orthodoxy and the Transmission of Orthodox Values." In *Orthodoxy in Late Imperial China*, ed. Kwang-ching Liu. Berkeley and Los Angeles: University of California Press, 1990.

———. *Zhu Yuanzhang and Early Ming Legislation: The Reordering of Chinese Society Following the Era of Mongol Rule*. In *Sinica Leidensia* 34, ed. E. Zürcher. Leiden: E.J. Brill, 1995.

Feng Youlan 冯友兰. *See* Fung Yu-lan.

Fung Yu-lan 冯友兰. *Zhongguo zhexue shi* 中国哲学史 (A history of Chinese philosophy). 2nd ed. Hong Kong: Taiping yang tushu gongsi, 1968.

———. *A History of Chinese Philosophy*. Trans. Derk Bodde. Princeton: Princeton University Press, 1952–3.

Geng Dingxiang 耿定向 (1524–96). *Xianjin yifeng* 先進遺風 (Remnants of the moral legacy of the men of former times). Wenyuan ge Siku quanshu ed. Taipei: Taiwan shang wu yin shu guan, 1983.

"Guan Dengzhi xiansheng xiaozhuan" 管登之先生小傳 (A short biography of Mr. Guan Zhidao). Reprinted from Taicang zhouzhi 太倉州志 at the beginning of the first *juan* of Guan Zhidao, *Congxian weisu yi*.

Guan Zhidao 管志道 (1536–1608). *Shimen qiuzheng du* 師門求正牘 (Record of seeking orthodoxy at the gate). As excerpted by Araki Kengo; *see* Araki Kengo.

———. *Congxian weisu yi* 從先維俗議 (Proposals for following the men of former times to safeguard customs). Photofacsimile of the 1602 (Wanli 30) edition. In *Taikun xianzhe yishu* 太崑先哲遺書, chap. 11–15. Shanghai: Taicang You shi Shi de tang, 1928–30.

———. *Congxian weisu yi* 從先維俗議 (Proposals for following the men of former times to safeguard customs). Photofacsimile of the 1602 (Wanli 30) edition. In *Siku quanshu cunmu congshu* 四庫全書存目叢書, 88:186–540. Ji'nan: Qi Lu shu she chubanshe, 1997.

———. *Wenbian du* 問辨牘 (Documents on Debates). Photoreproduction of the Wanli edition in the collection of the Beijing Library. In *Siku quanshu cunmu congshu* 四庫全書存目叢書,, 87:632–808. Ji'nan : Qi Lu shu she chubanshe, 1997.

Han Yu 韓愈 (768–824). *Yuandao lun* 源道論 (Essentials of the moral way). In *Changli xiansheng wenji* 昌黎先生文集. Sibu congkan ed.

Handlin, Joanna F. *Action in Late Ming Thought: The Reorientation of Lü K'un and Other Scholar-Officials*. Berkeley and Los Angeles: University of California Press, 1983.

Hanyu da cidian 漢語大詞典 (Great Chinese dictionary). Ed. Luo Zhufeng 羅竹風, with Hanyu da cidian Editorial Committee. Shanghai: Hanyu da cidian chubanshe, 1993.

Hartman, Charles. "Essentials of the Moral Way." In *Sources of Chinese Tradition, Volume I: From Earliest Times to 1600*, ed. Wm. Theodore de Bary and Irene Bloom, 569–73. 2nd ed. New York: Columbia University Press, 1999.

Hauf, Kandice J. "The Chiang-yu Group: Culture and Society in Sixteenth Century China." Ph.D. dissertation, Yale University, 1987.

Heijdra, Martin. "The Socio-Economic Development of Ming Rural China (1368–1644)." Ph.D. dissertation, Princeton University, 1994.

Ho Ping-ti. *The Ladder of Success in Imperial China: Aspects of Social Mobility, 1368–1911.*

New York: Columbia University Press, 1962.

Huang, Ray. *1587: A Year of No Significance*. New Haven and London: Yale University Press, 1981.

Huang Zongxi 黃宗羲 (1610–95). *Mingru xuean* 明儒學案 (Records of Ming scholars). Sibu congkan ed.

——. *Records of Ming Scholars*. Trans. Julia Ching. Honolulu: University of Hawaii Press, 1987.

Huang Zuo 黃佐 (1490–1566). *Hanlin ji* 翰林記 (Record of the Hanlin Academy). Congshu jicheng chubian ed. Shanghai: Commercial Press, 1925–7.

Hucker, Charles O. *The Censorial System in Ming China*. Stanford, Stanford University Press, 1966.

——. "Confucianism and the Chinese Censorial System." In *Confucianism in Action*, ed. David S. Nivison and Arthur F. Wright, 188–208. Stanford: Stanford University Press, 1959.

——. *A Dictionary of Official Titles in Imperial China*. Stanford University Press, 1985.

——. "Ming Government." Chap. 1 in *The Cambridge History of China, Volume 8: The Ming Dynasty, 1368–1644, Part Two*, ed. Denis Twitchett and F. W. Mote, 9–105. Cambridge: Cambridge University Press, 1998.

Hymes, Robert P. "Lu Chiu-yüan, Academies, and the Problem of the Local Community." In *Neo-Confucian Education*, ed. Wm. T. de Bary and John Chaffee. Berkeley and Los Angeles: University of California Press, 1989.

——. *Statesmen and Gentlemen: The Elite of Fu-chou, Chiangsi Province*. Cambridge, New York: Cambridge University Press, 1986.

Hymes, Robert P., and Conrad Schirokauer, eds. *Ordering the World: Approaches to State and Society in Sung Dynasty China*. Berkeley and Los Angeles: University of California Press, 1993.

Jiao Hong 焦竑 (1541–1620). *Guochao xianzheng lu* 國朝獻徵錄 (Record of the worthies of the reigning dynasty). 1616.

Johnson, David. *The Medieval Chinese Oligarchy*. Boulder: Westview Press, 1977.

Lau, D.C. *Confucius: Analects*. Harmondsworth: Penguin Books, 1979.

——. *Mencius*. Harmondsworth: Penguin, 1970.

Lee, Thomas H.C. *Education in Traditional China, a History*. Leiden: Brill, 2000.

——. *Government Education and Examinations in Sung China*. Hong Kong: Chinese University of Hong Kong, and New York: St. Martin's Press, 1985.

Legge, James, trans. *Confucius: Confucian Analects, The Great Learning, and The Doctrine of the Mean*. New York: Dover, 1971.

——. trans. *The Four Books*. Shanghai: The Chinese Book Company, n.d.

——. trans. *Li Chi: Book of Rites*. Ed. Ch'u Chai and Winberg Chai. New Hyde Park: University Books, 1967.

——. trans. *The Tso Commentary*. In Legge, *The Chinese Classics*. Hong Kong: Hong Kong University Press, 1970, c1960.

Lewis, Mark Edward. *Writing and Authority in Early China*. Albany: State University of New York Press, 1999.

Li ji zhushu. See Zheng Xuan, *Li ji zhushu*.

Liu, James J.Y. *The Chinese Knight-Errant*. Chicago: University of Chicago Press, 1967.

Liu, James T.C. "How Did a Neo-Confucian School Become the State Orthodoxy?" *Philosophy East and West* 23 (1973): 483–505.

Liu Sanwu 劉三吾 (1312–1399?), ed. *Mengzi jiewen* 孟子節文 (Selected excerpts from *Mencius*). Photofacsimile reprint of early Ming edition, in *Beijing tushuguan guji chenben congkan* 北京圖書館古籍珍本叢刊, "Jing bu," vol. 1, 955–1016. Beijing: Shumu wenxuan chubanshe, 1988.

Luo Rufang 羅汝芳 (1515–1588). *Xiangyue quanshu* 鄉約全書 (Complete writings on the community compact). Appended to *Xujiang Luo Jinxi xiansheng quanji* 旴江羅近溪先生全集 (Complete collection of Mr. Luo Jinxi of Xujiang). Microfilm of late Ming edition, in the Rare Book Collection of the National Central Library, Taipei, Taiwan.

McDermott, Joseph P. "Emperor, Elites, and Commoners: the Community Pact Ritual of the Late Ming." In *State and Court Ritual in China*, ed. Joseph P. McDermott, 299–351. Cambridge: Cambridge University Press, 1999.

Meskill, John. "Academies and Politics in the Ming Dynasty." In *Chinese Government in Ming Times*, ed., Charles O. Hucker. New York: Columbia University Press, 1969.

———. *Academies in Ming China: A Historical Essay*. Tucson: University of Arizona Press, 1982.

Ming ren zhuanji ziliao suoyin 明人傳記資料索引 (Index to biographical materials on Ming men). Taipei: National Central Library, 1964.

Ming Taizu. *See* Zhu Yuanzhang.

Ming Taizu shilu 明太祖實錄. (Veritable records of the reign of Ming Taizu). 257 ch., 8 vol. In *Ming shilu* 明實錄. Nan-kang, Taiwan: Institute of History and Philology, Academia Sinica, 1961–6.

Miyazaki Ichisada. *China's Examination Hell: The Civil Service Examinations of Imperial China*. Trans. Conrad Schirokauer. New Haven: Yale University Press, 1981.

Moore, Oliver. "The Ceremony of Gratitude." In *State and Court Ritual in China*, ed. Joseph P. McDermott. Cambridge: Cambridge University Press, 1999.

Ouyang Xuan 歐陽玄 (1274–1358). *Guizhai wenji* 圭齋文集 (Collected works). Ssu-pu ts'ung-k'an ed. Shanghai: Commercial Press, 1929.

Qian Mu 錢穆, ed. and commentator. *Zhuangzi zuanjian* 莊子纂箋 (The *Zhuangzi* compiled and annotated). 1962. Taipei: Dongda tushu gongsi, 1989.

Qu Tongzu 瞿同祖. *Zhongguo fengjian shehui* 中國封建社會 (China's feudal society). Shanghai, 1937.

Roddy, Stephen. *Literati Identity and Its Fictional Representation in Late Imperial China*. Stanford: Stanford University Press, 1998.

Sakai Tadao 酒井正夫. *Chūgoku zensho no kenkyū* 中国善書の研究 (Research on Chinese morality books) Tokyo, 1960.

Schneewind, Sarah. *Community Schools and the State in Ming China*. Stanford: Stanford University Press, 2006.

———, ed. *Long Live the Emperor! Uses of the Ming Founder across Six Centuries of East Asian History*. Minneapolis: Society for Ming Studies, 2008.

Shen Shixing 申時行 (1535–1614) et al., eds. [*Ming Huidian*.] Wanli chongxiu erbai ershi ba juan Ming huidian 萬曆重修二百二十八卷明會典 (Collected statutes of the Ming in 228 Chapters, Wanli edition). In Wang Yunwu 王雲五 et al., eds., *Guoxue jiben congshu sibai zhong* 國學基本叢書四百種. Taiwan shangwu yinshu guan, 1968.

Slingerland, Edward, trans. *Confucius Analects: With Selections from Traditional Commentaries*. Indianapolis: Hackett, 2003.

Szonyi, Michael. *Practicing Kinship: Lineage and Descent in Late Imperial China*. Stanford: Stanford University Press, 2002.

Taylor, Romeyn. "Ming T'ai-tsu and the Gods of the Walls and Moats." *Ming Studies* 3 (1977): 31–49.

Waley, Arthur, trans. *The Analects of Confucius*. First Vintage Books ed. New York: Vintage Books, 1989.

Walton, Linda A. *Academies and Society in Southern Sung China*. Honolulu: University of Hawai'i Press, 1999.

Wang Gen 王艮 (1483–1541). *Wang Xinzhai quanji* 王心齋全集(Complete works). Orig. pub. 1584; reprint Japan, 1846; photographic reprint in *Wakoku kinsei kanseki sōkan* 和刻近世漢籍叢刊. Kyoto: 1974; Taipei: Zhongwen chubanshe, 1975.

Wang Shouren 王守仁 [Wang Yangming 王陽明] (1472–1529). *Instructions for Practical Living and Other Neo-Confucian Writings by Wang Yang-ming*. Trans. Wing-tsit Chan. New York: Columbia University Press, 1963.

———. *Wang Yangming Chuanxi lu xiang zhu jiping* 王陽明傳習錄詳註集評. Ed. Wing-tsit Chan 陳榮捷. Zhongguo zhexue congkan series. Taipei: Taiwan Student Bookstore, 1983.

Wang Yangming. *See* Wang Shouren.

Watson, Burton. *The Complete Works of Chuang Tzu*. New York: Columbia University Press, 1968.

Wilhelm, Richard, trans. (rendered into English by Cary F. Baynes). *The I Ching, or Book of Changes*. Orig. pub. New York: Bollingen Foundation, 1950. Princeton, New Jersey: Princeton University Press, 1977, 1980.

Wilson, Thomas A. *Genealogy of the Way: The Construction and Uses of the Confucian Tradition in Late Imperial China*. Stanford: Stanford University Press, 1995.

Yang Qiyuan 楊起元 (1547–99). *Zhengxue bian* 證學編 (Compilation in evidence of learning). Late Ming edition in collection of the Naikaku bunko ("Hishi" photofacsimile, Gest Library, Princeton University).

Yao Siren 姚思仁 (*jinshi* 1583), ed., *Da Ming lü fuli zhujie* 大明律附例注解 (*The Great Ming Code* with regulations attached). 1585. Photofacsimile of edition in the rare book collection of Beijing University Library. Beijing tushuguan cang shanben congshu series. Beijing: Beijing University Press, 1993.

Yong Rong 永瑢 (1744–1790), Ji Yun 紀昀 (1724–1805), Chen Naiqian, et al. *Siku quanshu congmu tiyao* 四庫全書總目提要 (Annotations on the *Four Treasuries* collection). 2nd ed. Shanghai: Dadong shuju, 1930.

Yü, Chün-fang. *The Renewal of Buddhism in China: Chu-hung and the Late Ming Synthesis*. New York: Columbia University Press, 1981.

Zhao, Jie. "Chou Ju-teng (1547–1629) at Nanking: Reassessing a Confucian Scholar in the Late Ming Intellectual World." Ph.D. diss., Princeton University, 1995.

———. "Reassessing the Place of Chou Ju-teng (1547–1629) in Late Ming Thought." *Ming Studies*, 33 (Aug. 1994).

Zheng Xuan 鄭玄 (127–200). *Li ji zhushu* 禮記注疏 (Notes and annotations to the *Record of Rites*). In *Shisan jing zhushu* 十三經注疏 (Sibu beiyao ed., vols. 22–4).

Zhongyong 中庸. (Doctrine of the Mean). In *The Four Books*, trans. James Legge. Shanghai: The Chinese Book Company, n.d.

Zhou li zhuzi suoyin 周禮逐字索引 (A concordance to the *Rites of Zhou*). Ed. Liu Dianjue, Chen Fangzheng, et al. In *Xianqin liang Han guji zhuzi suo yin congkan*, compiled by the Institute of Chinese Culture of the Chinese University of Hong Kong. Hong Kong: Commercial Press, 1993.

Zhu Xi 朱熹 (1130–1200). *Chu Hsi's Family Rituals: A Twelfth-Century Chinese Manual for the Performance of Cappings, Weddings, Funerals, and Ancestral Rites*. Trans. Patricia Buckley Ebrey. Includes photoreproduction of Chinese text from *Zhu Zi chengshu* (1341 ed.). Princeton: Princeton University Press, 1991.

———. *Sishu zhangju jizhu* 四書章句集注 (*The Four Books* punctuated with commentary). Guoxue jiben congshu xuanyin ed. Shanghai: Shanghai shudian, 1987.

Zhu Yuanzhang 朱元璋 [Ming Taizu 明太祖] (1328–1398). *Huang Ming zuxun* 皇明組訓 (Ancestral instructions of the august Ming). In *HMZS*, in *KMSS* 2:1–21.

———. *Jiaomin bangwen* 教民榜文 (Placard for the people's instruction). In *HMZS*, chap. 9, in *KMSS* 1:467–76.

———. *Liyi dingshi* 禮儀定式 (Fixed forms for rituals and ceremonies). In *HMZS*, chap. 8, in *KMSS* 1:453–65.

———. *Sanjiao lun* 三教論 (Discussion of the "Three Teachings"). In *Ming Taizu ji* 明太祖集, ed. Hu Shi'e 胡士尊, 214–6. Anhui guji congshu series. Anhui: Anhui New China Press, 1991.

———. *Wobei* 卧碑 (Horizontal stele). In *Ming Huidian* 明會典, ed. Shen Shixing, chap. 78, in *Guoxue jiben congshu* 國學基本叢書 5:1808 [*see* Shen Shixing for full citation], under "School Regulations" (*Xuegui*).

———. *Yuzhi dagao xubian* 御制大誥續編 (Supplementary imperial grand pronouncements). In *HMZS*, appended to chap. 2, in *KMSS* 1:63–106.

———. *Zhusi zhizhang* 諸司職掌 (Responsibilities of the various offices). In *HMZS*, chap. 3–6, in *KMSS* 1:173–412.

索 引

（边码在前，n 表示注释序号。）

Academies (*shu yuan*) 书院, 3, 84, 144–158;
autonomy of 书院的自主性, 150; before Ming
period 明代以前的书院, 149n58, 151–152,
157; criticized by Guan 管志道对书院的批
评, 17, 148, 149, 162, 165, 167; establishers
of 书院的创办者, 148–149; and *shi* status
书院与士的身份, 157; as state/private
hybrids 作为国家／私人的混合体的书院,
147–148; suppression of(1625) 1625 年对书
院的压制, 156

action 行为, 105n24, 133n16

address 称谓, forms of 各种形式的称谓, 21.
另参 "greetings 行礼"

affinal family 姻亲亲属, 24, 37, 39, 45. 另参
"kinship 亲属"

age (*nian fen*) 年分: as determinant of status
作为决定地位尊卑因素的年份, 6,15,
21–23, 24, 25, 26–29, 30, 第三章（特别
是 36–41, 47, 48n28, 50–51）, 59, 73–74,
76,80, 82, 85–96, 95n85, 161, 162–163, 164;
as qualification for office 作为入仕资格的
年份, 74n27, 77. 另参 "three universally
exalted traits 三大尊"

agnatic family 父系亲属, 37, 45–46. 另参
"kinship 亲属"

agriculture 农业, 1, 144

ambition 野心. 见 "See self-promotion 自我推荐"

Analects (*Lunyu*) 论语: on filial piety 论孝,
22n9,49n32, 53n40; on kinship 论亲属, 44;
on law 论法, 22n9; on political discussion
议政, 133–134,133n18; on rebellion 论
犯上, 49n32; on rites 论礼, 5, 7,88n67,
94, 111, 112n39; on role of scholars 论士

的角色, 103–104, 106, 102n15, 108n30,
117n56,132n13, 132n16; on ruler's authority
论统治者的权威, 106nn27–28; on self-
cultivation 论修身, 73n27

Analects 论语, "New" "新",101n14

Analogy 类比, use of by Guan Zhidao 管志
道所使用的类比, 19, 21–25,49–50. 另
参 "Guan Zhidao 管志道": likened to
Confucius 自比孔子

ancestor(s) 祖先: Confucius regarded as 祖述孔
子, 9（另参 "Confucius 孔子": as model
作为模范的孔子); worship of 祭祀祖先, 5

ancestral halls 祠堂, 157

*Ancestral Instruction of the August Ming(Huang
Ming zuxun)* 皇明祖训, 128
  "appropriate grouping" (*lunbei*) 伦辈, 88,
88n66,95n85

Apricot Platform 杏坛, 151–152

Araki Kengo 荒木见悟, 13

army 军队: financing of 边需, 48n29; as
social context 作为社会背景的军队情况,
40n11

artisans 技艺之人, 144

audience for *Proposals*《从先维俗议》的读者
（见 "*Proposals*《从先维俗议》" 词条）

authority 权威: canonical 经典权威, 1, 2,
7–10, 16, 24,36–41, 44, 51, 58, 59, 85, 87, 89,
95n85,140, 146, 149n58, 149, 157, 158, 151,
164,166; delegation of 权威的授权, 106n28;
dynastic 朝廷权威, 1,2, 4–5, 6, 7–10, 16, 33,
36–41, 51, 52, 55, 58,59, 85, 87, 89, 100, 106–
107, 106n28, 108,116, 118, 119, 135, 149n58,
154, 157, 161, 167; moral 道德权威, 98,

158

100; ritual 礼仪权威，4–5, 6, 7–10, 52,108, 111–112; scholarly 学术权威，6, 54n44, 55, 55n45,98n3, 105, 107, 109, 114, 116, 149n58, 150,152, 154, 158, 161–162, 164, 167; over the Way 道权，111–112, 116

autonomy 自主性：of academies 书院的自主性，150; of regions or local communities 地域的或地方社会的自主性，5, 6, 51–58, 53n43,64; scholarly 学术自由，6, 54n44, 55, 65–66, 73,98,100, 122, 127, 162, 167; of shi 士的自主权，17

baisi 百司，见"officials 官员"：the hundred officials 百司

banquets 筵宴，order of seating at 筵宴上的座位尊卑次序，21, 39, 40,45–46, 94

bijian 比肩，见"walking shoulder-to-shoulder with someone 比肩"

Bloom, Irene 布鲁姆，103n20

Bol, Peter 包弼德，100, 100n10, 102n15, 103n18, 105n24, 163

bowing 鞠躬，22n9, 121–122, 122n70, 125, 125n81

Brook, Timothy 卜正民，63n10, 65n14

buyi (or weibu) 布衣或韦布（"cotton-clad"）：learned commoners 博学的庶民，131, 132, 132n11, 134–135,140, 142, 143

Buddhism 佛教，1; and dynastic authority 佛教与朝廷权威，8,110, 110n34, 170; in Proposals《从先维俗议》中的佛教，13, 102; Tibetan 藏传佛教，1; and transmission of the Way 佛教与道统，102

Bureau of Rites 礼部，110n34

bureaucracy 官僚体制：as cause of social decline 作为社会衰微的原因的官僚体制，72（另参"officials 官员"：moral influence 道德影响）; as source of elite class's power 作为精英阶层权威的来源的官僚体制，1; creation of 官僚体制的创建，3, 65; extent of control by 官僚体制的控制范围，5; Ming 明代官僚体制，78n39; as subject of remonstrance 作为直谏的主体的官僚系统，135

Cai Jing 蔡京（1047—1126), 7n7

calligraphy 书法，70

capping 冠礼，43n13, 84

Carlitz, Katherine 柯丽德，72

censors 御史，见"officials 官员"

Chaffee, John 贾志扬，149n58

change 变化，social 社会，见"social chang 社会变化"

Changshu county 常熟县，10n15

character 人格，and shi class 人格与士阶层，65n14

charitable institutions 慈善机构，171

Chen Hao 陈澔（1261—1341), 22n8, 28n21

Chen Jian 陈建（1497—1567), 101n14

Chen Zhensheng 陈真晟（1410—1473), 141–143

Cheng Dachang 程大昌（1123—1195), 30n28

Cheng Hao 程颢（1032—1085), 98, 101–102, 110,113, 114n45, 151

Cheng Minzheng 程敏政（约1445—约1500），102n14

Cheng Yi 程颐（1033—1107), 98, 101–102, 110,113, 114n45, 138, 139n34, 151

Chow, Kai-wing 周启荣，170

Christianity 基督教，1

chushi 处士，见"shi 士"：not in official employment 不做官的士人

chunqiu 春秋，见"Spring and Autumn Annals《春秋》"

civil service examinations 科举考试，见"examinations 考试"：civil service 为官

class 阶层，social 社会，见"social class 社会阶层"

class (ji) of official rank 官爵级别，38n4, 90, 166

Classic of Changes (Yi jing)《易经》，93n79, 138

Classic of Documents (Shujing)《书经》，5n2, 101n13

Classic of Filial Piety (Xiao jing)《孝经》，22n9, 52

Classic of Songs (Shi jing)《诗经》，5n2, 132n14

classics 经典，Confucian 儒家经典，1, 4, 140; continuation of (Sui period) (隋朝) 经典的延续，101n14; and examination system 经典与科考体制，98–99; in Proposals《从先维俗议》中的经典，14,15; as sources of ritual authority 作为礼仪权威来源的经典，见"authority 权威"：canonical 经典权威; and succession to the Way 经典与道统，101–102; transmission of 经典的传承，101–102, 101n14, 103. 另见具体经典著作的书名

Collected Statutes of the Ming (Ming huidian)

明会典，43n13, 125n81

"Colloquy at the Tianquan Bridge," 天泉证道 110n34

commerce 商业贸易，1, 32, 64, 64n11, 65, 70–71, 72,144, 161. 见 "merchants 商贾"

commoners(shumin) 庶民：among Confucius's disciples孔子弟子中的庶民，141; distinguished from other categories 庶民与其他身份类别的不同，59; elderly 庶民中的长者，47–48, 48n28, 68,90; learned 博学的庶民（见 "buyi 布衣"）; as legal category in Ming 作为明朝合法的身份类别的庶民，43n13; memorials from 庶民的奏章（见 "memorials 奏章"）; political discussion by 庶民议政（见 "political discussion 政治议论"）; self-cultivation by 修身，139–140, 144–145, 154; social relationships of 庶民的社会关系，15, 21, 30, 39, 40,41–43, 44, 47, 56, 69–70, 86, 125n81; "superior" vs. "debased" "良贱之分" 43; virtuous 德行高尚的庶民，154; wealthy 富民，47–48, 48n28, 48n29, 68, 72, 90

communitarianism 社群主义，and rites 社群主义与礼仪，7n7

community compact or pact 乡约，7n7, 8n10,121n69

community libation ceremony 社群的祭酒仪式，41, 142n41

community schools 社学，见 "schools 学校"

condescension 纡尊降贵，56–57

Confucian temples 孔庙，83n53, 101n14

Confucianism 儒学：Neo- 新儒学（见 "Neo-Confucianism 宋明理学"）; pre-Song-period 宋代之前的理学，3–4; and dynastic authority 理学与朝廷权威，8, 170

Confucius 孔子（约公元前 500）: and Apricot Platform (school) 孔子与杏坛（学校），151–52; "excessive" praise of 孟子对孔子的"过度"美化（见 "Mencius 孟子"）; Guan Zhidao likened to 管志道自比孔子（见 "Guan Zhidao 管志道"）; as minister 身为臣子的孔子，117–118, 117n55, 124n79, 127; as model for shi 作为士的模范的孔子，17, 66n14, 88, 115, 119, 131, 132; models followed by 尊奉孔子为模范，95n85, 97, 112–113; and state 孔子与国家，5; as successor to the Way 传道的孔子，97,
103n20, 112–113, 114n45; as teacher 作为老师的孔子，117–118,125n82; as transmitter not creator 作为述者而非作者的孔子，103, 105, 108n30, 112, 117, 103n20; Way of 孔子之道，3., 另参 "Analects《论语》"；"Spring and Autumn Annals《春秋》"

cong 宗（"go back to X as if he were one's ancestor" 追溯 X，就好像他是你的祖先），9n12

Congxian weisu yi《从先维俗议》，见 "Proposals for Following the Men of Former Times to Safeguard Customs《从先维俗议》"

connoisseurship 鉴赏行家，as determinant of status 作为身份决定因素的鉴赏家，70

context(s), social（社会）背景，见 "social context(s) 社会背景"

corruption 贪污，75, 77, 137

corvée 徭役，66n15, 71n24

"cotton-clad" "韦布"，见 "buyi 布衣"

court 朝廷，as social context 作为社会背景的朝廷，16, 40, 87, 89, 93

culture 文化，and shi class 文化与士阶层，43, 65, 65n14, 161

Da Ming lü 大明律. 见 "Great Ming Code 大明律"

Da xue 大学，见 "Great Learning《大学》"

dang 党，见 "factions 党"

danpao dawang 蓝袍大王，见 "Great Blue-Robed Kings 蓝袍大王"

Daoism 道家，1,102n14; and dynastic authority 道家与朝廷权威，8, 110, 110n34, 170; in Proposals《从先维俗议》中的道家，13

daotong 道统，见 "succession to the Way 道统"

daoxue 道学，见 "Neo-Confucianism 理学"

Dardess, John W. 达第斯，110, 129n4

de 德. See "virtue 德"

de Bary, Wm. Theodore 狄百瑞，7n7, 51–52, 54, 58,73n27, 104n22, 112n38, 114–15

"decline" 衰微，social and political 社会与政治衰微，见 "social and political 'decline' 社会与政治'衰微'"

degrees 功名，civil service examination 科举考试，见 "examinations 考试"

degrees of office (ming) 命，39n8

Dictionary of Official Titles in Imperial China

中国古代官名辞典，60

"Discussion of the Three Teachings" (*Sanjiaolun*)《三教论》，110n34

discussion 议论，political 政治议论，见 "political discussion 政治议论"

Ditmanson, Peter 戴彼得，100,100n12, 105n24

Doctrine of the Mean (Zhongyong)《中庸》，4,9n12,76, 77n37, 88n67, 104n23, 107−108,107n29,108n30, 111,112n38,132n12,132n15, 133, 134n20, 136, 136n27,138nn32−33,148n55, 151, 151n64

Doctrine of the Mean Punctuated (Zhongyong zhangju)《中庸章句》，98n1

Donglin Academy 东林书院，110n34, 145, 146n51, 156,158n96, 170

Dreyer, Edward L. 爱德华·德雷尔，78n39

Duke of Zhou 周公（公元前 11 世纪），97−98,118

duxueshi 督学使，见 "education 教育"：intendants 督学使

dynastic founders 朝代创建者，7, 7n7, 36−37, 105n23,107, 109, 111, 117, 163

Economy 经济，1, 64, 72, 144

education 教育：in academies 书院教育，3; availability of 获得教育，1,72,143;of commoners 庶民的教育，144−145,157; intendants (*duxueshi*) 督学使，122n72, 152;as means of social control 作为社会控制手段的教育，85; Ming policy on 明朝的教育政策，145; Neo-Confucian policy 理学的教育方针，128, 144−158; non-officials' pursuit of 无官者对教育的渴求，64;（同见一项）officials 官员，83n53, 122, 122n72, 152（另参 "官员" 一项中的 "intendants 督学使"）; and *shi* class 教育与士阶层，43, 144−145, 161, 166−167; retired officials' role 退休官员在教育中的角色，148; state control of 国家对教育的管控，8,55,126n84; in state schools 官学，3; in Zhou period 周代的教育，144, 145. 另参 "examinations 考试"：preparation for 为受教育做准备; learning 学

elders 长者，in antiquity 古代，87, 89

elite class 士人阶层：roles of 士人阶层的身份，2; as translation of shi "士" 的英译，60; sources of power of 士人阶层的权力来源，1.另参 "gentry 士绅"；"literati 文人"；"officials 官员"；"*shi* 士"

Elman, Benjamin A. 艾尔曼，54n44, 99, 100,100n12, 136n25, 167

emotions 情感：and rites 情感与礼仪，5

equality 平等：in social relationships 社会关系中的平等，第二章（特别是 20−24, 29−32），46, 47−48, 56, 70, 71,80−83; universal 普遍平等，15. 另参 "inequality 不平等"

Essential Reference on the Responsibility for Speaking (Yan ce yaolan)《言责要览》，136−37

"Essentials of the Moral Way" (*Yuan daolun*) 原道论，113

etiquette 礼节，5

examination masters 座主，77, 78n38,79n42, 81, 119, 123n72

examinations 考试，civil service 科举考试：criticism of 对科举考试的批评，59−60, 72−84; curriculum 科举考试的功课，99n4; degrees 功名，as determinant of status 作为决定身份尊卑因素的功名，60, 62−63, 62n7, 67, 72, 75n33, 81, 90−94, 95n85,166, 167; degrees 功名，distinct from degree of office 区别于仕途的功名，39n8; effect on hierarchy and status 科举对等级与身份的影响，3, 32, 38, 72−84, 155−56, 165; examiner-examinee relationship 考官与考生的关系（见 "relationships 关系"）; failure in 科举落榜，67n17,71n24; metropolitan 会试，67n17; model essays for 科举考试的范文，70, 155n84; order of passing(*kefen*) 科分，88, 89, 90, 96; preparation for 准备科举考试，73n27, 79n42, 149n58, 150, 150nn60−61,155, 156; procedures for 科举考试的程序，74−75; provincial 乡试，63n9; 通过科举考试招录官员（见 "政府机构 office"，recruitment to 招募官员）; revival of in Ming 明朝的科举制度的复兴，99n4; rise of 科举的产生，61−62, 99n4; role of ruler 科举中统治者的角色，79, 88, 149n58; Yuan dynasty and 元代与科举，99n4. 另参 "metropolitan graduates 进士"，"provincial graduates 举人"

examinations, military 武举考试，91

Factions (*dang*) 党，80−83, 85, 96

families 家族：formerly office-holding 衣冠旧族，43; instructions for 家训，14, 171; of

officials 官员家庭（见 "officials 官员"）；
relationships between 家族之间的关系，6;
relationships within 家庭成员之间的关系，
5–6, 15, 46; and rites 家与礼，5; ruling 王
室，ritual involving 王室所关系到的礼仪，
121n69; ruling 皇族，as model 作为模范的
皇族，5–6, 9, 15, 22n9; and state 家与国，
22n9, 51–58. 另参 "affinal family 姻亲亲
属"；"agnatic family 父系亲属"；"maternal
family 母系亲属"；"kinship 亲属"

Fang Xiaoru 方孝孺 (1357—1402), 105n24

Farmer, Edward L. 范德，110, 110n33

fen ting 分庭，见 "sharing the courtyard equally
分庭"

Fengyang prefecture 凤阳府，47, 47n26

feudalism 封建制，3–4, 6, 54n44, 64n10, 65,
106,116

filiality 孝：vs. law 孝与法，22n9; and mourning
孝与守丧,51n36. 另参 "relationships 关系"：
parent-child 父子

Five Constants 五常（五常之世教或五教），101

Five Greats 五大，119–22, 125

Five Phases 五行，102n14

Fixed Forms for Rituals and Ceremonies《礼
仪定式》，88n64

follow-walk 随行，见 "walking 行"：keeping
behind someone 随行

founding emperors 开国皇帝，见 "dynastic
founders 朝代创建者"

friendship 友谊，24, 24n14, 32, 48–49, 55–
56,57n51, 70, 79, 163

"Four Treasuries" 四库全书，13

fu shi 父事，见 "serving someone as a father
父事"

Gan Zhongcheng 甘中丞（生卒不明）,136

gazetteers 地方志，63, 63n9, 171

gender 性别，5, 21

genealogies 族谱，171

generation(s) 辈分：conflict between 代际冲
突，76, 83–84,85, 86, 119, 137, 164（另参
"licentiates 生员"）；as determinant of status
身份尊卑的决定因素，27, 27n24, 39,40, 45,
46, 50

Geng Dingxiang 耿定向 (1524—1596), 7n6

Gentleman 君子，见 "literati 文人"；"noble
men 君子"；"*shi* 士"

gentry 士绅：categories of 士的类别，64n10;
unofficial local leadership by 士绅对地方社
会的非官方的领导，1, 7, 12, 76, 131n10,
171。另参 "literati 文人"；"*shi* 士"

going beyond the boundaries of one's state 出
疆，见 "travel 旅行"：restrictions on 有关
旅行的限制

Golden Rule 黄金法则，20, 24

good and evil 善与恶，111n34

goose-walk 雁行，见 "walking a little behind
someone 雁行"

grade (*pin*) of official rank 官爵的品级，38n4,
90, 166

granaries 粮仓，171

"Great Blue-Robed Kings" 蓝袍大王，
81–84

Great Compendium of the Four Books《四书大
全》，54n44

Great Learning 大学（管志道称之为太学），
19–20, 24, 51–52, 86,139–140, 145, 150n60,
154n78

Great Ming Code 大明律，129

Great Rites Controversy 大议礼，101n14

greetings 行礼，21, 24, 39, 46, 47–49, 47n28,
50,67, 70, 93, 125n81

Gu Xiancheng 顾宪成 (1550—1612),
110n34,158n96, 170

Guan Zhidao 管志道 (1536—1608): ambitions 志
向，86–86; authorities relied on by 管志道所
依赖的权威，7–10, 9n12, 15, 16, 19, 21, 24,
35, 37; and court ritual 管志道与朝廷礼仪，
12n22; criticism of Neo-Confucianism 管志道
对理学的批评（见 "Neo-Confucianism 理
学"）; departure from canonical sources 管志
道对经典的曲解，25–26, 32–33, 53–54, 57–
58, 59,68, 73, 86–87, 89, 111, 113–114; family 管
志道的家族，171; interpretive strategy of 管
志道的诠释策略，16–17, 19, 23, 37,42, 53–55;
life of 管志道的生活，10–12, 95, 171; likened
to Confucius 自比孔子，66, 86n60, 92, 162;
memorials by 管志道的奏章（见 "memorials
奏章"）; political discussion by, when in office
管志道做官时对时政的评论（见 "political
discussion 政治议论"）; and rites 管志道与
礼仪，5; self-contradiction by 管志道自相矛
盾的地方，16–17, 26n20, 33; state-centered
model of 管志道所构建的以国家为中心的

社会模式，54, 60, 66, 68,73, 161

Guangdong province 广东省，11, 137

gui 贵，见 "noble men 君子"：as term for officials 作为对官员的称谓

Guiliang tradition 谷梁派传统，101n14

Han dynasty 汉朝，101-02, 109

Han period 汉代，101n14

Han Yu 韩愈 (768—824), 113

Hanlin Academy 翰林院，91, 92n77; Chancellor of 翰林院学士，123n72

Hanlinji，见 "Record of the Hanlin Academy《翰林记》"

Hauf, Kandice 郝康笛，145n50

He Xinyin 何心隐（梁汝元）(1517—1579), 156

Hierarchy 等级制度：dependent on social context 取决于社会环境的等级制，15-17, 32; disruption of 等级制的瓦解，1, 3

Historiography Institute. 史馆，See Hanlin Academy 见 "翰林院"

Ho Ping-ti 何炳棣，63, 138n33

Horizontal Stele (Wobei) 卧碑，128-129, 137, 152

houjin junzi 后进君子，见 "noble men of later times 后进君子"

Hu Juren 胡居仁 (1434—1484), 100, 141-143,141n36

Hu Yuan 胡瑗 (993—1059), 149, 149n58

Huan Tui 桓魋（孔子时代之人）,103

Huang Ming zuxun《皇明祖训》, See *Ancestral Instructions of the August Ming*《皇明祖训》

Huang, Ray 黄仁宇，130n7

Huang Zongxi 黄宗羲 (1610—1695), 3n1

Huang Zuo 黄佐 (1490—1566), 8n10

Hucker, Charles O. 贺凯，60, 78n38, 89n69,130n8

Huguang province 湖广省，12

humility 谦逊，143

Hymes, Robert 韩明士，7n7, 132n11

Imperial College (Ming) 国子监（明朝），123, 139, 145

inequality 不平等性：degrees of 不平等的程度，25-31; in social relationships 社会关系中的不平等性，第二章（特别是 21-23, 29、31）, 163
　　"infrastructure between family and state" "介于家、国之间的社会结构"，51-58

institutions, governmental 政治制度，6

intelligence 才智，as determinant of status 身份尊卑的决定因素，55

intermediate institutions, 见 "infrastructure between family and state 介于家、国之间的社会结构"

Islam 伊斯兰教，1

Ji 级，见 "class of official rank 官爵级别"

Jiading county 嘉定县，10n15

Jiajing reign period 嘉靖时期，32, 101n14

Jiang-Zhe area 江浙地区，见 "Zhejiang 浙江"

Jiangxi 江西，136

jiangxue 讲学，见 "lecture-discussion 讲学"

jianju 荐举，见 "office 政府机构"：recruitment to: by recommendation 通过推荐入朝为官

jiansui 肩随，见 "walking shoulder-to-shoulder but a little behind someone 肩随"

Jiaomin bangwen《教民榜文》, 见 "*Placard for the People's Instruction*《教民榜文》"

Jie Zhao 赵杰（音译）, 3n1

Jin 晋，state of 晋国，142

jingshi 经师，见 "teachers: of the canon 教授经典的老师"

Jinhua 金华，100n10

jinshen 缙绅（退休官员，有资格被任命者，有功名者等），62-63, 63n8, 63n10, 67n17, 69

jinshi 进士，见 "metropolitan graduates"

juren 举人，见 "provincial graduates"

juzhu 举主，见 "recommendation masters"

Kefen 科分，见 "examinations, civil service :order of passing"

Khubilai Khan 忽必烈 (1260—1294 年在位), 99-100

Kinship 亲属：effect on leading-and-following relationships 对先从关系的影响，23; effect on left-and-right relationships 对左右关系的影响，24; effect on status 对身份的影响，39-40, 44-46, 66, 93n81; irrelevance of, in some social contexts 在某些社会背景下不具备血缘关系，21-23; three clans 三党，37-38, 38n3, 45. 另参 "affinal family 姻亲家属"；"agnatic family 父系亲属"；"maternal family 母系亲属"

"knights-errant" (*xiake or youxia*) 侠客或游侠，84, 153,155, 158, 165

Kong Yingda 孔颖达 (574—648), 120,120nn65-

66

kowtow 叩头，见 "bowing 鞠躬"

Kuang 匡（地名），103

Kunshan county 昆山县，10n15, 171

Landlords, status of 佃主的身份，48n28

Lau, D. C. 刘殿爵，35n1, 106n28, 112nn39–40

law 法 (fa): Ming 明朝法律，2, 22n9, 36–37, 40–41, 43n13,53n40, 59, 66n16, 67n17, 72, 85, 86–87,88n64, 89, 92, 95, 96, 121, 146, 148n53,158, 161, 162, 164, 166（另见 "Collected Statutes of the Ming 明会典"; "Great Ming Code 大明律"）; compared to rites 礼与法的比较，6, 9; as means of social control 作为一种社会控制的手段，85; Song 宋朝法律，158; as source of ritual authority 作为礼仪的权威根据（见 "authority 权威": dynastic 朝廷）; Yuan 元朝法律，158; Zhou 周代法律，124

leadership 领导：and retired officials 退休官员与领导作用，76; and shi class 士阶层与领导作用，43, 72; and teaching 教育与引导，146，另参 "gentry 士绅"

learning 学，105n24; as determinant of shi status 决定士人身份的因素，65, 65n14, 68, 140, 166–67; as proper livelihood of shi 士人的正当生计，138; in Proposals《从先维俗议》中的学，13; as social context 作为社会背景的学，55. 另参 "education 教育"; "examinations 考试": preparation for 准备科举考试

lecture-discussion meetings(jiangxue) 讲学，32, 128, 144–58, 165; comparison of, in Confucius's time and Ming period 比较孔子时代与明代的讲学活动，150–152; political discussion in 讲学中对时政的议论，151

lecture halls 讲舍，157

Lee, Thomas H. C. 李弘祺，158n94

Legge, James 理雅各，7n5,38n5,39n8,44n18,55n45, 86n62, 88n65, 104n23, 106n28,107n29, 108n30, 112nn39–40, 117n57,120nn65–66, 132n12, 132n16

legitimation 合法性：of elite class 士人阶层的合法性，1;of political authority 政治权威的合法性（见 "succession to political authority 治统"）

Lewis, Mark Edward 陆威仪，54n43

li 礼，见 "rites"

Li ji《礼记》，见 "Record of Rites"

libation ceremony 祭酒仪式，见 See "community libation ceremony 社群的祭酒仪式"

licentiates (shengyuan) 生员，63, 63nn9–10, 71,71n24, 81, 82, 129, 145, 152, 154. 另参 "generations 辈分": conflict between 代际冲突

lijia system 里甲制，23

lineages 谱系：Guan Zhidao's family 管志道的家族谱系，171; Neo-Confucian, 理学谱系 100n12

literacy 文化素质，60

literacy, and shi class 士阶层与文化素质，43

literary societies 文学社团，见 "societies 社团"

literati 文人：autonomy of 文人的自主权，6, 54n44; itinerant 江湖文人，130n7, 144, 151–54, 156, 158, 165, 167; non office-holding (wuguanzhe) 无官者，1, 39–43,44, 47n28, 50, 59, 66–72, 81, 86, 93, 95,133n18, 144, 165（另参 "shi 士": not in official employment 处士）; as moral authority 作为道德权威的文人，54n44, 72; as officials 身为官员的文人，2, 3, 54n44, 148; as ritual authority 作为礼仪权威的文人，4; as successors to the Way 作为道统继承人的文人，98; as teachers 作为老师的文人，2–3, 54n44. 另参 "shi 士"

Liu, James T. C. 刘子健，98n3

Liu Xiang 刘向（前77—前6），101n14

livelihood 生计，见 "occupation 职业"

Liyidingshi《礼仪定式》，见 "Fixed Forms for Rituals and Ceremonies《礼仪定式》"

liyuan 吏员，见 "sub-official clerks 吏员"

local communities 地方社会：autonomy of 地方社会自治（见 "autonomy 自主"）; compact 乡约（见 "community compact 乡约"）; as focus of Proposals《从先维俗议》的核心问题（见 "Proposals《从先维俗议》"）; and rites 地方社会与礼，5; ritual norms in 地方社会的礼仪规范，2, 第三章（特别是 47, 50, 51–58),72; as social context 以地方社会为社会背景，16, 第三章，59, 87,89–90, 93–94; voluntarism in 地方社会中的志愿主义，7n7

Lu Xiangshan 陆象山 (1139—1193)，99,101n14

lunbei 伦辈，见 "appropriate grouping"
Lunyu《论语》，见 "*Analects*"
Luo Rufang 罗汝芳 (1515—1588), 8n10

Magistrates 县官，见 "officials 官员"
Mandate of Heaven 天命, 4, 5, 98, 109
marriage 姻娅, 43, 84
maternal family 母系亲属, 37, 39, 45，另见 "kinship 亲属"
McDermott, Joseph P. 周绍明, 121n69, 122n70
measuring squares 矩, 19, 131–132
memorials 奏章：by commoners 庶民所写的奏章, 128–30, 130n8; by Guan Zhidao 管志道所写的奏章, 11, 12n22, 136; and lecture-discussion 奏章与讲学, 146; Ming regulations on 明朝对奏章的监管, 128, 129，另参 "political discussion 政治议论"
Mencius 孟子（前 300 年左右）: on commerce 孟子论商业贸易, 64n11; and Confucian Way 孟子与儒家之道, 3; and definition of shi 孟子与士的定义, 64n10; "excessive" praise of Confucius by 孟子对孔子的 "过度" 美化, 112–116, 117, 163; and local autonomy 孟子与地方自治, 53n43; on ministers' role 孟子论大臣的地位, 118n58; and precedence 孟子与地位优先性, 16, 30, 38; on social contexts for status 孟子有关身份地位的社会背景的讨论, 53; and state 孟子与国家, 5, 53–54, 54n44; as successor to the Way 孟子作为道统的继承人, 98, 102, 113n43, 118; on three exalted traits 三大尊（age 齿、rank 爵、virtue 德）, 35, 38, 44, 52, 54–58, 57n51, 59, 68, 72, 74n30, 87, 87n63, 118, 127, 162–163
merchants 商贾, 142–44, 144nn46–47, 164，另参 "commerce 商业贸易"
Meskill, John 穆四基, 148n54, 160n61
metropolitan graduates 进士, 81, 88n66, 90–91, 148, 166; relationships based on year of graduation 年伯, 79, 95n85，另参 "examinations, civil service 科举考试": degrees 功名; provincial graduates 举人
mind 心, 111n34
mind-heart (*xin*) 心, 102; Learning of (*xinxue*) 心学, 102
Ming dynasty 明朝, 99, 99n4, 100, 107, 108, 109n32, 114, 162

Ming huidian《明会典》，见 "Collected Statutes of the Ming"
Ming period 明代, 62n7, 65, 78n38, 98, 105n24, 121n69, 123
Ming ru xuean《明儒学案》，见 "*Records of Ming Scholars*"
Ming Shenzong 明神宗，见 "Wanli emperor 万历皇帝"
Ming Taizu 明太祖 (1368—1398 年在位), 1, 8n10, 47n26; ambitions of 明太祖的野心, 8–10, 88n64; censorship of Mencius 孟子节文, 54n44; on contentment with livelihood 论安生计, 141n39, 154–155; as dynastic founder 朝代创建者, 7, 7n7, 36–37, 58, 77, 89, 91–92, 99, 110, 111, 113, 126n84, 128–129, 133, 138, 138n32, 149, 158, 158n94, 163, 169; and examination system 明太祖与科举制度, 77; models followed by 明太祖所依据的礼仪规范, 97; regulations on bowing 明太祖对行礼的规定, 22n9, 121n69, 125n81; 见 regulations on political discussion 明太祖对政治议论的监管（见 "political discussion 政治议论"）; and reunification of succession to the Way and succession to political authority 明太祖集道统与治统于一身, 99–100, 109n32, 157, 167, 170; as sage-king 作为圣王的明太祖, 109, 110, 149, 163; on Three Teachings 明太祖论三教, 110n34; and teachers 明太祖与老师, 110n33, 124, 126n84（另见 "rulers 统治者": authority over education 对于教育的权威）; and virtue 明太祖与德, 57n51, 158
ming 命，见 "degrees of office"
mobility 流动性, social 社会，见 "social mobility"
mode of qualification 出身资格, as determinant of status 身份尊卑的决定因素, 88
model(s) 模范: Confucius as 作为模范的孔子（见 "Confucius 孔子"）; ruler and ruling family as 作为模范的统治者与皇族, 5–6, 9, 15, 22n9; retired officials as 作为模范的退休官员, 86; sage-kings as 作为典范的圣王, 52, 56, 88, 93n79; Zhou dynasty as 作为典范的周朝（见 "Zhou dynasty 周朝"）。另参 "teachers 师": as models 作为模范; :of persons 人师
morality 道德, and shi class 与士阶层, 43, 65,

65n14

morality books (*shanshu*) 善书, 63n10

Morohashi Tetsuji 诸桥辙次, 78n38

mourning 守丧, 51n36, 120, 120n66

Nanjing 南京, 11, 47n26

National University 国子监, 61, 67, 68, 122; Libationer of 国子监祭酒, 123, 126n84

Neo-Confucianism 理学, 3–5, 51–52; authorities relied on by 理学所依据的权威, 7; educational policy of 理学的教育方针 (见"education 教育"); and examination system 理学与科举制度, 59–60; Guan Zhidao's criticism of 管志道对理学的批评, 37, 104, 108, 112–113, 125,127, 161–162, 163; and learning 理学与学, 73n27; lineages 理学的谱系, 100n12; as orthodoxy 作为正统儒家的理学, 98–99; and shi identity 理学与士的身份, 65; Taizhou school of 泰州学派, 3n1; and virtue 理学与德, 73

nianbo 年伯, 见"metropolitan graduates 进士"

nianfen 年分, 见"age"

noble men 君子, 47n27; of later times 后进君子, 36, 49n32, 51, 58, 92–94, 93n80; as term for officials 对官员的称谓（贵）, 87, 89

non-office-holders 无官者, 见"literati 文人": non-office-holding 无官者

North/South China distinctions 南北方差异, 62n7

Occupation 职业, contentment with 安分, 137–44, 141n39, 154–55

Office 政府机构, recruitment to 招募入仕: by annual tribute 岁贡, 61–62, 63, 67, 74, 91; by examination 科举, 61–62, 72–84; by recommendation (*jianju*) 荐举, 61–62, 73, 74; from among sub-official clerks 吏员, 91

offices 衙门, government 政府: membership in 在衙门供职, as determinant of status 身份尊卑的决定因素, 80–81, 166; selling 卖官, 48n29, 68, 84, 84n57

officials 官员: censors 御史, 130n9, 133, 135, 136, 136n25,137, 166; disgraced 被贬谪的官员, 49, 95; education 官员教育, 83n53, 122, 122n72, 152; families of 官宦之家, 61,66n16; Great Officers 大夫, 106–107; hereditary 官员世袭制, 60; "the hundred"

(*baisi*) 百司, 130n9; literati as 作为官员的文人, 2; in Ming legal categories 明朝士人的合法类别（有官、品官、有品官家）,43n13; moral influence of 官员对道德的影响, 59–60, 86; political discussion by officials 官员的政治议论（见"political discussion 政治议论"）; prefects 府官, 47–48, 48n28,82, 148; presiding magistrates 县官, 47, 81, 82,148; relationships among 官员之间的关系, 15; retired 致仕官员, 12, 17, 39–40, 41, 44, 47–48, 50–51, 51n37,53, 59, 67, 71–72, 76, 77, 80–81, 82, 83, 86,86n62, 89, 93, 95–96, 125n81, 127–28, 137,148, 155, 162, 165; sojourning 章缝之客, 69; supervising secretaries 尚书省, 135, 166; supervisory 提调官, 81, 另参"*jinshen* 缙绅"

OuyangXuan 欧阳玄 (1283—1357), 99–100

Painting 绘画, 70

patrilineal kin 父系亲属, 见"agnatic family"

patronage 恩施, 77–80, 82–83, 85, 96, 165, 167

pin 品, 见"grade of official rank"

Placard for the People's Instruction (Jiaominbangwen) 《教民榜文》, 8n10, 134n19, 138n29, 141n39,154n79

poetry societies 诗社, 见"societies 社团": literary 文学社团

political discussion 政治议论, 127–144, 166; appropriate 合适的政论, 134; by commoners 庶民议政, 106–107, 128–130,133n18, 137–144, 146; by court officials 朝廷官员议政, 135–136; by Guan Zhidao when in office 管志道当官时的政论议论, 136–137, 166; in lecture-discussion meetings 讲学中的政治讨论, 151; by licentiates and students 生员与学生的政治议论, 129, 145, 152; Ming Taizu's regulations on 明太祖对政治言论的监管, 128–129, 133–134, 137–139, 138n32, 146,152; by shi 士人的政治言论, 132, 136; by shi not in official employment 处士的政治言论, 130–33, 136, 139, 146, 153; under sage-kings 圣王统治下政治言论, 134, 138n32; in Six States 六朝时期的政治言论, 130, 153; under Yuan dynasty 元朝的政治言论, 130, 146, 153, 另参"memorials 奏章"

poverty 穷困, 49, 70, 75, 170

precedence 地位的优先性, 16, 21, 23, 26n20,

38–41, 89，另见 "status 身份"

prefects 府官，见 "officials 官员"

prestige 声望，84

printing 印刷，1, 32, 60

prominence 显赫，as irrelevant to status 与地位高下无关，88, 89

promotion and demotion 升沉，irrelevance to status 与地位高下无关，88, 89, 90, 95

Proposals for Following the Men of Former Times to Safeguard Customs (Congxian weisu yi)《从先维俗议》：audience for《从先维俗议》的读者，2, 12; focus on local society《从先维俗议》对地方社会的关注，12n22, 19, 73; overview of《从先维俗议》内容概述，13–15; publication of《从先维俗议》的出版，1; reception of《从先维俗议》的反响，13,171; title《从先维俗议》的书名，7, 9, 85, 94

Provincial Administration and Surveillance Commissions 提刑按察和承宣布政使司，148

provincial graduates (*juren*) 举人，63n10, 67,67n17, 81, 91, 96, 148，另见 "examinations, civil service 科举考试"：degrees 功名；metropolitan graduates 进士

publishing 出版，见 "printing 印刷"

punishments 刑罚，130n7

purism 纯粹主义，170

Qin dynasty 秦朝，3

Qing period 清代，164

quanjing 传经，见 "classics 经典"：transmission of 传承经典

Rank 爵，official 官爵：definition of 爵的定义，38, 38n4; as determinant of status 身份尊卑的决定因素，15–17, 21, 23, 25,29, 30, 第三章（特别是 36, 37–41, 50–51,55），59, 68, 73–74, 76, 80, 82, 85–96,161, 162–163, 167; Guan's proposal to collapse distinctions among 管志道针对官爵差异模糊所提出的建议，89–96,91n74; as requirement for imperial authority 获得国家权威的必要条件，·104n23, 134n 20，另见 "three universally exalted traits 三大尊"

recluses (*shanren*) 山人，50, 71, 72, 75–76, 83, 85,143, 154–55, 165

recommendation masters (*juzhu*) 举主，78,78n38,

79n42, 81

recommendation to office (*jianju*) 荐举，见 "office 政府机构"：recruitment to 招募入仕

Record of Rites (Li ji) 礼记：on age《礼记》中有关 "齿" 的讨论，21, 23, 36–38,40, 44–45, 59, 74n29, 87, 88n65, 93n81,162; on contentment with occupation《礼记》论对于职业的安分，139; contradictions within《礼记》内在的矛盾，19; on guest-host relationships《礼记》论主宾关系，24, 29–30; and local autonomy《礼记》与地方自治，53n43; on rank《礼记》论爵，16,19, 32, 38, 40, 44–45, 59, 93n81, 162; on state and society《礼记》论国家与社会，52, 53–54; on teachers《礼记》论老师，119–123, 125; on virtue and talent《礼记》论德与才，132n14; on walking with someone《礼记》论与人同行，25–26, 26n20, 27n21

Record of the Hanlin Academy (Hanlinji)《翰林志》,8n10

Records of Ming Scholars (Ming ruxuean)《明儒学案》,3n1

Records of the Historian (Shiji)《史记》, 30n28

recruitment to office 招募入仕，见 "office 政府机构"

rectification of names 正名，66

relationships 关系：in academies 书院中的关系，152; bondmaster-bondservant 主仆关系，21; brothers 兄弟关系，23,27, 49, 93（另参 "serving someone as an elder brother 兄事"）; correction of 矫正关系，2, 5,19; disruption of 关系的瓦解，1, 3; equality in 关系中的平等性（见 "equality 平等性"）; examiner-examinee 考官与考生的关系，11n19, 77–80, 119, 167; in family 家族中的关系，5–6,21, 121; friends 朋友关系，24, 70, 121; government offices 衙门关系，24; grandparent-grandchild 祖孙关系，21; host-guest 主宾关系，13, 24, 28, 56, 163; husband-wife 夫妻关系，23; inequality in 关系中的不平等性（见 "inequality 不平等"）; landlord-tenant 佃主与佃户的关系，48n28; longstanding 由来已久的关系，48; obligations inherent in 关系中固有的义务，5; official-commoner 官民关系，21,39, 44, 47–48, 48n28, 50–51, 69–70, 165; among officials 官员之间的关系，23, 24, 49, 86,

121,125n81; parent-child 父子关系，21, 21n4, 22n9, 52,93, 121, 122n70; reciprocity in 关系中的互惠原则，20–21;recommender-recommendee 推荐者与被推荐者的关系，77–80; and rites 礼，5–6; ruler-minister 君臣关系，3, 5–6,21, 22n9, 52, 55n45, 79, 121; ruler-subject 统治者与被统治者的关系，122n70; senior-junior 长幼关系，3; teacher-pupil 师生关系，3, 78, 121, 125n81, 127, 167; types of 关系类型（具体见以下诸条目）; uncle-nephew 叔侄关系，27, 27n24

Relationships 社会关系，types of 社会关系类型，15, 20–21, 30–33; "employing and serving" 事使关系，20,21–23, 30–33; "intercourse between leftand right" 左右之交，20, 23–24,28, 30–33; "leading and following" 先从挂席，20, 23, 26, 28, 30–33; overlaps between 关系之间的交集，30–33, 31n32

religious societies 宗教团体，见 "societies 社团"

Remnants of the Moral Legacy of the "Men of Former Times" 先进遗风，7n7

remonstrance 直谏，120n66, 128, 135–136, 146,166

revenue 税收，48n29

rites *(li)* 礼：and communitarianism 礼与社群主义，7n7; definition 定义，5; and emotions 礼与情感，5; compared to law 礼与法的比较，6, 9

Rites 《礼记》，见 "*Record of Rites*"

Rites, Bureau of 礼部，110n34

Rites of Zhou (Zhou li) 周礼，141n38, 142nn41–42,151, 151n65

ritual 礼仪：forms 礼仪形式（具体见以下诸条目）; norms, correction of 整顿礼仪规范，2; development of 礼仪的发展，161; norms, violations of 违背礼仪规范，66; pre-Confucian 儒家产生之前的礼仪，10; and rites 礼仪与礼，5, ritual forms 礼仪形式，见 "serving someone as an elder brother 兄事"；"serving someone as a father 父事"；"sitting at an angle 隅坐"；"walking a little behind someone 雁行"；"walking, keeping behind someone 随行"；"walking shoulder-to-shoulder with someone 比肩"；"walking shoulder-to-shoulder but a little behind someone 肩随"；"sharing the courtyard equally 分庭"

Royal College (Zhou) 太学（周朝），123–124, 139–140,144

rulers 统治者：authority over education 统治者在教育方面的权威，106n28,110n33, 119, 121,149n58; and commoners 统治者与庶民，30, 56; infallibility of 统治者永无过失，119–120; as ritual authority 作为礼仪权威的统治者，4–5, 6; role in examinations 统治者在科举考试中的角色，79, 88; as successors to the Way 作为道统继承人的统治者（见 "succession to the Way 道统"）

rustics *(xianjin yeren)*, rites of 先进野人之礼，10, 36,49n32, 51, 58, 87–88, 92–94, 93n80,95n85, 97, 109n31, 162

Sage-kings 圣王：as holders of succession to the Way 秉持道统者，97, 99, 103, 103n20, 104, 105,107, 109, 112, 118, 119; as models 作为模范的圣王，52, 56,88, 93n79, 114n45, 115, 116, 140; as teachers 作为老师的圣王，117, 123; and political discussion 圣王与政治议论（见 "political discussion 政治议论"）

sagehood, eligibility for 成圣的资格，100n11, 101,114–15, 116, 155

Sakai Tadao 酒井正夫，63n10

san za dun 三大尊，见 "three universally exalted traits"

Sanjiao lun 三教论，见 "Discussion of the Three Teachings"

Schneewind, Sarah 施珊珊，169

scholar-officials 士大夫，见 "literati 文人"：*shi* 士

scholars 士，见 "literati 文人"：*shi* 士

scholarship 学识，and *shi* class 学识与士阶层，43

schools 学校：ancient and Ming-period 古代的学校与明代学校，correspondence of 与明代学校相对应的机构，143n45, 147, 149; community *(shexue)* 社学，71, 84, 142, 143, 143n45,145n48, 157, 169; Confucian 儒家学校，83n53, 83,145; family 塾馆，147, 149, 151, 157; funding 资助学校，148; local 地方学校，143n45, 144–145, 145n48; private 私塾，145, 167（另见 "teachers 师"：private 私人）; quotas for 入学名额，147–149, 148n53, 151, 157; state 官学，3, 17, 63n9, 74, 83, 119, 121, 123,126n84, 128, 144–158; types of 学校的类型，147–148，另见 "academies 书院"

seating, order of 座位的次序，见 "banquets 筵宴"：order of seating at 座位的尊卑次序

self-cultivation 修身，68, 114–115, 139–140, 144–145

self-promotion and ambition 自荐与野心，129, 131, 135,137, 138, 150, 154, 165

self-reliance 依靠自身，3

seniority 辈分：definition 定义，88; as determinant of status 身份尊卑的决定因素，5, 6, 68, 80–81, 82, 85–96, 88n65,95n85, 166; as qualification for office 为官资格，74, 76

servants 仆人，15

serving someone as a father (*fu shi*) 父事，21–23,26, 28, 49, 50–51, 93–94

serving someone as an elder brother(*xiong shi*) 兄事，23, 25–26, 26n20, 27–29,50–51, 93–94

shanren 山人，见 "recluses"

Shang dynasty 商朝，6, 104n23, 117

shanlin yinyi huaicai baode zhishi 山林隐逸怀才抱德之士，见 "*shi* 士"：living in obscurity in mountains and forests 山林隐逸怀才抱德

shanshu 善书，见 "morality books"

sharing the courtyard equally (*fen ting*) 分庭，24

shenyuan 生员，见 "licentiates"

shexue 社学，见 "schools 学校"：community 社学

shi (literati, elite, gentry, etc.) 士 class 阶层：commercialization of talents of 士阶层才能的商业化，70–71; definition and boundaries of 士阶层的定义与范围，17, 42–43,59, 60, 63n8, 63n10, 66, 67n17, 75n33,94n82, 131, 132, 164, 169; living in obscurityin mountains and forests (*shanlin yiny ihuaicai baode*) 山林隐逸怀才抱德之士，68, 70, 76, 124, 126,132n11, 140, 142, 143, 151; in local society 地方社会中的士阶层，17, 64, 95; as Ming legal category 明朝的合法身份类别，43n13; moral influence of 士阶层的道德影响，59–60, 69; not in official employment (*chushi*) 处士，69, 69n19, 69n21, 72, 119, 128, 130–133, 140,146, 153, 165（另见：non-office holding 无官者）; origin of 士阶层的起源，141–142; rambling 游士（见 "literati 文人"：itinerant 江湖文人）; roles of 士阶层的角色，17, 118, 第六章（特

别是 131, 138, 141, 148), 161, 164（另见 "Way of the Minister 臣道" 和 "political discussion 政治议论"）; *shidafu* (title) 士大夫（头衔），65n14; the *shi* kind (*shilei*) 士类，42–43, 59,66–72, 81, 131; "*Shi* of the Village" and "of the Community" 里士与社士（头衔），47; *shi* persons (*shiren*) 士人，63n10; *shi* sons (*shizi*) 士子，63n10; and state 士与国家，17; 身份老师的士 as teachers（另见 "teachers 师"）

Shi jing《诗经》，见 "*Classic of Songs*"

Shiguan yizhu (ritual protocol for HanlinAcademy)《史馆仪注》，92n77

Shiji《史记》，见 "*Records of the Historian*"

Shujing《书经》，见 "*Classic of Documents*"

shumin 庶民，见 "commoners"

Siku quanshu《四库全书》，见 "*Four Treasuries*"

Sishu daquan《四书大全》，见 "*Great Compendium of the Four Books*"

sitting 坐：at an angle to someone (*yu zuo*) 隅坐，22, 26n20, 28; with someone 与他人同坐，83

Six Arts 六艺，142, 151

Six Forms of Conduct 六行，142, 151

"Six Injunctions" (*liu yu*) 六谕，137,134n19,154n79

Six Virtues 六德，142, 151

social and political "decline" 社会与政治衰微，2, 17, 69,72–84, 85, 86, 96, 132, 153

social change 社会变化，1, 17, 32–33, 49, 165, 171，另见 "social and political decline 社会与政治衰微"

social class 社会阶层：as determinant of status 身份尊卑的决定因素，5,30, 48n28, 60, 73, 96, 164; as distinct from status 不同于身份，15; in local community 地方社会中的社会阶层，17; and Neo-Confucianism 社会阶层与理学，141; and *shi* class 社会阶层与士阶层，43，另见 "commoners 庶民"；"elite class 士阶层"；"family, ruling 王室"；"gentry 士绅"；"文人"；"officials 官员"；"*shi* 士"

social context(s) 社会背景，14, 15–17, 32, 33, 35–36, 46,53, 73; army as 以军队为社会背景，40n11; court as 以朝廷为社会背景，16, 40,87, 88, 89, 93; local community as 以地方社会为社会背景，16, 第三章，87, 88, 89, 93，另见 "infrastructure between family and state 介于家、国之间的社会结构"

social mobility 社会的流动性，3, 4, 49, 64, 72–73, 77

social relations 社会关系，见 "relationships 关系"

societies 社团：literary (or poetry) 文学社团（或诗社），32, 70, 84,153, 155, 165（另见 "lecture-discussion 讲学"）；宗教团体 religious, 32

socio-economic position 社会经济地位：as determinant of status 身份尊卑的决定因素，47, 48n28; and shi class 士阶层与社会经济地位，43

Song period 宋代，65, 103n18, 105n24

Song dynasty 宋朝，109n32

Song period 宋代，149, 157–58

Song, Northern, dynasty 北宋，7n7

Song, Northern, period 北宋时期，153n72

Song, Southern, period 南宋时期，7n7, 62n7, 99, 164, 165

Spring and Autumn Annals (Chunqiu)《春秋》，66,86n60, 101n14

state 国家：expansionist 扩张型帝国，7n7; extent of control by 国家的控制范围，5, 6, 8n7, 65; and family 国与家，22n9, 51–58,53n40; importance of in Guan Zhidao's proposals 国家在管志道提议中的重要性（见 "Guan Zhidao 管志道"）；and rites 国家与礼，5; and shi class 国家与士阶层，17; and society 国家与社会，33, 52, 53n40, 58, 60; as source of factors determining status 决定身份尊卑因素的根源，16–17, 21,33, 36–37, 40, 58, 60, 64, 66, 66n14, 68,69, 71, 87–88, 96, 143, 145, 146, 161–62,166

status 身份：distinctions of 身份差异，2, 5, 14; encroachment across boundaries of 身份僭越，第四章（尤其是 69–71), 165; exalted (zun) 尊，15,56–57; "inappropriate" assumption of 有关 "身份" 不适当的假设性问题，32; as dependent on social context 身份尊卑依赖于一定的社会环境，15–16; determinants of 决定身份尊卑的因素，第三章（特别是 35), 169（另见 "age 年份"；connoisseurship 鉴赏行家）；economic status 经济地位；examination, civil service 科举考试：degrees 功名；generation 辈分；intelligence 才智；mode of qualification 资格；office(s),government 衙门；rank 爵；seniority 辈分；social class 社会阶层；talent 才；virtue 德；wealth 财富)，另见 "precedence 地位的优先性"

students 学生，17, 63n9, 67, 71, 83, 91, 119, 140,148, 152–153, 153n72, 156, 165

sub-official clerks (liyuan) 吏员，67n17, 91,91n75

succession to political authority (*zhitong*) 治统：97, 98n3, 110, 117, 127, 170; reunification with succession to the Way 治统与道统的统一（见 "succession to the Way 道统"）；separation from succession to the Way 治统与道统的分离（见 "succession to the Way 道统"）

succession to the Way (daotong) 道统：97–116,169; and action 道统与举措，105n24; definition 道统的定义，102–03; Guan Zhidao's denial of separation from succession to political authority 管志道否认道统与治统的分离，104–07, 109, 113–14, 122,127, 142n42, 150, 157–58, 161–62, 163,167; loss of 丧失道统，98, 101; reunification with succession to political authority 道统与治统的统一，8–10,99, 110, 157, 163–164, 167（另见 "Ming Taizu 明太祖"）；rulers as sole legitimate successors 统治者作为道统的唯一合法继承人，104–05, 108, 117, 127; separation from succession to political authority(zhitong) 道统与治统的分离，4, 97–99, 158（另见 "Guan's denial of separation 管志道否认从治统的分离"；teachers and 老师与道统，116, 117–26, 150,152

Sui period 隋代，101, 101n14

suigong 岁贡，见 "office, recruitment to: by annual tribute"

suixing 随行，见 "walking, keeping behind someone"

sumptuary guidelines 禁奢规定，171

supernatural 超自然，13–14

Supplementary Imperial Grand Pronouncements (Yuzhi dagao xubian)《御制大诰续编》，57n51

Supreme Ultimate 太极，114n45

surname 姓，effect on status 姓氏对身份的影响，39, 41–43, 44–46,48n28, 59, 93, 95

Suzhou and surrounding area 苏州及周边地区，10, 32, 155,161, 171

Syncretism 三教合一，170

Tai xue 太学，见"Great Learning 大学"

Taicang subprefecture 太仓州，10, 171

Taizhou 泰州，142

Taizhou school 泰州学派，3n1, 115

Talent 才能：commercialization of 才能的商业化，70–71; as determinant of status 身份尊卑的决定因素，68, 70; and examination system 才能与科举考试制度，73; as qualification for office 获得为官资格的条件，74, 75, 77, 132n14

Tang dynasty 唐朝，101–102, 102n14, 109

Tang period 唐代，78n38, 103n18, 113

taxation 税收，66n15

teachers 师：of the canon (jingshi) 经师，122–126,123n73; of the curriculum (ye she) 业师，79,79n42; definition of 老师的定义，79–80; distinctions among 老师之间的区别，122–126, 123n73; and leadership 老师与指导，146; literati as 作为文人的老师，2–3; government-employed 政府聘请的老师，106n28, 122–126; as models 身为模范的老师，122–123, 126n84; oversupply of 供大于求的师资力量，1; of persons (renshi) 人师，122–126, 123n73,126n84, 153; private 私人教师，2–3, 119, 122–126,127, 145, 149, 149n58,164, 167; role in recruitment to office 老师在招募入仕中所起的作用，73; shi as 作为士的老师，17, 119,124, 126, 142, 143; and succession to the Way 老师与道统，116, 117–126; as title for examiner 对考官的称谓，78, 78n38, 119; 师道（见"Way of the Teacher 师道"），另见"relationships 关系"：teacher-pupil 师生关系

tenants, status of 佃户的身份，48n28

textual tradition 典籍传统（或典籍遗教），见"written legacy 成文遗教"

three clans 三党，见"affinal family 姻亲亲属"；"agnatic family 父系亲属"；"maternal family 母系亲属"；以及"kinship 亲属"

Three Items 三物，142, 151

Three Ramblers 三游，153

Three Teachings 三教，8, 13–14, 110n34, 170

three universally exalted traits 三大尊，35, 41, 52,53, 73–74, 76, 82, 86, 另参"age 年份"；"Mencius 孟子"；"rank 爵"；"virtue 德"

tidao guan 提调官，见"officials: supervisory"

timeliness 度时，as requirement for imperial authority 作为帝国权威的条件，104n23, 134n20

tradition 传统，shi as preservers of 作为传统继承者的士，17

transmission of culture (wentong) 文统，105n24，另参"written legacy 成文遗教"

travel, restrictions on 旅行限制，124, 124n79, 152, 153

tribute, annual (suigong) 岁贡，见"office, recruitment to 招募入仕：by annual tribute 岁贡"

Veritable Records《实录》，92n77

virtue (de) 德：befriending 友其德，55–56, 74n30; of commoners 庶民的德行，154; as determinant of status 身份尊卑的决定因素，15, 第三章（特别是50, 53, 54–58), 59,68, 69, 70, 73–74, 74n30, 76, 87, 93, 85n85,124, 139–141, 161, 162–163; and examination system 德与考试制度，73; filial piety as root of 孝是德之本，53n40; as qualification for office 获得为官资格的条件，74,77, 118, 127, 139–141; as requirement for imperial authority 帝国权威的要求，104n23, 108, 134n20,158; in scholars 学者具有的美德，103–104, 132n14, 另见"three universally exalted traits 三大尊"

Waley, Arthur 阿瑟·韦利，112n39

walking, keeping behind someone (suixing) 随行，25–26, 26n2, 27–29, 27n21, 27n24

walking a little behind someone (yanxing) 雁行，21–22, 27n21

walking shoulder-to-shoulder but a little behind someone (jiansui) 肩随，26–29,27n21

walking shoulder-to-shoulder with someone (bijian) 比肩，27, 83

Wang Anshi 王安石 (1021—1086)，7n7

Wang Gen 王艮 (1483—1541)，2–3, 115, 116,117, 118, 141–44, 143n46, 144n47, 152,154–156

Wang Nien-sun 王念孙，44n18

Wang Tong (Wen Zhongzi) 王通（文中子）(584—618)，101n14

Wang Yangming 王阳明 (1472—1529), 2–3,55n46, 100, 110n34, 114, 118, 140, 144n47,149,

150n60, 152, 156; school of, 99, 101,155, 158n96

Wanli emperor 万历皇帝 (1572—1620 年在位), 12

Warring States period 战国时期，54n44, 130n7, 153

Way 道，Confucian 儒家之道，2–3; accessibility of 道 的 可 达 性，155,162; authority over 对道所拥有权威，111–123; definition 界定，102–103, 103n20, 105n24, 111; "taking responsibility for" 任 道，104， 另 参 "succession to the Way 道统"

Way of Rulership 治道， 见 "succession to political authority 治统"

Way of the Minister 臣 道，117, 118, 124n79, 127,131

Way of the Teacher 师 道，80, 105, 110, 110n33,116, 118, 119, 121, 124n79, 127, 146, 167, 170

Wealth 财 富 : access to 获 得 财 富，72; as determinant of status 身份尊卑的决定因素，64, 68。另见 "commoners: wealthy"

wei bu 韦布，见 "buyi 布衣"

Wei Zhongxian 魏忠贤 (1568—1627), 156

Wen and Wu, Kings 文王与武王，见 "sage-kings 圣王"

Wen Zhongzi 文中子，见 "Wang Tong 王通"

wen 文，见 "written legacy 成文遗教"

wentong 文统，见 "transmission of culture"

Wilson, Thomas 魏伟森，101n14, 167

Wobei 卧碑，见 "Horizontal Stele"

Worthies 贤，in antiquity 古之贤者，87

writing 文章，101, 105n24

written legacy 成 文 遗 教 (*wen* 文)，102–104, 103n18,103n20, 105n24, 111， 另 见 "transmission of culture 文统"

wu chang zhi shijiao or wujiao 五常之教或五教，见 " Five Constants"

Wu, Pei-yi 吴百益，101n14, 102n15, 132n11

Wu Yubi 吴与弼 (1391—1469), 100, 100n11,141–143, 141n36

wuda 五大，见 "Five Greats"

wuguanzhe 无官者，见 "literati 文人"：non-office holding 无官者

Xia dynasty 夏朝，104n23, 108, 112n39, 117

xiake 侠客，见 "knights-errant"

xian zhang ("take X as one's model of

wisdom") 宪章，9n12

xianjin yeren 先进野人，见 "rustics"

Xianjin yifeng《先进遗风》，见 *Remnants of the Moral Legacy of the "Men of Former Times"*

Xiao jing《孝经》，见 " *Classic of Filial Piety*"

xin 心，见 mind-heart

xinxue 心学，见 "mind-heart"

xiongshi 兄 事，见 "serving someone as an elder brother"

Xu Heng 許衡 (1209—1281), 99–100

xujing 续经，见 "classics 经典"：continuation of 延续

Xuebu tongbian《学蔀通编》，101n14

xueshi 学士。见 "Hanlin Academy 翰林院"：学士 Chancellor

Xunzi 荀子 (前 300—前 230)，69n19,123n73; and state 荀子与国家，5

Yance yaolan《 言 责 要 览 》，见 "*Essential Reference on the Responsibility for Speaking*"

Yan Song 严嵩 (1481—1568), 145

Yang Ziye 阳子野，142

Yangtze valley, lower 三吴，148n54

yanxing 雁行，见 "walking a little behind someone"

Yao and Shun 尧舜，见 "sage-kings 圣王"

Yellow Emperor 黄帝，见 "sage-kings 圣王"

Yi jing《易经》，见 "Classic of Changes"

Yi Yin (Shang period) 伊尹 (商代)，115

Yin dynasty 殷朝，108, 112n39

Yingtian prefecture 应天府，47, 47n26

Yongle emperor 永乐皇帝 (1402—1424 年在位)，98n3 99,100n12, 101, 110

youxia 游侠，见 "knights-errant"

yuzuo 隅坐，见 "sitting at an angle to someone"

Yuan Cai 袁采 (约 1140—1195 年在世)，64n11

Yuan daolun《原道论》，见 "Essentials fo the Moral Way"

Yuan dynasty 元朝，99–100, 99n4, 130, 146, 153

Yuan period 元代，65, 145n48, 157–58

Yunqi Zhuhong 云栖祩宏 (1535—1615),110n34, 170

Yuzhi dagao xubian《 御 制 大 诰 续 编 》，见 " *Supplementary Imperial Grand Pronouncements*"

Zhang Juzheng 张居正 (1525—1582), 11–12,11n19,

88n64, 95, 145, 156–157

Zhejiang 浙江，155, 156

ZhengXuan 郑玄 (127—200), 22n9, 27n21

zhitong 治统，见 "succession to political authority"

Zhongyong zhangju《中庸章句》，见 "Doctrine of the Mean Punctuated"

Zhongyong《中庸》，见 "Doctrine of the Mean"

Zhou, Duke of 周公，见 "Duke of Zhou"

Zhou Dunyi 周敦颐 (1017—1073), 101, 113,114n45, 151

Zhou dynasty 周朝：feudalism under 周朝的封建制度，3, 6, 64n10,116; governmental system of 周朝的政治体制，141–143; as model 作为典范的周朝，4, 6, 36, 118, 150; rituals of 周朝的礼仪，105n23,112n39, 162（另见 "Rites of Zhou 周礼"）

Zhou li 周礼，见 "Rites of Zhou"

Zhou period 周代，123, 144, 145

Zhou Rudeng 周汝登 (1547—1629), 3n1

Zhu Xi 朱熹 (1130—1200), 19, 44, 53n41,55n46, 98, 98n1, 101, 103n20, 105n23,110, 111, 112n38, 113n43, 114, 114n45, 118,133n18, 150n60

Zhu Yuanzhang 朱元璋，见 "Ming Taizu 明太祖"

Zhuangzi 庄子，30n28, 135n22

Zisi (grandson of Confucius) 子思（孔子的孙子），112, 132

zongzu 宗族，见 "agnatic family 父系亲属"

zu shu（"go back to X as if he were one's ancestor"）祖述，9n12

Zuo Commentary (Zuozhuan)《左传》, 134, 134n19,147n52

zuozhu 座主，见 "examination masters"

译后记

　　管志道（1536—1608），字登之，号东溟，是晚明的一位儒者兼居士。他一生著述颇丰，现今存世者约二十六种，逾八十卷。作为明末三教合一思想的代表人物之一，东溟可谓博学精思，辩才无碍。但当时的诸多学人却对其会通儒释的主张持批判态度，后世学者更因此将他摒除于正统儒者之列，并着力淡化其在晚明思想史上的地位和影响。这便使得东溟长久地隐没于黯淡的背景中，不为人所瞩目。

　　纵观海内外学术界，有关管志道的专题研究成果十分匮乏。本书《晚明地方社会中的礼法与骚动：管志道〈从先维俗议〉研究》是目前唯一的英文专著。该书是美国哥伦比亚大学东亚系魏家伦（Jaret Wayne Weisfogel）的博士论文，原题为 "*Confucians, the Shih Class, and the Ming Imperium: Uses of Canonical and Dynastic Authority in Kuan Chih-tao's (1536–1608) Proposals for Following the Men of Former Times to Safeguard Customs(Ts'ung-hsien wei-sui)*"。然作者不幸于 2005 年因病去世，他的友人施珊珊教授对论文进行了编辑与校对，并更名为 "*A Late Ming Vision for Local community: Ritual, Law, and Social Ferment in the Proposals of Guan Zhidao*" 出版发行。《从先维俗议》是管志道针对明末社会乱象所提出的一系列有关礼法制度的改革建议。魏家伦博士选取该书作为管窥晚明儒家思想与政治统治关系的一个范例，一方面反映出其本人敏锐的问题意识与独到的选题视角，另一方面也从侧面证明了管志道思想的影响与价值。本书虽也存在着不甚完善之处，但对我们深入了解管志道思想与晚明社会却有着极大的助益与启发。

本书由我与王坤利共同翻译完成。在具体分工上，我负责第一章至第四章以及后记部分，编者说明、致谢、序、结语以及五、六两章由坤利负责。中文版编者序则由施珊珊教授草拟，康笑菲教授执笔。由于魏家伦博士英年早逝，我们无法就翻译中的问题向作者本人求正。幸有施珊珊教授的热情帮助，才令我们得以释疑。同时，我的导师彭国翔教授也给予了我们诸多的指导，在此一并向两位老师表示感谢。限于水平，我们的译文必有许多缺漏错误之处，敬请方家指正。

王硕

2015 年 8 月 31 日

图书在版编目（CIP）数据

晚明地方社会中的礼法与骚动：管志道《从先维俗议》研究/（美）魏家伦著；王硕，王坤利译. —杭州：浙江大学出版社，2016.10
书名原文：A Late Ming Vision for Local Community: Ritual, Law and Social Ferment in the Proposals of Guan Zhidao
ISBN 978-7-308-16317-0

Ⅰ.①晚… Ⅱ.①魏… ②王… ③王… Ⅲ.①古典哲学—中国—明代②《从先维俗议》—研究 Ⅳ.①B248.995

中国版本图书馆CIP数据核字（2016）第246371号

晚明地方社会中的礼法与骚动：管志道《从先维俗议》研究
[美] 魏家伦 著　　王硕　王坤利 译

责任编辑	王志毅
文字编辑	赵　波
装帧设计	罗　洪
出版发行	浙江大学出版社
	（杭州天目山路148号 邮政编码310007）
	（网址：http://www.zjupress.com）
制　　作	北京大观世纪文化传媒有限公司
印　　刷	北京天宇万达印刷有限公司
开　　本	635mm×965mm　1/16
印　　张	13
字　　数	188千
版 印 次	2016年10月第1版　2016年10月第1次印刷
书　　号	ISBN 978-7-308-16317-0
定　　价	48.00元